日本式人事・労務管理の栄枯盛衰

尾西正美 著

学文社

は し が き

「国際化」や「グローバル化」という言葉が使われるようになってからすでに久しい。経営学の分野においてそれらの言葉が用いられる時には，海外での日本企業の活動にかかわるさまざまなトピックスが取り上げられることが多い。日本企業が世界の各国に進出し，現地で合弁会社や工場を設立して事業活動を展開するのであるが，その歴史はすでに数十年間もの長きに及んでいる。日本企業の経営手法・スタイルは一時期，世界中から賞賛の的となり，視察団の来訪が続いて，まさに「一世を風靡する」ことにもなった。ただ，時の流れとともに日本的経営も次第に衰えを見せ始め，やがて欧米式の経営手法に再びスポットライトがあたるようになっている。

ここ数年の動向を見るかぎりでは，欧米式の経営手法が全盛であり，日本式経営はかなり「影が薄い」といわねばならない。すなわち，新聞，雑誌等のマスメディアで「日本的経営」，「日本式人事・労務管理」に関する話題に接する機会はめっきり減ってしまったのである。本書は，1980年代以降のおよそ四半世紀（25年間）を視野に入れて，日本式人事・労務管理にまつわる話題を追っているのであるが，その期間を仮に，「1980年代」，「1990年代」，そして「2000年代（の5年間）」に分けてみよう。筆者のきわめて大雑把な印象を言うならば，時間的な比率は「1980年代」：「1990年代」：「2000年代」＝「2：2：1」であるが，このテーマに関連している新聞記事・雑誌記事等の出現頻度やボリュームの点での比率はおそらく「10：5：1」から「20：10：1」の間に落ち着くのではないだろうか。こうした点から見れば，「日本的経営はもはや通用しないのか？」と

いう問いかけが本書のサブタイトル（付してはいないのであるが）ということになろう。もし日本的経営手法が欧米式経営手法に対する挑戦者の資格を喪失してしまったとすれば，次の挑戦者はどれになるのだろうか。ここ数年間に急成長を遂げてきた数ヵ国を総称するものとして"BRICs"という言葉があるが，「欧米式」に対するアンチテーゼとして，「日本式」に代わって「中国式」，「インド式」……などの経営手法が歴史を彩るのだろうか。

　本書の執筆を始めた時，タイトルとしては『グローバル化時代の日本式人事・労務管理』を想定していた。人事・労務管理手法の「国際比較」という視点・論点がメインテーマとなるはずだったのである。ところが，書き進めていくうちに，日本的経営，とりわけ日本式人事・労務管理施策に関する話題が意外に多く，とても「国際比較」にまで手が回らないということがわかってきた。そこで，かつての「栄光に満ち溢れた」日本企業の華々しいパフォーマンスと，1990年代半ば以降の日本の「低迷状況」との"コントラスト"に焦点をあててまとめることにした。タイトルの点で言えば，『日本式人事・労務管理の今昔物語』を考えたこともあるが，たしかに1980年代の記事も多く，それでは「今は昔の物語……」だけの集合体と勘違いされそうなので，そのタイトルも避けることにした。「歴史の彼方」に属するようなエピソードを数多く盛り込んでいるが，本書が「歴史」の書物ではないことを強調しておきたい。また，往時の日本企業の凄さや素晴らしさをことさら際立たせて「懐古趣味」に耽ったり，郷愁に浸ろうというのでもない点にもご注意願いたい。今や語られることが少ない日本式人事・労務管理の優れた「DNA」を少しばかり知ってほしいのである。

さて，各章の内容を簡単に示しておこう。

第1章では，日本の競争力が著しく低下してきたという話題に焦点をあてている。かつて何年にもわたって「競争力No.1」の地位を保ってきたことからすれば，まさに「様変わり」なのである。その競争力ランキングは日本企業の活動実績や人事・労務管理と必ずしもストレートなかかわりを持つものではないかもしれないが，日本の競争力低下をめぐって海外から寄せられたいくつかの辛辣なコメントを日本の若者はどれほど知っているのだろうか。

第2章は，1980年代半ば頃に「競争力No.1」の座を日本に奪われたアメリカが"王座奪還"をめざして始めたさまざまな取り組みの一部を取り上げている。首位の座からすべり落ちた後にズルズルと競争力を低下させていった日本とは対照的に，米国の産業界は，その当時の「王者・日本式経営」を真摯に学ぼうとするなど，なりふり構わずガムシャラに王座奪還に邁進してきた。この違いはいったいどこから来ているのだろうか。

第3章は，旧い資料が多いのであるが，主に外国人論客の視点をもとにして，その昔に日本が「競争力No.1」を獲得するのに大きく寄与したとみられる「日本的経営」の特徴や本質の一端を改めて取り上げている。「日本的経営」，とくに「日本式人事・労務管理」とはそもそも何だったのだろうか，そして今それはどのように変質しようとしているのだろうか。

第4章は，1980年代半ば頃までに海外に雄飛していった「日本カンパニー」の活躍にかかわるいくつかのエピソードをピックアップし，日本式人事・労務管理の真髄の一端を紹介している。そこに登場する主人公たちの「奮闘努力ぶり」は今日も世界のどこかで脈々

とあるいは密やかに受け継がれているのだろうか。

　第5章は，かつて日本企業の強い競争力を支えていた重要な要素の一つである「品質管理」（QC）に焦点をあてている。ただし，日本企業の成功事例を列挙するのではなく，欧米企業がその品質管理手法をどのように採り入れ，日本企業の追撃に活用していたか，という点を中心に見ているのである。とりわけQC活動の「本家本元」であるアメリカ企業が品質管理に目覚め，TQMやシックスシグマなどの手法で巻き返しをはかっていたことは注目されよう。

　第6章では，ひたひたと追い上げる欧米企業とは対照的に，永年にわたって首位の座を占めていたことによる慢心，驕り，油断のせいか，1990年代以降に綻びや緩みを見せ始めた日本企業の，「QC」をめぐる動向を考察の対象としている。欧米企業のみならず，中国企業の製造現場の追い上げも急ピッチであり，すでに一部の業種では追い抜かれているのかもしれない。まさに"QCニッポン，危うし!"なのであるが，反撃の動きも見え始めているようである。

　第7章は，躍進著しい「新・世界の工場」・中国における人事・労務管理制度の激しい変化に焦点をあてている。その変化は，普通の日本人の想像の域をはるかに超えたものとなっており，例えば，衰退しかけた日本企業にM&Aをかける中国企業の出現には本当に驚かされるであろう。中国で操業する日系企業の話題もさることながら，改革開放（市場経済化）政策の推進によって大きく変身を遂げつつある中国企業の動向からは目を離せないだろう。

　第8章は，いかにも古臭いにおいのする「終身雇用」がテーマであるが，その雇用管理政策（経営理念）は，古くても，「新しい論点」を提供しているように思われる。「終身雇用」といえば，日本

企業に固有（独特）の施策と見られがちであるが，実は，それは海外でも，とりわけ米国においても一部の著名企業が採用しているものである。人事・労務管理施策の一つとしての「終身雇用（長期雇用）慣行」が，すでに「前世紀の遺物」としてあっさりと切り捨てられる代物なのかどうか，という点をじっくりと考えてほしいのである。

　以上のような各章の内容に照らし合わせれば，本書の主なキーワードとして「競争力」，「品質管理」，そして「人間（ヒト）」があげられよう。「競争力」については，断続的に繰り出される人事・労務管理制度改革のねらいとしてしばしば，組織の活性化，社員のやる気高揚，生産性の向上などがあげられるが，その究極の目的は「競争力アップ」にあると思われる。アメリカ企業の人事制度改革においては，競争力向上に向けての取り組みであることが随所で強調されている。しかるに，日本企業の人事制度改革にあっては，そうしたねらいがストレートに表わされるのではなく，さりげなく控えめに添えられていることが少なくないように思われる。国際化・グローバル化が進展するなかで，もっと「競争力アップ」を意識させるべきであろう。本書のもう一つのキーワードは「品質管理」であり，それが競争力を支える重要な要素であることは言うまでもないであろう。「品質は世界一」という時代が永く続いた日本企業の場合，世代交代等もあってか，その重要性についての認識が希薄化してしまったように思われてならない。そして第3のキーワードの「人間（ヒト）」は品質管理と深くかかわっているといえよう。本書の中では，それほどまとまった形で触れられていないという印象が強いかもしれないが，日本式人事・労務管理の本質的な部分にはや

はり「人間」が置かれているといわねばならない。とくに第8章の「終身雇用」に関する考察では，社員の処遇において「ヒト中心」の経営理念が据えられているかどうかが重要な論点になるであろう。

本書全体を通して見れば，欧米企業に関する話題が占める比率が高いということに気付かれるであろうが，実は，東南アジアの国々，具体的にはインドネシア，マレーシア，タイ，ベトナムに進出した日系企業がどのような人事・労務管理戦略を展開しているのかという点を取り上げて一つの章を設けるつもりでいたのであるが，第7章と第8章に意外と多くのページを割かれてしまい，カットせざるを得なかった。その"幻の章"では，「転職当たり前の社会」，「賃金の高騰」，「頻繁な労使紛争」などの条件のもとで悪戦苦闘する日系企業の姿を描きたかったのであるが……。

なお，本書は二十数年間という長期スパンを視野に入れているために，旧い記事であればあるほど，登場人物の肩書（役職名）が大きく変わっている可能性がきわめて高いということになる。しかしながら，その後の昇進や転職などを正確に追跡することは困難であるので，オリジナルな新聞・雑誌記事等が公にされた時点での肩書をそのまま記載させていただいたことをご容赦いただきたい。また，合併等による企業名の変更もきちんとフォローしていない点もお許しいただきたい。

本書の刊行に際して，出版事情が厳しいにもかかわらず，快くお引き受けいただき大変お世話になった学文社の稲葉由紀子氏に感謝の意を表したい。

　　2005年1月

　　　　　　　　　　　　　　　　　　　　　　　尾 西 正 美

目　次

第1章　日本の国際競争力の低下 ——————————— 13
1. 日本の国際競争力，「49ヵ国中30位」の衝撃　13
2. 若者たちはどのように考えるのだろうか？　17
3. マハティール氏の「日本に対する苦言」　20
4. 1993年までは8年連続で「No.1」だった！　24
5. 世界経済フォーラム（WEF）の競争力分析　28
6. 三つの"Japan－○○○○ing"　31

第2章　米国企業，王座奪還への取り組み ——————— 35
1. 米大統領産業競争力委員会報告「ヤング・リポート」　35
2. MIT産業生産性調査委員会報告「メード・イン・アメリカ」　38
3. アメリカ企業，「変身」への取り組み　40
4. 「日本無敵神話」のかげり　51
5. 品質の点で「日米逆転」はあったのか？　57

第3章　「日本的経営」の特徴と本質について ——————— 64
1. アベグレン氏による「日本的経営の発見」　64
2. 「ヒト中心の経営」は日本の"文化"！　68
3. シンガポールでの「日本型経営・労務管理に学べ」　76
4. 「日本式経営」は英国でどのように受けとめられたか　79
5. 外資系企業も「日本的経営」を採り入れていた！　89

第4章　「日本カンパニー」の人事・労務管理 ——————— 96
1. 「多人種工場」における労務管理　96
2. 「スパゲティ・バイク」と日本式労務管理　99
3. 「文化，習慣」との苦闘―ハダシ，靴，バナナの皮―　105
4. アメリカにおける「ハートウェア」の経営　110
5. 日本企業に対する「屈折した感情」と「誤解」　113
6. 履歴書の内容の「20％はウソ」　118

7　「コーラン」と「神棚」，日本式経営は……　122
第5章　「品質管理」に目覚めた欧米企業 ──────────── 127
　　1　フランスとイタリアにおける「品質管理」（QC）　128
　　2　TQM成功物語「100番目の猿を呼び込むまで」　136
　　3　「品質管理」に目覚めた「本家・アメリカ」⁉　141
　　4　日本式QCの生みの親，エドワード・デミング博士　145
　　5　クロスビー氏の「クオリティー・マネジメント」（QM）　149
　　6　「マルコム・ボルドリッジ賞」と「シックスシグマ」　153
第6章　「QCニッポン」の凋落，そして…… ──────────── 160
　　1　日本式品質管理の「かげり」　160
　　2　日本式品質管理が危機に陥った理由　165
　　3　品質管理で「日本は中国に抜かれる」⁈　169
　　4　「デミング賞本賞」受賞者・司馬正次教授の提案　176
　　5　品質・改善の「復活」に向けてのさまざまな試み　179
第7章　中国における人事・労務管理システム ──────────── 187
　　1　中国での「労務問題」と「賃金高騰」への日系企業の対応　187
　　2　中国における「松下流・日本的経営」とその後の展開　195
　　3　中国の国有企業改革と人事・雇用制度　202
　　4　海爾集団の人事・労務管理戦略　208
　　5　中国の有力企業における人事・労務管理戦略　214
　　6　中国企業による日本企業買収とその人事・労務管理　220
　　7　「ワーストワン淘汰制」と中国での「人材確保」問題　229
第8章　「終身雇用」は終わったのだろうか？ ──────────── 242
　　1　「転職および転職防止策」と「人材の引き抜き」　243
　　2　日系企業の"レイオフなし神話"の動揺　249
　　3　米国企業にも「終身雇用慣行」があった！　256
　　4　中国と韓国における「終身雇用制」の廃止　270
　　5　米国における「終身雇用制」採用企業について　281
　　6　「終身雇用慣行」の維持をめぐって日本企業は……　289

日本式人事・労務管理の栄枯盛衰

第1章　日本の国際競争力の低下

1　日本の国際競争力,「49ヵ国中30位」の衝撃

　スイスのローザンヌに本部を持ち,欧州の代表的なビジネススクールとされているIMD（経営開発国際研究所）は1980年から毎年,「国際競争力ランキング」なるものを発表している。IMDは,「マクロ経済」,「政府の効率性」,「ビジネスの効率性」,「インフラ整備」の四本柱を中心とし,さらに細かく三百数十（例えば,1995年には378項目,2002年には314項目,そして2004年には323項目）に分けられた項目について,統計データや企業経営者に対する聞き取り調査を駆使して世界の主要な国・地域の"競争力"を分析している。その結果をもとに総合評価としてそれぞれの国・地域の順位がはじき出されることになる。

　さて,この競争力ランキングにおいて「日本の順位」はどれほどのものだろうか？　この質問を20歳前後の若者たちに向けた時,どのような回答が返ってくるのだろうか？　ここで「20歳前後」と限定したのには,それなりの意味が込められている。すなわち,そうした年齢の若者たちが生まれてからのおよそ20年間のうちに日本のランキングは「劇的な変化」を遂げてきたのである。

　IMDの「競争力ランキング」で大きな衝撃が走ったのは2002年春のことである。2002年4月末に発表されたランキングでは,調

2002年のIMD国際競争力ランキング

(（ ）内は2001年の順位)

1	(1)	米　　国				
2	(3)	フィンランド				
3	(4)	ルクセンブルク				
4	(5)	オランダ				
5	(2)	シンガポール	‥‥これ以下の主なアジア勢‥‥			
6	(15)	デンマーク	24	(18)	台　　湾	
7	(10)	スイス	26	(29)	マレーシア	
8	(9)	カナダ	27	(28)	韓　　国	
9	(6)	香　　港	30	(26)	日　　本	
10	(7)	アイルランド	31	(33)	中　　国	

注) 日本は1997年の17位から20→24→24→26→30位へ後退。
出所) 『日本経済新聞』2002年4月30日

査・分析の対象とされた49の国・地域（対象となる国・地域の数は年によって若干異なる）のなかで，日本は実に「30位」という順位を付けられていたのである。

　かなりショッキングなこのニュースを日本経済新聞は次のように報じた。「1990年代後半から低迷が続く日本は49ヵ国・地域中，昨年の26位から初めて30位まで後退した。IMDは日本が老化を自覚して気力を失った『中年の危機』と診断した。日本の民間ビジネス環境は『起業家精神』『株主の権利や責任』など個別の項目で最下位，政府部門でも『大学教育と経済ニーズ』『外国人労働者の雇用に関する法律』などで評価が低かった。(中略) 総合順位でアジアではマレーシア，韓国に初めて抜かれ，中国も31位に迫った」(「日本，競争力30位に後退 (IMD調査)」日本経済新聞 2002年4月30日) と。

　2002年4月末に「日本の競争力，49ヵ国・地域中30位」という衝撃的な記事が出てからおよそ1ヵ月後に日本経済新聞のコラム「大機小機」の中で，「受験本位制の教育構造こそが，市場競争時代に

おける日本の国際的存在感を凋落させた究極の背景ではないか」という仮説を検証する材料の一つとしてこのランキングが引き合いに出されていた。「第1は，IMDの2002年版国際競争力ランキングで，日本は49ヵ国中30位に転落し，ついに韓国の後塵を拝する結果となった。日本が93年まで1位であったのが過大評価であれば，現在のランクも明らかに過小評価であろう。しかし，『起業家精神』『大学教育』の項目で特に最低評価となったことは厳しく受けとめることが必要である」(「〔大機小機〕究極の構造改革は教育」日本経済新聞2002年5月30日）と。

　日本の国際競争力低下の要因としてさまざまなものが考えられるであろう。IMD調査において列挙された「日本のビジネス風土の弱点」のうちで，多少とも「ヒト」にかかわっていそうな項目をピックアップすると，「企業家精神が乏しい」(49位)，「企業幹部の国際経験が乏しい」(48位)，「有能な企業幹部の流動性が低い」(46位）などがあった。このうち，「企業幹部の国際経験の乏しさ」については，「日本企業の経営幹部の国際化は，英語力の問題もあって，米欧企業に比べるとかなり遅れているのが実情。経営陣に外国人を加えることもなお試行錯誤の段階だ。さらに積極的な国際化教育が必要だ」(「人材開発，企業が競演」日経産業新聞2002年6月13日）との指摘もあった。企業経営の国際化・グローバル化がますます進展するなかで真剣に取り組まねばならないテーマであろう。

　日本の国際競争力低下にはさまざまな要因が複雑に絡み合って作用していたことが考えられるが，IMD調査（2002年度版）における数多くの項目のうち，「大学教育が国の競争力に貢献する度合い」という項目で最低の評価（順位）を得た点について，『週刊ダイヤ

モンド』の対談記事（日本郵政公社総裁就任直前の生田正治氏との）で日本IBM会長の北城恪太郎氏は，経済同友会教育委員会・委員長時代に経営者自らが教育現場に赴き，教育（授業）を行ったという経験をふまえて，次のように語っている。「…そこでわかったのは，学校は企業の変化をよく知らないということだ。企業はここ10年間で大幅に変わり，たとえば国際競争に勝つために人事制度を変えた。だが，学校はそういう企業の変化をよく知らない。もう一つの反省は，学生になぜ学ぶ必要があるのかという動機付けを十分にしてこなかったことだ。もっと企業が学校に人材を送り，『将来，ああいう仕事をやってみたい，そのために勉強しよう』という動機付けをする活動も必要ではないかと思った」（「〔特別対談〕企業再生の処方箋」『週刊ダイヤモンド』2003年3月22日号68頁）と。大学教育に携わる者の一人としては，この項目について論じられることがあまりにも少ないように思われてならない。

　競争力ランキング・30位が報じられてから1ヵ月後に，日本経済新聞の「オピニオン・解説」欄で，産業技術のレベルの高さを映し出す「国際技能五輪」における日本の低迷状況が強調された。「マクロ経済指標を基にした評価が下がるのは経済成長率や財政の悪化のためだが，ミクロ分野でも不安を示す指標が出始めている。溶接，製図，旋盤，精密機器組み立てなど産業技術を競う国際技能オリンピックでの日本勢の退潮だ。日本は初参加した1962年のスペイン大会でいきなり参加8選手で6個の金メダルを獲得，世界を驚かせた。その後も70年の東京大会で17個，85年の大阪大会で11個の金を獲得するなどモノづくり技術の高さを誇った。だが，90年代に入って勢いを失い，アジア開催で力を入れたはずの昨年9月の韓国大会では

金メダルは4個にとどまった。総合4連覇を遂げた韓国の20個には遠く及ばず，5個の金を獲得したドイツにも敗れた。国際技能五輪は出場者に22歳以下という条件があるため，中高年のベテラン技術者の多い日本には不利という事情はある。だが，日本はお家芸だったモノづくりの将来を支える若年層が少子化やサービス産業への流出で減少し，生産現場の競争力が落ちつつあることは否定できない」(「日本の競争力どう再生」日本経済新聞2002年5月25日）と指摘された。スポーツ競技のオリンピックにはそれなりの高い関心が示されるとしても，「技能オリンピック」に情熱を傾けようとする若者の数はめっきり減ってしまったのである。

　日本が国際競争力ランキングで首位をすべり落ちてからすでに十数年になる。果たして経済や企業経営の領域における「競争力復活戦略」は着々と練られているのだろうか。

2　若者たちはどのように考えるのだろうか？

　IMDの調査（2002年版）によれば，「日本のビジネス風土の弱点」としていくつかの項目があげられている。「起業家精神が乏しい」が最下位の49位であり，「企業開業率が低い」が48位とされた。こうした点に関連して，「物づくり」（製造業）に対する若者の意識の変化に注目した指摘が以下のように示されていた。「ここ数年，日本の製造業の国際競争力は確実に低下している。特に日本国内で作られる多くの製品の世界での価格競争力はかなり弱くなりつつある。これには賃金の安い中国などアジア製品の著しい台頭や政府・日銀の為替政策，あるいは現状にマッチしない各種労働法規制によるコ

ストアップ等が考えられる。しかし，それ以上に日本人の物づくりに対する意識の低下が大きいのではないかと考えられる。特に，将来の日本を担う若者の仕事への意気込みや挑戦心が弱まっていることが，継続的な努力と忍耐力を要する製造業への従事を遠ざけていることは否めない」(「〔大機小機〕物づくり日本の若者の意識」日本経済新聞2003年1月10日) と。こうした見方を裏づけるデータとして，ある国際調査機関が世界各国の若者たちを対象に実施したアンケートの結果が引き合いに出されていた。そのアンケートは，「人生における最も大切な目標は何か」というものであり，その問いに対する回答が日米の若者の間で大きな違いがみられたという。すなわち，日本の若者の6割強が，「人生を楽しんで生きる」と回答したのに対して，アメリカの若者でそのような回答をしたのは4％にすぎなかったのである。また，アメリカの若者の4割強が「高い社会的地位や名誉を得る」と回答したのに対して，日本の若者でそのように回答したのは1％強にすぎなかった。アメリカの若者の多くが「競争する」ことや「挑戦する」ことに強い意欲を示しているのをこうした回答が示唆しているのかもしれない。「物づくりは極めて地味な仕事だが，国家の根幹をなす基幹産業である。物づくりが弱体化すれば国全体が必ず弱くなることは，歴史が証明している。その物づくりには，たゆまぬ挑戦心と永く深い継続的努力が求められる。『人生を楽しんで生きる』ことのみを『人生における最も大切な目標』に置く若者ばかりになってくれば，日本の製造業の将来は極めて暗いものになってくると危ぐせざるをえない」(前掲紙) との指摘に対して，日本の若者たちはどのようなコメントをするのだろうか。

アメリカの若者と比較して，日本の若者には「競争意識」や「挑戦心」が多少とも希薄である，とする見方に関して，伊藤忠商事社長の丹羽宇一郎氏が『日経ビジネス』のコラム「経営者の眼」の中で，ちょっと興味深い論点を提示している。SMAPの大ヒット曲「世界に一つだけの花」に「ナンバーワンになるよりも，オンリーワンとして個性を磨くことに意味がある」というような趣旨の歌詞の一節がある。丹羽氏は，「世界に一つだけの花」が，そうした歌詞に励まされたり，安らぎや癒しを与えたりしているとして，いい歌であることを認めたうえで，その趣旨にオブジェクションを唱えている。2004年度の入社式で丹羽氏は，新入社員に対して次のようなメッセージを贈ったという。「新入社員諸君，肝に銘じてほしい。あなた方が身を置く経済界はあの曲の歌詞とは対極にある。勝つか負けるか。ナンバーワンを目指さなければ意味がない。1番でなくていいとか，個性だけを際立たせるべきとの考えは，詩歌・文芸での話だ。その世界観をビジネスの世界に持ち込んでほしくない。1番になる個人や集団は，オンリーワンの要素を備えていることが多い。オンリーワンはゴールではない。挑戦も競争もせず，耳に心地よい言葉に逃げ込まないでほしい。米国や中国を見よ。国力を伸ばしているのは，苛烈な競争が存在する国ばかりである」（丹羽宇一郎「『オンリーワン』に異議あり」『日経ビジネス』2004年4月12日号73頁）と。いささか挑発的なメッセージとも言えようが，わが国の競争力低下に結び付けられる要因の一つを鋭く見抜いた正論であろう。さて，丹羽氏のこの主張に対して，若者たちはどのような反論を展開するのだろうか。それとも，その主張に共感を覚えるのだろうか。

3 マハティール氏の「日本に対する苦言」

　すでに見たように，国際競争力ランキングで日本が30位にまでそのポジションを低下させた時，アジア諸国・地域のランキングを見ると，シンガポール（5位），香港（9位）以外に，台湾（24位），マレーシア（26位），韓国（27位）が日本よりも上位にランクされていた。このうち，マレーシアは，二十数年前に「日本に学べ」とばかりに，日本の経済システムなどを吸収して自国の発展につなげようとする「ルック・イースト政策」を採り入れ，順調に成長を遂げてきた国である。1981年から2003年までの長期にわたって首相を務め，1982年に「ルック・イースト政策」を採用するなど，強力なリーダーシップを発揮してマレーシアの発展に大きく寄与してきたマハティール氏は2002年秋に，かつては「模範」としてきた日本に対する見方を変え，「ルック・イースト政策」の中身を修正するような発言を行い，注目された。「『日本の失敗は西洋文化を崇拝しすぎたからだ』，『我々は中国からも学ぶことができる』。マレーシアが日本や韓国から学ぶ『ルック・イースト』政策の生みの親，マハティール首相が日本に苦言を呈したり，同政策に中国を含めると述べるなど，政策の軌道修正をにおわす発言が目立っている。日本の長期不況を受け，ルック・イーストに占める日本の比重低下を反映しているようだ」（「日本の失敗は西洋崇拝原因」読売新聞2002年10月11日）と報じられたのである。また，「マレーシアでは，8月下旬にルック・イースト20周年の記念式典が催されたが，首相は，この式典の講演でも，ルック・イースト政策がマレーシアの成長に貢献したと評価しながらも，『今後は日本が進めている誤った政策や失

敗も学ぶ。我々が何をすべきでないかが分かるからだ』と発言した。その意図をマレーシア政府高官は『変化に柔軟に対応できない日本のまねはしないということだ』と解説する」(「日本もはや"反面教師"」読売新聞2002年12月1日)というように，"反面教師"として「日本から学ぼう」という皮肉混じりの批判が展開されていた。要するに，「経済を低迷させた失敗を日本から学び，マレーシアは日本と同じ過ちを繰り返さないようにしたい」ということが強調されたのである。

　マハティール首相が日本に対する失望感を示し，ルック・イースト政策の見直しについて語った理由とはいったい何なのだろうか。マハティール首相は2002年10月の「韓国経済についてのフォーラム」で，「日本の若者は西洋かぶれしている。以前はこんなに多くの日本人が金髪に染めているのを見なかった」と語ったとされている。流行り廃りの早い時代に，日本の若者のあいだで今なお金髪が目立っているかどうかは不明であり，また，「金髪の増加」と「日本の低迷状況」とがストレートに結び付けられるのかどうかはわからないが，マハティール首相の見方の変化については，次のような説明が加えられていた。「マハティール首相が，ルック・イーストを進めたのは，日本のサラリーマンの勤勉さや忠誠心，集団の利益を重視する姿勢に着目したためで，こうしたモデルを自国民に浸透させ，意識改革を促す狙いがあった。首相は導入時の1983年に来日した際，『日本を見習って"マレーシア株式会社"を目指す』と日本経済を絶賛していた。(中略)だが，首相は最近，日本に関しては，経済に限らず，社会や教育を含めて不満を抱いている模様で，別の講演では，髪を金髪に染める日本の若者をやり玉にあげ，誤っ

た『西洋崇拝』が日本の倫理や価値観を低下させたとも指摘した。今後は不可欠な日本の先端技術は吸収してゆくが，経済や倫理などに関しては，見習うべき点はないという考えを鮮明にしている」（前掲紙）と。

およそ1年半後にマハティール氏はインタビュー記事の中でその主張を繰り返している。茶髪（金髪）批判については，「人間は自分の姿に誇りを持つべきだと思います。人をまねるのは，その相手が自分より優れていると認めることを意味します。自分自身にはっきりした意味がある場合を除き，私は人まねに賛成できません。…私が採用したルック・イースト・ポリシー（東方政策）は勤労精神にあふれた日本人の良い面を模倣するためでした。いまの日本の若者は髪を茶色に染めて，欧米人になろうとしています。われわれはいま，そんな日本人をまねすべきではないと考えています」（「〔オピニオン〕日本の若者，勤勉さ取り戻せ」日本経済新聞2004年6月21日）とマハティール氏は語っている。ただ，日本への批判のみを強調しているのではなく，欧米社会のかつての良き文化や価値観が崩れてしまったとも指摘している。そのうえで，「日本の良い面とは何でしょうか」との質問に対して，「日本も含めアジア人はきちんとした家庭を持つべきだという価値観があり，そこからより良き安定した社会が出来上がる。日本でそのような文化がなくなれば国を強くすることはできないし，国際競争にも勝てなくなります。……労働者の勤労精神や企業への忠誠も良い点です。戦後，労働者は無給だったり，一杯のご飯だけでも企業に忠誠心を持ち懸命に働きました。自己犠牲の精神です。その結果，日本は急速に発展し，国民は裕福になれたのです。……日本の若者は日本人の良き特徴を次々

と失っています。例えば会社に定着せず，楽しみを優先してまた別の会社に移ってゆく。生活を楽しむだけでは日本のこれからの発展は難しい。これは彼ら自身にも国にとっても良くないことだと思います」（前掲紙）と応えている。マハティール氏の「苦言」は，かつて日本の発展を推進してきた価値観や文化が，長く続いた繁栄に慣れきってしまうなかで，いつしかどこかに置き去られてしまったことへの警鐘と受けとめるべきであろうか。

マハティール氏は2002年10月に行われた「マレーシアと中国との経済シンポジウム」において，「ルック・イーストを始めた時は，中国は対象外だったが，今や彼らの成功について学ぶ必要がある」と語っていた。そして2004年5月にマレーシアのアブドラ首相は閣僚や企業幹部を同行して中国を訪れたが，この訪問の意味するものについて，「マハティール前首相時代は日本や韓国に学ぶ『ルック・イースト』政策を推進してきたが，今回の訪中は，『ルック・チャイナ』に力点を置くアブドラ政権の姿勢を印象づける旅となりそうだ」（「時代は『ルック・チャイナ』」読売新聞2004年5月28日）と指摘された。時代は，「ルック・ジャパン」ではなく，「ルック・チャイナ」だというのであるが，前掲のインタビュー記事の中で，「日本は台頭する中国との競争にも直面していますが」との質問に対して，「中国は大国で，人々は非常に勤勉で，かつ器用です。日本に競争力がなくなれば，中国は非常に強くなり日本は対抗できなくなると思います。日本人が考えなければならない点だと思います。日本は勤労精神，教育，技術などを維持し，向上させなければならないのです」（「日本の若者，勤勉さ取り戻せ」前掲紙）と語っていた。

ところで，マハティール氏が苦言を呈する少し前に，マレーシア

に進出した日系企業を対象としたアンケート調査（2001年10月～11月に実施し，172社が回答）の結果が明らかにされていた。「『マレーシア人労働者はモラル・常識・規律に欠ける』──。マレーシア日本人商工会議所（JACTIM）が同国に進出した日系企業を対象に実施したアンケート調査で，こんな指摘が相次いだ。中国の台頭など，環境変化が底流にある。これに対し政府要人らが強い反発を示すなど，波紋も広がっている」（「日系企業，募る不満」日経産業新聞2002年3月27日）と報じられたのである。「マレーシア人労働者はモラル・常識・規律に欠ける」と指摘した日系企業は全体の91%に上ったといわれている。

4　1993年までは8年連続で「No.1」だった！

　2002年の競争力ランキングにおいて49ヵ国・地域中30位にまで日本の順位が低落してきて，その後にどのような展開をみせたのか，という点については後に触れるとして，十数年前に時を戻して，かつてNo.1の地位を誇った日本の競争力が「転落への道」を歩み始めた頃の様子を少し眺めておこう。

　前掲のコラム「大機小機」（15頁を参照）の中で，「……日本が93年まで1位であったのが過大評価であれば，現在のランクも明らかに過小評価であろう……」との指摘があったが，20歳前後の若者たちへの先ほどの質問に対する回答で「30位」という正解がほとんど出ないのと同様に，「93年まで1位」であったという事実もほとんど知られていないといえよう。しかも，1993年まで「8年連続1位」であったのである。1995年春に，「94年版『世界競争力報告』

では，日本が8年連続で維持してきた首位の座から転落して3位となった一方で，米国がトップに躍り出た。バブル崩壊の痛手を引きずる日本企業の凋落，情報産業などの復活が目覚しい米国企業の台頭を象徴する結果となった」(「2030年の国際競争力 トップ米国，日本は2位」日本経済新聞 1995年5月4日) と報じられた。

1994年に首位の座から転落した日本は，1995年版競争力ランキングでさらに順位を下げた。「国際競争力で日本は世界3位から4位へ下がり，首位・米国との差が一段と拡大している―。スイスの民間調査機関がまとめた95年版『世界競争力報告』によると，昨年首位から転落した日本は不況や金融システム不安などを背景に，国際競争力が一段と鈍っていることが浮き彫りになった」(「日本，4位に後退」日本経済新聞 1995年9月6日) というのであった。また，「この結果は，日本の惨状をきわめて的確に示している。一口で表現すると『歯止めのかからぬ競争力の低下』ということであろう。実は1993年まで日本は8年連続で首位の座を確保していた。ところがその後3位に転落，今年はついに4位にまで国際的な地位を低下させている。日本のこの凋落傾向に比して，一躍浮上してきたのが米国である。米国は2年連続で首位の座にある。規制緩和や民営化による経済活性化に成功し，またハイテク，通信，バイオなどの先端産業で大幅に競争力を回復させた結果である。このような指標でみるかぎり，日米の地位はここ数年で完全に逆転してしまった。米国に次ぐ第2位がシンガポールそして第3位が香港となっている」(「〔大機小機〕低下する国際競争力」日本経済新聞 1995年9月30日) とされた。

競争力の点で，10年ほど前にすでに日本は「アジア勢のなかで

も」No.1ではなくなっていたのである。1998年のランキングでは，18位にまで落ちていた日本を16位の台湾が上回っていた。4～5年前までトップの座を保ってきた日本が1998年のランキングで18位にまで急落してきた理由について，IMD教授のステファン・ガレリ氏は次のような分析を加えていた。「今の日本は，その魅力を失いつつある。不透明な規制制度や，金融部門の弱さ，硬直した流通システムなど，すべてが日本の国際競争力に深刻なダメージを与えている。さらに，銀行と産業界との，一種"排他的"とも言える密接な関係がある。銀行による企業の株式の所有は，とりわけ大手企業においては，経営を長期的に保証するものだと考えられていた。確かにそれはそうだ。だが，そのせいでゆがみが生じた。日本の経営者は，このために激しい競争から守られ，変化する世界に迅速に対応する必要を感じなくなってしまった。一方，米国式経営は，ときには，短期的展望しかもたないと批判されるが，株主，特に機関投資家の圧力が強く，企業は速やかに改革を実行しなくてはならなかった。その過程で，業績を上げられないトップは次々と地位を追われていった」（ステファン・ガレリ「2位から18位 日本の競争力 急落の理由」『日経ビジネス』1998年6月8日号143頁）と。ガレリ氏の分析によれば，今日の国家や企業に求められているのが「柔軟かつ迅速な改革」であるにもかかわらず，日本の場合，そうした改革が有効に実施されていないという。そしてガレリ氏は競争力急落のもう一つの理由に注目している。「改革を有効に実施できない政府の無能さには，産業界も国民もうんざりだ。そして，変わりゆく価値観が拍車をかけている。勤勉さと忠誠心と教育水準の高さに基づいた全体の利益が第一とされた時代は終わり，自己実現や仕事と私生活の

バランスを大切にする，個人の価値の時代に入っている。どこの国も，発展の過程で同じことを経験してきたが，日本はこの価値観の変化の対応に遅れ，若い世代の希望にも対応できないでいる」（前掲誌143頁）というように，「価値観の変化への対応の遅れ」が指摘されていたのである。

さて，2002年の「49ヵ国・地域中，30位」以降はどうなったのだろうか。2003年の競争力ランキングで日本は「25位」へと順位を5つ上げ，そして2004年の競争力ランキング（主要51ヵ国・地域と中国の9つの地方経済，合計60を対象としていた）では，「23位」となり，やや復活の兆しを見せている。「日本はマクロ経済の回復や技術開発力への評価で2年続けての上昇。IMDは日本経済の真の復活には税制改革や起業精神の向上などがカギだと指摘している」（「競争力 日本，23位に上昇」日本経済新聞 2004年5月5日）とされた。企業活動にかかわる項目のうち，「起業精神の広がり」は最下位（60位），「上級管理職の国際経験不足」は58位であった。

ところで，2004年春に，日本，中国，韓国の3ヵ国の経営者300人を対象としたアンケート調査の結果が公表されている。いくつかの調査項目のなかに，「2010年の時点で最も高い競争力を持つ国・地域はどこか？」というものがあった。「調査では特に韓国企業と中国企業の間で，中国の競争力に対する期待感が強いことが明らかになった。6年後最も競争力の高い国として日本の経営者の回答が最も多かったのは米国。中国は2位だった。ところが韓国の経営者からは中国との回答が5割を超えて1位となった。中国の経営者の間でも1位が中国，2位が米国だった」（「中国の競争力 より強く」日本経済新聞 2004年3月24日）という。ちなみに，中国の経営者で

日本をあげたのは「0％」であった。

　日本・中国・韓国の経営者アンケートでは，「2010年」の時点で強い競争力を持つ国・地域に焦点があてられたが，およそ10年前にIMDが世界の経営者を対象にして，「2030年」の時点で最も競争力のある国を予測する調査を実施していた。「2030年時点で最も国際競争力がある国は米国，二番手は日本，三番手は中国—。スイスの調査機関が世界の企業経営者1502人を対象に意識調査をしたところ，こんな予想が出た。深刻な不況で日本の競争力が低落傾向にある一方で，企業家精神のおう盛な米国に対する評価が高まっていることが改めて浮き彫りになった。上位10ヵ国・地域のうち過半数は日本を除くアジア勢で占められており，引き続き"アジアパワー"の席けんを予想する向きが多かった」（「2030年の国際競争力 トップ米国，日本は2位」日本経済新聞 1995年5月4日）というのであった。日本が1994年に競争力ランキング・首位の座から転落してから間もない頃の調査であったが故の結果ともいえようが，長期低迷のトンネルを抜けてやがて2030年頃には日本は果たして復活を遂げるのであろうか。

5　世界経済フォーラム（WEF）の競争力分析

　これまでIMDの競争力ランキング調査を取り上げてきたが，ここ数年における「日本の低い評価」については，いささか疑念を持つ向きもあろう。たしかに「失われた10年」とも称される1990年代以降，経済の不振・低迷には目を覆いたくなるほどの様相を呈していたことは事実であろうが，日本企業の技術開発力やブランド力は

いまなお世界的に高い評価を得ており，一般の日本人にとって2002年の「30位」という順位には多少とも違和感を覚えるかもしれない。そこで，別の有力な機関による「競争力調査」も取り上げてみよう。

　スイスのジュネーブに本部を置き，世界中の著名な政治家や財界人たちが出席する「ダボス会議」を主催する「世界経済フォーラム」（WEF）も国際競争力ランキングを公表している。WEFがまとめた「国際競争力報告2001～2002年」（対象は75ヵ国・地域）によれば，日本の潜在成長力は「21位」とされたが，日本企業の国際競争力は「8位」とされた。国際競争力については，前年と2年前がいずれも「4位」であったのが，順位を4つ落としたことになる。

　このランキングで日本の「8位」を支えた「日本のコアコンピタンス」（競争力の源泉）とはどのようなものだったのだろうか。「企業によるR&D投資」はスイスに次ぐ第2位，「国際ブランド力」はスイスに次ぐ第2位，「国際物流網」はフランスに次ぐ第2位，「生産性向上への労働組合の貢献」はシンガポール，スウェーデンに次ぐ第3位，「企業による顧客対応」は米国に次ぐ第2位，「企業の独創力」はフィンランド，米国に次ぐ第3位であり，いずれも上位にランキングされていた。その半面，「日本の弱点」として，「取締役会の独立性」は75ヵ国・地域のなかで第71位，「女性の経済活動への参加」は第69位，「銀行の信頼度」は第66位であったという。

　ただ，「8位」についての解説にはきわめて重要な内容が含まれていると言わねばならないであろう。「WEF報告でなんとか8位に踏みとどまった日本企業の国際競争力。だがその中身を解剖すると，強さの多くは1980年代に築いた『過去の遺産』，古い競争力の枠組み（モード）に依存していることが分かる。『昔ながらの製造業な

ら，日本は中国や韓国に抜かれ，やがて中国はラオスに抜かれる』。報告を統括したWEFのピーター・コーネリアス博士は指摘する。日本企業の強さの源泉だったブランド力も生産性も，すでに日本の絶対優位ではない。遺産を食いつぶすのは時間の問題，と言うのだ。そうなる前に，新しい競争力を身につけねばならない」(「再生・衰退 分かれ道」日本経済新聞 2002年4月17日) という記述の中には注目を要する内容が含まれているのである。「1980年代に築いた"過去の遺産"」などが，比較的に高い順位をかろうじて保たせているのであって，日本の凋落傾向をクローズアップしている点は，IMDの調査・分析結果と似通う部分が見られるであろう。

　この種の調査結果は，しばしば錯綜したものとなっており，どの数字（順位）が正確なのかが不明である場合もある。WEFのランキングについても，前掲の結果からは「不連続」とも見られる結果がおよそ2年半後に公表されている。世界経済フォーラムは，2004年10月に「2004年版国際競争力ランキング」を発表したが，それによれば，日本は前年の第11位から第9位に順位を2つ上げて，ようやく「ベスト10入り」をしたことが注目されていた。ちなみに，第1位はフィンランド，第2位は米国，そして第3位はスウェーデンであり，それぞれ前年と同じ順位であった。「日本は，WEFが1980年代後半から1990年代前半にかけて，他の民間研究所と合同で発表していたランキングでは，ほぼ1位を独占していた。しかし，バブル崩壊後の景気低迷が長引いたことなどから，WEF独自のランキングでは低迷が続き，一時は21位まで転落した，今回の日本の順位回復について，WEFは『力強い景気回復が続いて企業マインドが向上したことや，公的部門の（意思決定の）透明性が著しく改善し

たことなどを反映した』と説明している」(「日本ようやくベスト10入り」読売新聞2004年10月14日) と報じられた。回復基調が本物であることを切に願うのみである。

6　三つの"Japan-○○○○ing"

　競争力ランキングにおける日本の「栄枯盛衰」を象徴するかのような表現がある。日本経済新聞に，日本研究で著名な，社会学者のロナルド・ドーア氏に対するインタビュー記事が掲載された。「欧米での日本イメージが80年代の『ジャパンバッシング』(日本たたき) から90年代の『ジャパンパッシング』(日本素通り)，さらにこの数年『ジャパンナッシング』(日本無視) に変わってきたといわれるが」との質問に対して，ドーア氏は，「欧米での一般的な日本イメージは80年代末まではほぼ一貫して，国民が勤勉であり，巧妙な生産様式，経営システムを作り出す知的能力に優れているという見方でした。それが92年ごろから変わってきた。バブルがはじけて日本経済の停滞が続く一方，疲弊していた米国が元気になり，『もう日本はダメだ』という見方が欧米で一般的になりました。(中略) 日本の産業界は，決しておかしくなっているわけではない。輸出産業はこの10年間，世界市場のシェアを維持してきました。協調的な組織体制で，社員も顧客も大事にして，品質の良いものをつくろうという従来の経営哲学はまだ効力を失っていません。しかも『一人勝ち』ではなく取引相手，競争相手とも共存共栄を図ろうとする倫理観はまだ強い。そうした節度は美点として今後も大事にしてほしいですね」(「口出せ日本⑤」日本経済新聞2002年12月13日) と語って

いた。「ジャパン・バッシング」⇒「ジャパン・パッシング」⇒「ジャパン・ナッシング」というように，その当時の状況を端的に言い表わす表現が変化してきたのである。

　ロナルド・ドーア氏に対するインタビュー記事が出たのは2002年末頃のことであるが，欧米諸国の，日本に対するイメージや扱いを象徴するものとして三つの"Japan-○○○○ing"という表現が最初に使われたのはいつ頃のことであろうか。それらの表現のうち，とくに「ジャパン・ナッシング」の由来をジャーナリストの古森義久氏が紹介していた。きっかけは，日本の経済や政治，あるいは日米関係を専攻する，アメリカの大学の若手研究者たちの集まりであったという。1997年4月のことである。そこで話題になったのは，アメリカ側で日本に対する評価と関心がとみに低下してきている，ということだった。「このところのアメリカでは，日本の落ちた偶像ぶりはいやになるほど徹底している。その傾向が日本へ投影され，さらに拡大されて米側にはね返り，『日本人自身がこれほど自信をなくしているのだから』と，日本への評価がまた下がることになる。『ジャパン・ナッシング』（日本なし）という奇妙な和製英語の横行はその相乗効果の表われのようだ。私はこの言葉を2月に日本訪問から帰った元国防総省高官のブルース・ワインロッド氏から初めて聞いた。日米安全保障関係の調査のために東京で会った日本側の官僚や学者が，いまのアメリカでの日本の無視，軽視はまるで『ジャパン・ナッシング』だろうと，自嘲気味に語ったというのだ。その新語は，日本側がアメリカの今の対日観をどうみるかの現われとして米側で報告される，というわけだ。この日本製英語の語呂あわせのもととなったのはもちろん，『ジャパン・バッシング』（日本たた

き），『ジャパン・パッシング』（日本通過）から『無』になったというのも誇張だが，日本の政経システムがいまのアメリカの識者から張り子のトラのように拍子抜けの感じでみられていることは間違いない」（古森義久「〔USA通信355〕日本の政経システム評価は米国でどこまで落ちるのか」『週刊文春』1997年4月17日号58頁）というのであった。

かつて日本企業（日本的経営）が「一人勝ち状態」を享受し，欧米諸国から嫉妬混じりに「ジャパン・バッシング」を浴びせられた時期も存在したのであるが，古森氏はその時期の米側の「日本評価」を次のように述べている。「1980年代には米側は日本の官民一体，規制優先のシステムを異質と批判しながらも，学ぶ点もあるのではないか，やがては日本が世界の経済覇権を握るのではないか，という畏怖の念をもみせていた。称賛さえもちらつかせていた。84年の大統領選挙で民主党候補のフリッツ・モンデール氏が『このままだと私らの子供たちはみな日本企業の工場の清掃員になりかねない』と叫んだのも，その一例だった。第一次クリントン政権の労働長官だったロバート・ライシュ氏も，83年には『日本のコンセンサス，共同体，労働者の長期的福祉の重視はアメリカの徹底した個人主義よりずっと優秀な生産結果を生む』と書いていた」（前掲誌58頁）と。モンデール氏の「〔（アメリカ人が）日本企業の工場の清掃員になりかねない」との発言には多少とも誇張があったとしても，1980年代半ば頃にアメリカが抱いていた「勢いのある日本への脅威」を率直に言い表わしていたのかもしれない。

1987年に "*NEWSWEEK*（日本語版）" 誌は「日本企業で働く米国人」と題する特別リポートのサブタイトルに「10年後には在米日

本企業は100万人を雇用することになるだろう」を付していた。アメリカに進出した日本企業で働くアメリカ人従業員の総数は，1979年に10万人を超え，6年後の85年には20万人へと倍増するというように，日本の対米直接投資の増加に比例して急速に増えつつあった。1990年代半ば頃までの10年間にその総数はおよそ5倍にもなるという予測であった。しかも，その当時，日本企業で働くことは，アメリカ人にとって「夢」であるケースも少なくなかった。「メリーズビルではホンダで働くのが夢。オクラホマ州ノーマンでは日立で，テネシー州ではブリヂストンで働くのが夢だ。アメリカ中で『日本株式会社』が人材募集中，これに職を求めるアメリカ人労働者が殺到する。(中略) 入手しうる範囲で最も確かな統計によると，『日本株式会社』で働くアメリカ人は25万人近くに達しており，いまや『日本株式会社』は米国最大かつ最も急速な成長を続ける雇用主の一つとなった。通産省は，向こう10年間に日本の対米投資でさらに84万人分の雇用が創出されるとみる。いや，もっと多いとする説もある」(「日本企業で働く米国人」"*NEWSWEEK*（日本語版）" 1987年2月5日号7頁) とされた。「日本株式会社」の勢いを感じさせる記述であるが，その後十数年が経過して，日系企業で働くアメリカ人は今なお相当の数にのぼるであろうが，企業の競争力や雇用吸収力などの点について「時代はすっかり変わってしまった」といわねばならない。

第2章　米国企業，王座奪還への取り組み

　第二次大戦後,「パックス・アメリカーナ」の名のもとに米国は「独り勝ち」の状態を満喫してきたのであり，まさに「向かうところ敵なし」であった。ところが，廃墟の中から蘇った日本がいつの間にか米国を脅かす存在になっていた。終戦から数十年が経過していたとしても，敗戦国・日本に足元をすくわれた米国の驚愕と屈辱は如何ばかりであっただろうか。しかし，追い越されたままで，立ちすくみ，その後ズルズルと退いてしまうような米国ではなかった。やがて米国は見事に復活を遂げるのであるが，その「王座奪還ストーリー」の一部を以下において取り上げよう。

1　米大統領産業競争力委員会報告「ヤング・リポート」

　IMDの調査によれば，1980年代半ば頃に「国際競争力」の点でアメリカは日本にNo.1の座を奪われたとされている。その後，1990年代前半の頃にアメリカはその座を再び奪い返すのであるが，いつの時点で「復活の狼煙」をあげたのか，という点は必ずしも明らかではない。ただ，すでに1970年代後期には日本企業の快進撃の足音が迫っていることをアメリカはしっかりと感じ取っていたようである。例えば,「レーガン米政権時代にまとめられた大統領産業競争力委員会報告『ヤング・リポート』。ジョン・ヤング元ヒューレッ

ト・パッカード社長が中心になって手掛けたこのリポートは90年代の米産業復活に向けてのバイブルになった」(「産業力―私の再生処方せん―（中）」日経産業新聞 2002 年 5 月15日）との指摘もある。

　レーガン大統領は1980年代前半の頃に，アメリカ産業・企業の競争力の強化に向けた報告書の作成を命じていたのである。そしてその主なターゲットが日本の産業・企業にあったことは言うまでもない。米大統領産業競争力委員会（1983年に創設）の委員長として「ヤング・リポート」を1985年にまとめた J・ヤング氏は，「80年代初め，レーガン大統領はなぜリポートの作成を命じたのか」との質問に対して，「発端は政治的な要請だ。当時の米産業界はドル高もあり日本に対する競争優位を失っていた。国民のいら立ちは募り，民主党も政権批判を強めた。大統領は構造改革に向けた具体策を示す必要に迫られていた。われわれが目指したのは小手先の景気回復策ではない。次の世代が豊かな生活を享受するには製造業の再生が欠かせない。そのためにあらゆるものを変えようと考えた。国家，国民をあげた挑戦と位置づけた」（前掲紙）と答えている。「国家，国民をあげた挑戦」という言葉が象徴するように，「競争力の向上」に向けた取り組みは，アメリカの重要な国家的課題，国民的課題であったのである。「（その当時において）米産業界の何が問題だったのか」との質問に対して，ヤング氏は，「巨大な国内市場があったために米製造業は国際競争の本当の意味が理解できなかった。例えば，日本で左ハンドル車がなぜ売れないのかと戸惑っていた。日本の次には韓国などアジアの新興勢力との競争が待ち受けている。痛みを伴ってでも，コストと品質を磨き続ける，果てしない作業が求められていた」（前掲紙）というように，その当時を回顧している。

やはり，ここでもキーワードは「競争」であると言わねばならないだろう。

ところで，ジョン・ヤング氏は，日本の「競争力の低迷状況」に関して，「80年代，日本の製造業の現在の凋落を予測できたか」と問われて，「競争条件さえ変わらなければ，品質とコストの両面で今も世界のトップを走っていただろう。ところがアジアの新興勢力の台頭，金融システムの弱体化などの変化に対しあまりに柔軟性を欠いていた。高品質低コストの製品はあらゆる国で生産できるようになる。日本企業は何が中核事業なのか，それを伸ばすために組織をどう変えていくのかを依然として決めかねているようだ」（前掲紙）というコメントを返していた。

米産業再生に向けての「バイブル」を命じたレーガン元大統領は2004年6月に死去したが，レーガン氏の国葬に触れた記事の中で，新たな「ヤング・リポート」の作成に向けた動きが伝えられた。「対ソ強硬路線，軍拡路線を貫いた同氏は経済面でも『強いアメリカ』を目指した。半導体，自動車など日本勢の攻勢に対し，保護主義を退け小手先ではない米製造業の再生に取り組んだ。ハイテク分野でインド，中国など新興勢力の台頭に直面する現在の米国で，レーガン氏の手法が見直されつつある。『米国に今，必要なのは新しい「ヤング委員会」だ。設立を求め，近く法案を提出する』。5月，電機業界の会合で講演したリーバーマン米上院議員はこう宣言した。（中略）インド，中国，東欧などの台頭はハイテクの国際競争の構図を塗り替え，地球規模で雇用争奪戦を引き起こす。新ヤング委員会を立ち上げ，官民を挙げて国家としての大計を描こうとする欧米。日本も手をこまぬいてはいられない」（「米『ヤング・リポート』復

活」日経産業新聞2004年6月11日）と。

　十数年前に日本から「競争力No.1」の地位を奪い返し，その後も常にトップの地位を保持して再び「一人勝ち」の状態を継続させている米国がさらに「強いアメリカ」を目指そうとしているのである。ただし，20年ほど前の元祖「ヤング・リポート」の時とは違って，新「ヤング・リポート」では米国の主なターゲットが日本ではないことはいうまでもない。

2　MIT産業生産性調査委員会報告「メード・イン・アメリカ」

　アメリカの産業再生に向けてのバイブルともいわれる「ヤング・リポート」に続いて，1980年代末にはマサチューセッツ工科大学（MIT）の産業生産性調査委員会が「メード・イン・アメリカ」という報告書を発表していた。それは，技術力，資本力，労働力などの，かつてアメリカ経済を支えていた「強さ」が優位性を失っていった様子を詳細に描いたものである。この報告書の執筆責任者を務めたリチャード・レスターMIT教授は，日本の製造業にアメリカの製造業が敗れつつあった当時（1980年代半ば頃）の状況を回顧しながら，「経済学者は『米国が負けたのはドルが強すぎるからだ』と主張したが，われわれは，問題は品質の差であり，それを生み出した経営手法の違いだと指摘した。米議会では日本たたきの感情的な議論が中心だったが，現場を歩き事実を掘り起こした。訪問した企業は日米で200社を超えた」（「産業力—私の再生処方せん—（下）」日経産業新聞2002年5月16日）と語っている。

　また，「その当時，日本の製造業をどう見ていたのか」との問い

に対して,「日本でトヨタ自動車の工場を見たときの衝撃は大きかった。ビッグスリーの工場に比べて生産技術に差はないのに工程のどこにも無駄がない。最先端の技術を使わなくても,人的資源の有効活用で生産性は飛躍的に高まる。これはリポートの重要な結論の一つだ」(前掲紙)と答えている。日本企業の「人的資源の有効活用」にとくに注目していたのである。

なお,ジョン・ヤング氏と同様に,リチャード・レスター教授も日本の「競争力の低迷状況」について意見を求められて,「われわれは日本の一面だけを見て競争力の高さに驚いていたのかもしれない。流通など非効率なサービス業,ぜい弱な資本市場など日本が抱えていた弱い部分に目を向けていなかった」,「終身雇用,合意重視の意思決定など日本の経営システムが安定成長を前提としていた。金融システムも実績主義の安定取引を重視し産業の新陳代謝を促す役割を果たさなかった。誰もが強さだと信じているものほど急激な環境変化に弱い。これが80年代の米国,90年代の日本に起きたことの本質だ」(前掲紙)と語っていた。日米ともに,「あまりにも強かったがゆえに」,急激な環境変化に十分に適応できなかったといえよう。日本の場合,「強さ」と信じていたものがおよそ10年の間に「弱さ」に転じてしまった,とレスター教授は指摘していたのである。

1980年代半ば頃にIMDランキングで米国が首位の座を追われてから,より正確には,それよりも数年前から米国は復活に向けて着実な努力を重ね,十数年後には見事に復活・再生を遂げた。ただし,その道が平坦なものではなかったことは,想像に難くない。

それとは対照的に,日本は,1990年代前半の頃にIMDランキン

グで首位の座を明け渡し，その後転落の一途をたどり，今なおしっかりとした復活の兆しを見せていないようである。「急激な環境変化への適応」が十分になされてこなかったのかもしれない。

　ちなみに，2002年の時点でジョン・ヤング氏は，米企業が「血のにじむリストラ」を経験してきたのに対して，日本はなおもそれをくぐり抜けていないように見える，と強調していた。1990年代後期以降に，日本企業も，かつての「雇用保証」の看板をかなぐり捨てるかのように，かなりの規模の人員削減を実施することになったが，それが「ニッポンの復活」にストレートにつながるかどうかという点については，なおも微妙なところがあろう。たしかに大規模なリストラは，一時的に業績改善をもたらせるであろうが，長期的な視点から見て効果的であるかどうかは不確かなのである。「人間重視」をうたい文句にしてきた日本企業の場合，リストラはマイナスの側面をも併せ持っている（両刃の剣）といえよう。

3　アメリカ企業，「変身」への取り組み

　アメリカの企業の競争力が本格的に復活を遂げるのは1990年代のことであるが，1980年代に着実な努力が重ねられていたと見られる。その途上にあったであろう1980年代後期に，日本経済新聞の連載記事が競争力の回復・強化を目指して「変身しようとするアメリカ企業」の様子を伝えていた。1988年10月から89年5月までの長期にわたって断続的に連載された「変わる米企業」（第1章〜第5章）がそれである。例えば，第3章「ビジネスの階段①」では，「生産性と国際競争力の向上をめざして米企業は変身を急いでいる。原動力

第 2 章　米国企業，王座奪還への取り組み　41

は激変する企業戦略にもまれながら出世の階段を上ろうとするビジネスマンだ。現場の従業員から経営トップまで各階層が自分の目標や働く動機を見つめ直し，会社側も労働意欲を高める知恵を絞っている」(「〔変わる米企業・第3章ビジネスマンの階段①〕階層減らしでヤル気」日本経済新聞 1989 年 1 月 29 日) と述べられていた。一連の記事は，さまざまな角度からアメリカ企業の動向を取り上げていたが，ここでは特に人事・労務管理にかかわる取り組みに焦点をあてて，アメリカ企業の「変身ぶり」を眺めてみよう。そしてその改革のいくつかは，「日本的経営」，「日本式人事・労務管理」をかなり意識していたものであったと言えるだろう。

(1)　競争力強化に向けた米国製造業の「現場改革」

連載記事「変わる米企業」は全部で五つの章から成っているが，なかでも第 4 章「生産現場から」は，労務管理の視点から注目すべき内容で充たされていたように思われる。まず，第 4 章の簡単な総括として，「米国企業のコスト競争力が急ピッチで改善している。世界のリーダーを自負してきた米製造業は，技術革新，品質，価格などの面で日本に後れを取ったことを痛感させられた。しかし，米国の生産現場は今，変革に挑みつつある。国際競争力の強化に取り組むモノづくりの最前線に焦点をあてた」(「〔変わる米企業・第4章生産現場から①〕復活かけ日本を追撃」日本経済新聞 1989 年 3 月 28 日) と述べられ，米国製造業の競争力強化に向けた改革，とりわけ「日本追撃」のための戦略がクローズアップされていた。

まず，世界最大の建設機械メーカー，キャタピラー社の生産現場における「変身ぶり」の一部が次のように紹介されていた。「キャタピラーの本拠地，イリノイ州ペオリア。10 棟ほどある工場はすべ

て変身中だ。6種類の製品を組み立てている大型トラクター工場でも，組み立てラインが稼動する傍らで新ラインの建設が進んでいる。『最終組み立てを柔軟に変更できるラインにする。ロボットを導入する一方，部品もジャスト・イン・タイムを徹底して追及する』とR・シャーハン工場長は言う。同工場は昨年夏に10人が一つのチームを組んで作業するチーム制を導入した。このチームは作業改善，品質管理などにも取り組む。全米自動車労組（UAW）加盟の従業員を巻き込み，工場改造に総力をあげている」（前掲紙）と。トヨタ生産方式の基本の一つである「ジャスト・イン・タイム」や日本式の「チーム制」など，日本企業の経営方式を強く意識していたようである。

　実際に，キャタピラー社が改革に真剣に取り組んでいた背景には，やはり日本企業の存在感の高まりがあったといわねばならない。「同社は1982年から3年間で合計10億ドルに上る最終赤字を出した。ドル高に加え小松製作所の攻勢にあったためだ。危機感に目覚めた"巨人"は，『我々は自動車産業のように市場を奪われっぱなしにはしない』（L・クーチャン財務部長）と反攻作戦に打って出た。この結果，現段階で『世界のシェアは3～4年前に比べ10ポイント上昇し，50％を超えた。コスト面では小松を逆転したと思う』とノムラ・リサーチのアナリスト，D・ガードナー氏は見る」（前掲紙）というように，1980年代前半の頃には，日本企業（小松製作所）からダメージを受けていたのが，80年代末には「反攻作戦」が功を奏してかなりの成果をあげるようになっていたのである。

　キャタピラー社のクーチャン財務部長は，米自動車産業が「市場を奪われっぱなし」と見ていたが，この頃には米自動車産業の「巻

き返し」も始まっていた。その当時,「全米ナンバーワンの生産性を誇る」と評されたフォード社のアトランタ工場がその象徴とされた。「製造ラインの従業員は明るく屈託がない。声をかけ合い楽しそうに体を動かしている。コミュニケーションのよさは日本の工場にもひけをとらない。ラインを流れる組み立て中の車をみると,ドアをはずし内部の部品据え付け作業がしやすい工夫をこらしている。このやり方は,資本提携関係にあるマツダから導入したものだ。(中略) 専門家は『現場の意見を取り入れたことがよくわかる。フォードの組織が柔軟になった表れ』とみる。アンダーソン工場長は『1日に3時間はラインで過ごしている』と,現場主義を強調する。トップがライン事情をだれよりもよく知っていることを心掛けているようだ。日本の自動車メーカーと同じ思想だ。現場の作業員も改善活動を展開している」(前掲紙) という記述を見るかぎりでは,日本企業の生産現場がそっくりそのままフォードの工場で再現されているかのような印象が強いであろう。

　なお,そのような「変身」がどのような効果をもたらせたのかという点が注目されるが,「同工場の生産性について日本の専門家は『日本の工場の80％程度に上昇した』と診断する。『製造部門だけで見れば日本の優位はまだ崩れないが,開発,設計,製造,販売をトータルで見れば米有力企業の底力はあなどれない』」(ある日米合弁企業の首脳)」(前掲紙) というように,アメリカ製造業の「復活」への足音が次第に高まりつつあったのである。

(2) UAW,「労使対決」から「労使協調」へ転換

　「改革」は会社側のみの問題にとどまらない。労働組合側にも相応の「意識改革」を迫ることになった。1980年代後期に,販売不振

によって「存続か閉鎖か」という岐路に立たされていた、ロサンゼルス郊外にあるGMのバンナイス工場（従業員約3800人）が話題として取り上げられていた。同工場では、1987年に生産性向上のために会社側の提案で日本式経営の一つ、「チームコンセプト」（班編成）の導入が認められていた。ところが、UAW（全米自動車労組）の支部の役員選挙で、チームコンセプト反対派の立場の人が委員長に選ばれ、班編成導入後にたびたび生産ラインをストップさせるという事態が発生し、会社側は長期無断欠勤を理由としてその委員長を解雇した。新委員長の選挙においては、きわどい票差ではあったものの、班編成推進派のR・ルパート氏が選出され、「工場存続への道」が模索されることになった。「（労組の）新執行部が目指すのはトヨタとGMがサンフランシスコ郊外に合弁でつくったNUMMI（ヌミ）フリーモント工場。かつてGM工場の中でも最低の生産性。不良品の続出する問題工場だった。労使関係も最悪だったが、1983年に合弁工場となって以来、今ではGM工場の中でも最優良工場と称賛されるまでに変身した。従業員の大半は同じ。特別優れた機械、設備類を入れたわけでもない。躍進の原動力は日本的経営方式の導入だ。組合のリーダー、中堅クラスを順次、日本のトヨタ工場で研修させ、班編成の重要性を理解してもらった。その結果、ごく普通の組合員が『ムダ』、『カイゼン』（改善）、『ネマワシ』（根回し）などの日本語を日常的に口にし、生産性向上の実績をあげるようになった」（「〔変わる米企業・第3章ビジネスマンの階段②〕経営感覚、出直す労組」日本経済新聞1989年1月30日）というのであった。

　アメリカ企業の労使関係について語る時には、「労使対決」のイ

メージが直ちに思い起こされ，日本企業の「労使協調」と好対照をなしているのであるが，その当時のアメリカの労働組合はいささか様相を異にしていたようである。「その背景には伝統的な『労使対決』から日本型『労使協調』へ，とのUAWの路線変更がある。(中略) 労組の力の強い製造業が衰退し，未組織のサービス産業が拡大する。モノをつくれば売れる時代が終わって，高品質，高付加価値で勝負する時代。米国内のホンダ，日産工場が同じ米国人労働者を使ってUAW組合員の工場より20〜80％も高品質，高生産性を達成するのはなぜか――UAWの結論は『もはや経営陣が敵なのではない。競争相手を単に攻撃するのでなく，素直に相手の優れた点を学ぶ時だ』(ルパート委員長)」(前掲紙) というように，「労使対決路線」を推進し続けてきたUAWの姿勢の変化が注目されていた。その頃，UAW本部は，「雇用の保証，職場の確保を最優先する」姿勢を打ち出しており，1988年末には，「超優良工場」に変身を遂げていたNUMMIのフリーモント工場に全米の主要マスコミを案内し，この工場が「労使が一体となって生き残りを図るモデルケース」であるとPRしていたという。

　日系自動車メーカーを敵視するUAWの姿勢がかつては見られたが，日本式経営に理解を示し，積極的に協力しようとすることさえあったという。「マツダがミシガン州の田舎町につくった工場は従業員3500人。1987年秋の生産開始以来，UAWは全面的に協力している。朝礼，ユニフォーム，QC（品質管理）活動などをそっくり持ち込んで『当初，ここまで日本式に徹して大丈夫かと心配したが，予想以上にうまくいっている』(信藤整マツダ・モーター社長)。(中略) UAWのE・ロフトン委員長は『われわれがここで日本企業

とうまくやっていけることを立証すれば，（日産，ホンダなど）他の工場でも組織化のメドが立つ』と打ち明けた。労使協調で日本的経営を採り入れ，組織の弱体化に歯止めをかけ，労組内に経営者感覚を浸透させて再活性化を図る―そんな戦略が浮かび上がる」（前掲紙）と。「攻撃的な労働組合」というイメージを崩すかのようなUAWの「変身」にはそのような「したたかな戦略」が隠されていたのである。それにしても，アメリカの産業，企業が完全に復活を遂げる1990年代以降，「労使協調」，「労使一体」の姿勢をUAWはなおも保持し続けているのだろうか。

(3)　一丸となって「品質向上」へ取り組む

「労使一体」の姿勢をアピールしようとしていた自動車メーカーだけでなく，自動車部品製造会社でも，「意識改革」への取り組みがあった。日本の曙ブレーキ工業とGMの部品部門であるデルコ・モレインとの合弁会社，アン・ブレーキの工場長を務めるジョン・ハリス氏は同社とアメリカ企業との大きな相違点に注目していた。デトロイトの自動車部品会社を何社か渡り歩き，通算で20年近いキャリアを持つハリス氏は，アメリカ企業での経験をふまえて，「米企業では，経営陣は株価ばかり気にし，従業員は待遇改善のため組合活動に血道を上げる。肝心の製造活動は二の次，三の次だった」と語り，アン・ブレーキについては，「会社はまず製造部門に思い切りカネをかけ，従業員も品質を第一に考えるようになった」として，企業活動の「本来あるべき姿」を強調していた。工場内の様子の一部が次のように紹介されていた。「工場のなかに入ってすぐの壁に，従業員全員の顔写真が貼ってある。写真の下には溶接，メッキなど各自の担当が書かれており，それを見ると，だれがどこの場

所で働いているかが一目でわかる。米国流に自己の責任を明確にするとともに，他の従業員の仕事にも関心を持ってもらう。チームワークの向上がねらいだ」(「〔変わる米企業・第4章生産現場から②〕一丸となり品質追求」日本経済新聞1989年3月29日) と。デルコ・モレインから技術担当副社長として出向してきたチャールズ・デイ氏は，「大量生産を志向する米企業では，作業の受け持ちが違うと我関せずだった。ここではみんなが一体となっている」と語っていた。こうした「変身ぶり」は，やはり日本式経営が刺激となっていたといえよう。

次に，アメリカのウェアハウザーが9割，日本の十条製紙が1割の割合で出資してワシントン州ロングビュー市に設立された新聞用紙メーカー，ノース・パシフィック・ペーパー（ノーパック）においても，「品質向上」に向けて真剣な取り組みがなされ，かなりの成果をあげるところまできていた。その当時，ノーパックが生産する新聞用紙の4割が日本に輸出されていたが，工場長代理のドナルド・アンダーソン氏は，およそ10年間に及ぶ生産改良の歴史を回顧しつつ，「日本の新聞社の品質に対する要請は米社とは比べ物にならないほど厳しかった」と語っていた。「日本メーカーと競合する場合，米国製品はとかく顧客の要求する品質基準を満たせずに競争に敗北することが多いが，ノーパックはこうした弱点を克服し，親会社の製品の品質改善にまで良い影響を与えているという」(前掲紙) との指摘は，1980年代に米メーカーが，競争において日本メーカーに「後塵を拝し続けてきた」という状態から脱しつつあった（そうした米メーカーが徐々に出現しつつあった）ことを示している。

もちろん,「品質重視」の点では,やはり「日本に学べ」が合言葉であったようである。製品品質管理部長のバック・ジョンソン氏は,印刷中に紙が切れてしまうというようなトラブルが多発した時に,「現場の人間を日本に出張させ,どう改良すれば切れないか,新聞社の意見を聞いて徹底的に調べさせた」と打ち明けていた。「生産現場の人間がユーザーを直接訪問し,改善すべき点を聞くなどといったことは『それまでのウェアハウザーでは考えもしなかったこと』(アンダーソン氏)だ。好業績をあげるノーパックには,各地に散らばる同社の品質管理者の見学が絶えない。その結果,十条製紙から教わった顧客ニーズに密着した製品作りを心掛ける精神がウェアハウザー本体にも浸透しつつある」(前掲紙)というのであった。「顧客重視」,そして「品質重視」の精神がアメリカで復活しようとしていたといえよう。

(4) 「人こそ資産」の哲学と「機械と人間の調和」の未来型工場

　イーストマン・コダックといえば,毎年発売する先端技術製品の数が全米でトップクラスとされる企業であるが,その活力を支える原動力の一つが生産現場にあったという。「テネシー州キングスポートにある同社の化学製品生産拠点。従業員1万2千人を抱えるこの現場が大きく変わり始めている。秘密は数年前に採用した『クオリティー・マネジメント・トレーニング』と呼ばれる技術訓練。日本流にいえば生産ラインを受け持つ班長クラスを軸にチームで実施する定期的なジョブ・トレーニングだ。狭い職種に閉じこもるのをやめ,機械の操作技術から材料管理技術まで年々高度になる生産システム全体を習得させる。本社の技術教育担当ディレクター,ロイ・ジョナート氏は『各種技術だけでなく,ライン全体としての生

産効率や品質の向上まで評価しながら生産する意識を身につけてもらい，個々の従業員と工場の質改善をめざす』と語る。『フォア・ザ・チーム』を合言葉とするこのプログラムは新製品生産を無難にこなし，不良品率やランニングコストを下げるのに役立っている。そればかりか『伝統的な労働慣行も変えつつある』（ジョナート氏）。工場の職種は横断的に再編成されて減り，シニョリティーシステムなど米企業特有の高年齢層優遇制度も変質した。この効果で，従業員がすぐとなりの生産工程で何をしているか知らない，といった米企業につきものの弊害はなくなった。生産ラインの従業員を電算機システムで支援する生産技術者への教育も怠らない。工場がタテ，ヨコ，ナナメに結びつく構造になり，従業員のハイテク化と生産性向上を実現する一石二鳥の効果が目立ってきた」（「〔変わる米企業・第4章生産現場から④〕人こそ資産，学べ学べ」日本経済新聞1989年3月31日）と，イーストマン・コダック社での「変身」の様子が紹介されていた。

　こうした改革の背景にあった考え方とはどのようなものであろうか。「コダックは昨年からこの生産ラインと支援人材双方への訓練を全社に導入，文字通り戦略的な『人材資源開発計画』を始めた。会社の事業展開に沿って毎年各分野で必要な人材の総量をはじき，訓練する。『人こそ資産』の哲学だ。設備はもちろん従業員もハイテク武装する。それが年率10％近いといわれる同社の生産性の改善に寄与していることは間違いない」（前掲紙）という。Human Resources Management（HRM，人的資源管理）という表現がアメリカ企業で頻繁に用いられるが，「人材資源開発計画」はいかにもアメリカ流の発想だろう。ただ，アメリカ経営学の草創期から脈々

と受け継がれてきたとみられる，人間（労働者）は容易に取り替えがきくとする「人間道具視」論とは一線を画する，「人こそ資産」の哲学は，「ヒト中心」の日本式経営とオーバーラップする部分が多少ともあるのかもしれない。

　アメリカ流の経営哲学からすると，いずれかといえば「人間」よりも「機械やテクノロジー」を優先していると見られがちであるが，生産現場で「人間と機械の調和」をはかろうとする工場も現れてきた。ボストン郊外のノーウッドにあるポラロイド社のカメラ工場は，1989年に21世紀をにらんだ「未来型工場」への変身を始めたという。その特徴は，CIM（コンピュータ統合製造）の本格的導入にあり，設計から製造まで電算機で制御し，ロボットが製造する一貫システムは，その当時としては米企業の工場で最先端を行くものであった。その導入によって，ポラロイド社は，必要人員の削減，生産能力の向上，品質の向上という「三重の効果」を得ることになったとされている。

　コンピュータやロボットを駆使した製造システムがどのようにして「人間と機械の調和」という発想に結びつけられるのだろうか。「この工場を未来型と呼ぶ理由がもう一つある。製造ロボットのまわりを透明なプラスチック板と太いパイプで囲んだその哲学だ。機械がむき出しではないので作業員に危険はない。ラインを止めた後，再始動ボタンを押しても5秒間（日本では平均2秒間）は機械が動かない。さらに制御板には三重の安全装置がついている。このシステムの製造元であるソニーの技術者も『日本では考えられない人間重視の工場』と驚く。生産効率だけを考えればムダかもしれない。しかし米国では，工場は生産現場というばかりでなく従業員にとっ

て1日8時間を過ごす生活の場との意識が強い。従業員を念頭に置かなければ,最新技術も生きない。(同社技術部主任技師の)ジョージ・レイマン氏も『機械と人間が調和できなければスーパープラントではない』という。この点が従業員の支持を得たからこそ,CIMシステムで競争力向上へ活路が開けた。効率一辺倒の日本の技術に米国の哲学で人間味を加える,それが米国流の『未来の工場』かもしれない」(「〔変わる米企業・第5章グローバル戦略③〕機械と人間,調和めざす」日本経済新聞1989年5月25日)というのであった。

4 「日本無敵神話」のかげり

　この章の初めで触れた「ヤング・リポート」が作成されるよりもずっと前に,アメリカ国民を鼓舞するテレビ番組が放映されていた。1980年に米NBC放送は,日本の奇跡的な経済復興を検証した特集番組 "If Japan can, why can't we？"(日本にできるのに,我々にできないはずがないじゃないか)を放映し,アメリカ企業や国民の奮起を促していたことはあまりにも有名である。この特集番組では,日本経済が奇跡的な復興を成し遂げた秘密の一つとして「品質管理」にとくに焦点があてられていた。「1949年,GHQ(連合国総司令部)の招きで来日したデミング博士らの軌跡を追い,『日本の品質重視が奇跡を呼んだ』と結論づけた。冒頭の番組タイトルは,米国人の心に楔を打ち込んだ。それから15年。日本が独自に体系化した『TQC』(全社的品質管理)は,『TQM』(全社的品質経営)と言葉を変えて,全米に広がっていった。80年代半ばから本格化した米国企業の品質改革運動は今,至る所で果実を生み始めている」

(「日本が品質で敗れる日」『日経ビジネス』1995年11月13日号22頁）と述べられたのは1990年代半ば頃のことである。この特集記事において主に取り上げられた企業とは，アメリカ製造業大手のユナイテッド・テクノロジーズ社のことであり，同社は「品質経営」を学ぶために日本人を招聘し，品質の向上に努めたというのである。招聘された日本人とは，松下電器産業の伊藤譲氏とトヨタ自動車の岩田良樹氏であった。「米国企業の復活劇には，これら日本人の協力が大きい。しかし，彼らは異口同音にこう語っている。『教えたのは日本人かもしれない。だが，復活を可能にしたのは，彼らの謙虚さであり彼らなりの工夫の成果だ』。もはや，松下式でもトヨタ式でもない。新しい品質管理を実現した。来年，日本はTQCをTQMと呼び改める。再び，日本が学ぶ番が来たようだ」（前掲誌22頁）と『日経ビジネス』の特集記事はその内容を総括していた。

「再び，日本が学ぶ番が来たようだ」という表現は1995年1月，アメリカ自動車メーカーの経営者によって使用されていた。「『かつてわれわれが日本型経営を学んだように，今や日本車メーカーが当社の技術を勉強する時代になった』―。米自動車大手クライスラーのイートン会長兼最高経営責任者（CEO）は3日，デトロイトの自動車ショーに集まった各国記者団に向けた講演で，感慨をにじませながら，過去最高の業績を記録した昨年を総括した。（中略）さらに『トヨタが当社のネオンを分解して分析しているという新聞記事を読んだときは本当にうれしかった。80年代にわれわれが必死に日本の品質管理などを学んだときのことを思うと感無量だ』と語った」（「日本が米車から学ぶ時代」読売新聞1995年1月5日）と報じられたのである。「感慨をにじませる」とか「感無量」というややオ

ーバーな言葉が用いられているが,長期におよぶ艱難辛苦の時期を経て,技術・品質のレベルでようやく日本に追い付いた（追い越した？）という「感激ぶり」がそのような記者会見になったのかもしれない。

クライスラー社のイートン会長兼最高経営責任者が自信に満ちた発言を行った背景には,ちょうどその頃に同社が自動車業界で権威のある賞を相次いで受けていたという事情があった。日本車を狙い撃ちする目的で開発された「ネオン」と「シラス」が,イタリアの雑誌が主催する「ワールドカー 1994」に,そしてアメリカの雑誌が主催する「95年 カー・オブ・ザ・イヤー」に選ばれていたのである。

さて,日米間の「品質格差」の縮小が取り沙汰されるようになってきたのは,いつ頃のことであろうか。実は,イートン会長の記者会見よりも数年前に,朝日新聞の3回にわたるシリーズ記事において,アメリカが品質格差を縮めてきたことが報じられていた。その記事のタイトルは「"日本無敵神話"のかげり」という衝撃的なものであった。何年間にもわたって「競争力No.1」の座を保持してきた日本も緩みを見せ始めていたことが感知されるようになっていたのである。このところの長期にわたる日本の「低迷状況」からすれば,にわかに信じられない言葉であるが,十数年前には「日本無敵神話」なる言葉が半ば常識的に使われていたことは驚きであろう。

この記事では,米国のゼロックスの復活がクローズアップされていた。ゼロックスといえば,複写機の「代名詞」ともいわれる企業であり,1970年代には,アメリカの複写機市場で90％以上のシェアを誇る独占的企業であった。ところが,その後キヤノン,リコー,

シャープなどの日本企業の進撃に押され，1985年にはシェアが10%にまで落ちたとされている。1980年代後半以降にゼロックスは巻き返しをはかり，1991年にシェアを18%に回復させ，米国企業が反撃に転じる一つの先例となったという。その当時に会長を務めていたポール・アレアー氏は，「品質管理だけで日本企業と競っても，並ぶのが精いっぱいだろう。だが品質向上に加え，創造性や企業家精神など米国固有の長所を生かして生産性を上げれば，日本企業もまねは難しい」(「『日本無敵神話』のかげり（中）」朝日新聞1992年6月5日）と語っていた。品質管理の点ではなおも日本企業に一歩譲るとしても，アメリカの総合的競争力と復活を信じて疑わない発言ともいえよう。しかも，「模倣」に長けた日本企業に対する皮肉も込められており，日本企業攻略の秘策を練っていたのである。また，ゼロックス再生の影の立役者ともいわれるデビッド・ナドラー氏（コンサルティング会社経営）は，「日本企業の成功でショックを受け，目覚めた。ゼロックスの再生を機に，日本企業も無敵ではないという事実を認識することが日米両国にとって必要であり，健全な競争を進めるうえで有益だ」（前掲紙）と語っていた。

　1992年頃，「日本無敵神話」が崩壊し，米国が復活し始めていることは次第に認識されつつあった。アメリカの政策担当者の一人は，日本が「身長10フィート（約3メートル）」から「普通の人」にまで縮んできた，というようなジョークさえとばしたという。また，ある有力シンクタンクの研究員は，「米国民の一部が日本や日本企業に持ち始めていた『無敵のスーパーマン』のイメージが崩れてきた」との分析を行っていた。かつてアメリカ人の目には「巨人」，「スーパーマン」のように映っていた日本が普通の大きさにまで縮

小してきたという見方であった。このような見方の一つに,「日本の衰退,アメリカの興隆」という刺激的なタイトルをもってウォールストリート・ジャーナル誌へ投稿された論文があった。ダウ・ジョーンズ社のハウス・インターナショナルグループの副社長が執筆したその論文は,バブル崩壊後の株価下落に伴う資金調達コストの上昇など,日本経済が抱える問題点を列挙したうえで,「米国よ,自信を取り戻せ」とアメリカを鼓舞するものであった。

その当時,たしかに日本の勢いが衰え,逆にアメリカが勢いを取り戻しつつあったとしても,日本の「凋落,没落」を,確信をもって主張する意見が大勢を占めていたとはいえないだろう。「もっとも,日本経済の潜在力の大きさを疑う専門家はほとんどいない。高い教育水準や柔軟な企業戦略などを指摘し,中長期的な見通しは明るいと予測する。ここ数年,設備投資ブームが続き,日本企業の競争力は一段と高まった,とも見られている。日本異質論を展開する評論家ジェームズ・ファローズ氏は,最近の講演でハウス論文を取り上げ,『2年後には間違いなく「ばかげた論評」と見なされるだろう』と警告した。経済誌は5月18日号の表紙を昇る太陽で飾り,『不況から立ち直った後の日本は,いままで以上に強力になる』とうたった。(中略)ヘリテージ財団アジア研究部のセス・クロプシー部長は『アメリカ人が自信を取り戻さない限り,日本をあるがままに見ることはできないだろう。「無敵」の日本像が復活する可能性は十分にある』と指摘している」(「『日本無敵神話』のかげり(下)」朝日新聞1992年6月6日)というように,多少は衰えてきたとはいえ,なおも日本の底力を認めようとする見解も少なくなかった。

要するに,日本・日本企業の「競争力」の将来の行方について,

賛否両論が渦巻いていたのである。その後，1990年代にいずれの見方が的を射ていたかについては，周知の通りである。

　1994年1月に，つまり，イートン氏の発言の1年前に，日本経済新聞の社説において，日米の競争力について言及されていた。「自動車やエレクトロニクスをはじめとした主要産業で日米の競争力が逆転した，という見方が広がっている。4年連続の減益という過去最悪の企業業績や日本的雇用慣行が足かせとなってリストラ（事業の再構築）が進まない状況のもとで，もはや，日本の産業は沈没しつつあるという悲観論とも重なり合っている。（中略）米国の競争力復活を示す事実は少なくない。マクロ的には不況のドン底にある日本と正反対の景気拡大が自信を抱かせているが，ミクロでみれば自動車では日本車のシェアがどんどん低下し30％を大きく割った。ダメを押すようにクライスラー社が9000ドル弱（約100万円）という低価格の小型車『ネオン』を発売した。日本車キラーの異名を持つこの車は日本企業の生産，開発方式を徹底的に研究し，開発期間，コスト，部品点数のどれをも従来の3分の1で仕上げたという。カーステレオはじめ日本車並みの装備をすれば価格差は縮小するとはいえ，今のところ価格面で競争するのは困難というのが日本メーカーの反応だ」（「〔社説〕日本企業は『競争力喪失病』に陥るな」日本経済新聞1994年1月24日）と。

　すでに触れたように，日本に対するイメージや扱いの変遷を言い表わす言葉として三つの「Japan-○○○○ing」があるが，そのなかの「ジャパン・ナッシング」の表現の由来を紹介していたジャーナリストの古森義久氏によれば，1997年頃には，ウォールストリート・ジャーナル誌が「日本株式会社の訃報」と題する記事を掲載し

たり、ニューズウィーク誌が「くすんだ太陽―日本の官僚とビジネスの連帯はもううまく機能しない―」と題する記事を掲載するなど、日本の経済・政治システムの「綻び」を取り沙汰する話題が注目されていた。「日本株式会社」（Japan Inc.）という言葉は、「官民一体・規制優先」で経済パフォーマンスを高めるシステムを表わすものであったが、そうしたシステムがやがて綻びを見せ始め、かつての評価はまったく逆転してしまったのである。

ただ、この頃にも、なお日本の経済力を評価する見方もあったようで、マスメディアを通して論争が展開されていた。「それでもごく最近までは（元商務長官特別顧問の）クライド・プレストウィッツ氏ら一部の論者たちは反論していた。いや、そうはいっても日本の経済力はまだまだ強く、そのシステムもそれなりに効率が高いから、カムバックも十分にありうる―という主張だった。それに対しワシントン・ポストのロバート・サムエルソン氏らが、日本のシステムはほころんだ、として再反論し、公開論争もたびたび繰り広げられた」（古森義久「〔USA通信355〕日本の政経システム評価は米国でどこまで落ちるのか」『週刊文春』1997年4月17日号59頁）というのであった。この時の論争はどうなったのだろうか。古森氏によれば、結局のところ、「日本擁護派」であったプレストウィッツ氏までもが、「日本の経済、恐れるに足りず」の見方に転じることになり、ここに「ニッポン論争」に決着がつけられたという。

5　品質の点で「日米逆転」はあったのか？

イートン氏の前述の記者会見（1995年）の内容が報じられる3週

間前に，日米の経営比較に関して，それまでに一般に流布していたと見られる「通説」をその当時の状況に即して検証しようという記事が出ていた。全部で四つの通説のうち，「米国の製造業は完全に復活，工業製品の品質も飛躍的に向上した。日米の競争力は逆転し，米メーカーにとって日本は脅威でなくなりつつある」という通説については，次のように述べられていた。「クライスラーはじめ米ビッグスリーは直近の四半期決算で過去最高益を更新するなど『我が世の春』をおうかしている。『日本式生産方法の導入などにより品質は日本車並みに向上した』と関係者は断言する。しかし，本当に米国車が品質で日本車に追い付いたのか─。品質に力点を置いた顧客満足度調査で定評がある米調査会社Ｊ・Ｄ・パワー（カリフォルニア州）の組み立て工場別と車種別の品質調査では，日本車メーカーが上位を独占した。工場ではトヨタ自動車のケンタッキー工場が２年連続で首位。車種別でもトヨタの最高級車『LS400』（日本名セルシオ）がトップになったのをはじめ11車種中８車種が日本車。ブランド別でもレクサス，トヨタが昨年に続き１，２位を占めた。調査は新車ユーザーから購入後３ヶ月の時点で品質上の問題点を聞き取り，何台に問題があったかを集計したもので，消費者の生の声を反映している」（「日米経営比較論に死角」日本経済新聞1994年12月16日）と。品質面での「日本車優位」が強調されていたのである。

　すでに見てきたように，IMDの競争力ランキングでアメリカが日本を追い落としてまもなくの頃であり，アメリカ産業界の意気が高揚していたのであろうが，かつての大きな「格差」が相当に縮小していたとしても，なおも日本の優位が保持されていたといえよう。「自動車ばかりではない。米国際貿易委員会（ITC）の調査による

と，日本製鉄鋼製品の品質について『問題がない』と評価したユーザーは全体の51％に達した。米メーカーの製品については7％にすぎなかった。米国の景気拡大時期と日本の不況が重なり，米経営者が自信を深めたのに対し，日本の経営者は自信を喪失した。しかし，各種データをみると品質面での日本優位の図式はまだ崩れていない。これを最もよく知っているのは米国の経営者だ。ゼネラル・モーターズ（GM）のスミス社長は『日本車メーカーがこのままの状態でいるわけがなく，経営を改善してくるだろう』と指摘する。これからが『日米品質競争』の本番になる」(前掲紙)というように，通説の一つの検証が締めくくられていた。

1990年代半ば頃には，競争力No.1の座に返り咲いたアメリカの追い上げが急ピッチであったとしても，自動車業界での日本メーカーの優位はなおも保たれていたといえよう。では，日米の「品質競争」はどのような展開をみせたのだろうか。デトロイトといえば，アメリカ自動車産業のメッカであるが，2000年1月の新聞記事によれば，デトロイトの中心部を南北に走るウッドワード通りがデトロイトの「再生」の象徴になっていたという。1990年代初め頃にはこの通りは「荒廃」の象徴であったとされるが，10年もしないうちにまったく様変わりしてしまったのである。全米自動車労組（UAW）幹部で，国際関係担当のレグ・マギーさんが，「デトロイトの再生は，自動車産業の再生のたまもの。米国製自動車の品質は驚くべき向上を遂げた。日本車とも互角だし，かつての日本車脅威論は，もう問題にもならない」(「米国経済紀行 繁栄は続くのか③」朝日新聞2000年1月5日)と語ったように，アメリカは完全に自信を取り戻したようである。1990年代に米自動車ビッグスリーは徹底したリス

トラ策を繰り出し，業績の向上に努めた。その結果，未曾有の好況が訪れていた。失業率の数値の変化が如実に物語っている。1980年代初め頃にはミシガン州の失業率は16%を超えていたとされるが，1999年8月には3.2%にまで大幅に改善されており，その数値は全米平均の4.2%を下回るものであった。むしろ，この好景気が，将来の競争をにらんだ「効率化」を遅らせてしまうのでは，との見方さえ出るほどの状況であったという。自動車産業を専攻するミシガン大学のデビット・コール教授は，「設計・製造過程の効率化，企業の人員削減，販売コストの削減，電子商取引の利用など，競争力を向上させる歩みを止めてはならない。たとえ今が好調でも，常に先を考えていなければならない」(前掲紙) と警告していた。

　前述のように，1990年代半ば頃に米自動車メーカーの経営者は品質の向上を強調し，「今度は日本が米国から学ぶ番だ」と誇らしげに語っていたが，ある調査会社がその当時に実施した調査の結果によれば，なおも日本車の方に評価が高いものが多いとされていた。

　しかしながら，2002年には，米自動車メーカーのなかに，日本の自動車メーカーの品質や生産性を一部で凌駕するところが出てきたということが報じられた。「日本メーカーが優位を保ってきた自動車の生産性と品質分野で，米ゼネラル・モーターズ (GM) が日本勢を脅かす存在に浮上してきた。有力調査会社が行った最近の調査では，評価がにわかに上昇。すでに一部日本企業を追い抜いた。(中略) 米ミシガン州の北，カナダのオンタリオ州にあるGMオショア工場。『インパラ』『モンテカルロ』などの乗用車を生産する第一工場を歩くとラインの状況を従業員に示し，流れを円滑に保つための電光掲示板や部品在庫を示す表示板があちこちで目につく。これ

らはトヨタの工場でいう『アンドン』や『カンバン』そのもの。従業員も『カイゼン』『ヘイジュンカ』といった日本語を当然のように話し，てきぱきと無駄なく動く。まるで日本車メーカーの米工場だが，同社のゲイリー・カウガー北米社長は『30以上ある北米の組み立て拠点が同じマニュアルを使い，同様の環境づくりを目指し出した』と話す。オショア第一工場は最近，有力調査会社の米J・D・パワーから最も不具合の少ない車をつくる北米工場に選ばれた。米ハーバー・アンド・アソシエーツからは北米一効率的な工場（企業全体では日産自動車が1位）に認定された。生産時間を1台16.79時間と最も短縮したためだ。いずれも前年までの上位はトヨタやホンダなどの日本車工場。会社全体では両社が依然上を行くが，GMはマツダやスズキの米合弁会社を抜き去り，カウガー氏も『あと数年でトヨタやホンダに追いつきたい』と意気込む。第二，第三のオショアを各地で誕生させる考えだ」（「〔グローバル経営〕GM復活にトヨタ方式」日本経済新聞2002年7月22日）と。

　では，GMはどのようにして復活を遂げたのであろうか。その原動力となったのは，トヨタとの合弁事業で育った人材や吸収した技術であるとされていた。「GMの躍進は日本式カイゼン活動のたまもの。モデルになったのはトヨタとの合弁会社，NUMMIだ。GMは数年前から本社や各国の工場からNUMMIに社員を送り込み，『TPS』と呼ばれるトヨタ生産方式を学ばせている。1日16人という人数枠は常に満杯。参加する社員は年間，数百人に上るという。石井完治NUMMI社長は『特にここ1，2年のGMは目を見張る』と驚く。同じカイゼン活動でもフォードやクライスラーよりGMは徹底的だ。GMは王者の誇りをかなぐり捨て，どん欲に吸収してい

る。『組立工の指輪で車体に傷を付けないためのカバーを考案すると，数週間後にはGMで同じ道具を使っていた』といったエピソードは事欠かない」（前掲紙）というのであった。

　GMの「復活ストーリー」については，『日経ビジネス』の特集記事においても紹介されていた。その記事は，「トヨタ生産システム」（TPS）の根底に流れる思想や哲学を伝播させることがいかに難しいかを強調したうえで，トヨタの生産手法の「真髄」を会得したと見られる数少ない事例の一つとしてGMのある工場の状況を取り上げていた。「『かんばんでも何でも，一つひとつの手法の奥には哲学や信念がある。そこまで理解させないと，改革は長くは続かない』。もちろん，こうした難しさを克服し，一定の成果を生み出した例もある。その1社が米ゼネラル・モーターズ（GM）だ。米J・D・パワー・アンド・アソシエーツなど有力調査会社の指標を見ると，最近のGMの品質や生産性の伸びは目覚しい。中にはトヨタをしのぐ工場も出てきた。『かんばん，アンドン，5S（整理・整頓・清潔・清掃・躾の5つを徹底すること）。アルコールが入れば，もっと日本の言葉がすらすら出てくるよ』。GMのランシング・グランドリバー工場（ミシガン州）で製造マネジャーを務めるケネス・ナイト氏は，こう言った後に，ホワイトボードに『品質』という漢字まで書いてみせた。『キャデラック』など高級乗用車を生産するグランドリバー工場は昨年，J・D・パワーの調査で，米国内で最も苦情や不満の少ないクルマを作る工場に選ばれた。購入後90日間の不具合件数は，米国にあるトヨタ，ホンダなど日本勢の工場よりも少ない」（「なぜ根づかない？ トヨタ生産方式―ブームに潜む意外な落とし穴―」『日経ビジネス』2004年4月12日号 42～43頁）と。

米自動車メーカーの多くの工場がそのようなレベルに到達しているとは思われないが，一部の工場で在米の日系自動車メーカーをも凌駕する品質レベルを達成していることは銘記すべきであろう。なお，GMがトヨタ生産システムを導入するきっかけは，GMとトヨタの合弁会社，NUMMIの設立にまでさかのぼるのであり，それは1984年のことであった。GMにとっては，実に長い道のりであったといえよう。

第3章 「日本的経営」の特徴と本質について

「日本的経営」については，ウィリアム・G・オオウチ著『セオリーZ』(1981年)やリチャード・T・パスカル／アンソニー・G・エイソス著『ジャパニーズ・マネジメント』(1981年)などをはじめとして，1980年代初めから盛んに外国人研究者の分析の対象となってきた。ちなみに，『セオリーZ』のサブタイトルは，*How American Business can meet the Japanese challenge*であり，日本語翻訳書の副題は，「―日本に学び，日本を超える―」であった。また，『ジャパニーズ・マネジメント』のオリジナルタイトルは *The Art of Japanese Management* であった。日本的経営の"Art"の部分を解明しようとする研究であった。本章では，いくつかの視点・論点を通じて「日本的経営とはいったい何だったのか？」という点を探ってみよう。

1 アベグレン氏による「日本的経営の発見」

最近では，欧米スタイルの経営手法が優勢であり，日本式の経営手法が中心的に取り上げられることはほとんどない。それは，「日本的経営」についてのイメージ(すなわち，「終身雇用」・「年功序列」・「企業内組合」の"三種の神器")がほぼ固定化されており，しかもその方式はすでに「過去のもの」であり，現在では「ほとんど通用しない代物」の代名詞であるかのように思われていることと

第3章 「日本的経営」の特徴と本質について　65

関連しているのかもしれない。例えば，2002年にも，「日本的経営の『三種の神器』は従来，終身雇用，年功序列，企業内組合の3つとされてきた。『経営学大辞典』（神戸大学大学院経営学研究室編）の『日本的経営』の項によると，これは1972年の経済協力開発機構（OECD）報告の中にあった表現で，欧米人に日本的経営の現象面での特色を『発見』してもらっていたわけだ。このため，必ずしも本質を十分に捉えているとは言えない。しかも，時代の変化でそれらが現実にそぐわなくなってきている」（「キヤノンから何を学ぶか―日本的経営の再生―」『日経ビジネス』（特別編集版）2002年7月1日号130頁）と指摘されていた。この記事では，「日本的経営の再生」の試みの一つの事例としてキヤノンにおける経営改革が注目されているのであるが，それについては，第8章でもう一度取り上げよう。

　上記の指摘の中に，日本的経営の現象面での特色が欧米人によって「発見」してもらっていた，との記述があるが，やはり神戸大学経営学研究室編の『経営学大辞典』（1988年）において占部都美教授が，「日本的経営」（Japanese management system）の項の冒頭で，「経営の国際比較のうえで，日本の企業に特有の社会的組織を中心とした経営管理制度を日本的経営という。日本的経営の研究は，1958年に公刊されたアベグレン（Abegglen, J. C.）の『日本の経営』（*The Japanese Factory-Aspects of its Social Organization*, 1958―占部都美監訳）にさかのぼる。日本的経営の特色は，終身雇用制の概念であらわされ，それは，①学校を出て，特定の企業に入れば，定年まで勤続する終身雇用制度，②年功と学歴を基準とする年功賃金制，③年功昇進制，④個人の決定責任を回避して集団で決定する集団主義，⑤福利厚生施設の充実，⑥企業別労働組合などの諸制度によって特

徴づけられる。これらの諸制度を貫く日本的経営の統一的経営理念について，①経営家族主義，②集団主義，③人間主義などの議論が分かれている」(802頁) と述べていた。「日本的経営」の特徴を最初に体系的に整理したのは，日本人研究者ではなくて，米国人研究者のジェームス・C・アベグレン氏なのであった。

アベグレン氏は2002年に，日経産業新聞の連載記事「仕事人秘録」の中で，「日本的経営」を発見するに至った経緯について述べている。1950年代半ば頃，シカゴ大学の博士課程で，それまで専攻していた社会学や民俗学から企業経営や市場調査へと研究範囲を広げつつあったアベグレン氏は，フォード財団の海外研究員として「日本企業の経営手法」を研究するチャンスを手に入れた。アベグレン氏は1955年に来日し，日本電気，住友電気工業，富士製鉄，東洋レーヨンなど大企業の19の工場を，そして東京近郊などにあった家族経営の中小企業を調査した。日本から帰国した後，1956年にシカゴ大学の博士号を取得したアベグレン氏はマサチューセッツ工科大学 (MIT) の助教授に就任 (国際研究センターに所属) し，日本での調査結果を本にまとめた。この成果は1958年に *The Japanese Factory* のタイトルのもとに出版されるのであるが，アメリカ人に詳しく紹介された「日本的経営」の内容についての反響，そしてやがてベストセラーになっていった理由などについて以下のように述べている。「日本企業の分析にあたっては民俗学の考え方を応用した。私は日本企業と従業員の強固な契約関係に注目し，それを『lifetime commitment』(終身関係) と名付けた。(中略) 米国内での反響はいまひとつだった。ビジネスウィーク誌の書評は以下のような内容だった。『本書はたいへん興味深いが，その内容は正しくな

いだろう。終身的な雇用関係や年功序列制度を続けて，経営がうまくいくはずがない』。一方，出版社は私が知らない間に日本の出版社と契約し，神戸大学の占部都美助教授が翻訳した『日本の経営』が日本でも出版された。日本人にとって当たり前のことばかり書いたつもりだったので売れないだろうと思ったが，ベストセラーになった。日本で売れた理由とした，占部氏が原書を直訳せず，日本人にもわかりやすく翻訳してくれたことがある。『終身関係』という概念はその後，『終身雇用』という日本語になって定着した。なにより本書は近代日本の企業経営について外国人が書いた初めての研究書だった。日本企業は1950年以降，米国企業の生産技術の導入に熱心だったが，米国流のドライな人事システムには疑問を感じる経営者が少なくなかったようだ。本書は米国流の経営に違和感を覚えていた経営者の共感を呼んだ。」（J・C・アベグレン「〔仕事人秘録〕日本的経営の発見」日経産業新聞2002年8月27日）と。

　アベグレン氏の『日本の経営』がアメリカで出版された時，評判は決して芳しいものではなかった（終身雇用慣行や年功序列制度などのいわば「前近代的な仕組み」は近代的企業では十分に機能しないだろうという）こと，原著のlifetime commitmentという言葉に適訳（終身雇用）が付けられたこと，米国流の経営手法に違和感を覚えていた経営者たちから共感を覚えられたことなど，後にベストセラーとなる書物についての非常に興味深いエピソードが語られていたのである。それにつけても，「米国流一辺倒」ともいわれる最近の経営手法を日本の経営者たちはどのように考えているのだろうか。

　なお，アベグレン氏はもう一つのエピソードを付け加えている。すなわち，アベグレン氏はシカゴ大学内の出版社を紹介されて1958

年に同書を出版するのであるが，どういうわけか著作権は，アベグレン氏ではなく，出版社側にあったという。そのために，「国内企業の実情をよく知らなかった日本の大学教授らにもかなり売れたと聞いた。ただ一つ，残念なことに，著作権のない私の懐には，1ドルの印税も入ってこなかった」（前掲紙）というのであった。

ところで，本書の中では「日本的経営」，「日本式経営」，「日本型経営」などの言葉が盛んに使用されるが，それらが「日本式人事・労務管理」という本書の題名といかなる関係にあるかということについて少し触れておこう。一般に，企業経営の主要な要素としてヒト，モノ，カネ，情報などがあげられるが，「日本的経営」のさまざまな特徴のなかには，「ヒト」にかかわるものがかなり多く見出だされるのである。例えば，前掲の『経営学大辞典』では間宏教授が「日本型労務管理」の項を担当しているが，間教授は日本型労務管理を構成している「四つの諸制度や諸技法」をあげている。(1) 終身雇用慣行，(2) 年功制，(3) 充実した企業福祉制，(4) 企業内労使関係，の四つがそれである。アベグレン氏の研究をベースにして占部教授があげている「日本的経営」の六つの特色とオーバーラップする部分がいかに多いことであろうか。

2 「ヒト中心の経営」は日本の"文化"！

まさに「飛ぶ鳥を落とす」かのような日本企業の勢いを反映して「日本的経営」を称賛する論調が支配的な時期もかつてはあった。例えば，日本企業の「絶好調の状況」を象徴するかのような叙述が"*NEWSWEEK*誌（日本語版）"に掲載されていた。「日本は80年代の

アラブである。OPEC諸国が10年前に世界をオイルマネーであふれさせたように，日本は現在すさまじい勢いで海外に投資している。ロサンゼルスでは最近，日本企業がアルコ・プラザを6億2千万ドルで買収した。それも即金で。世界の10大銀行のうち7行は日本の銀行である。米国債の4分の1は日本勢が競って買う。世界各地であらゆる業種にわたり日系合弁企業が次々と誕生している。日本のこの進出ぶりを『パックス・ジャポニカ』（日本の支配による平和）と呼んでもあながち誇張ではないだろう。これは，特筆すべきことにほとんど反発を招いていない平和的な侵略である」(「国籍を超える日本の企業―海外進出が築くパックス・ジャポニカの時代―」"*NEWSWEEK*誌（日本語版）"1986年11月27日号 6頁）と。世界の10大銀行のうち日本の銀行が7行もランクされており，その格付けは最上位のものであった。「隔世の感あり」というところだろう。

　その後，「日本的経営」をめぐっては，1980年代後期から90年代初期にかけての時期に「日本的経営・見直し」の論議，「新・日本式経営」構築の試みが見出されることになるが，90年代半ば頃以降はそれほど目立った動きは見られなくなってきたように思われる。いずれにしても，日本的経営の「秘訣」をより厳密に解明しようとするならば，少なくとも1970年代にまでさかのぼる必要があろうが，ここでは，80年以降の新聞記事を基にして，日本企業がいわば「得意の絶頂」にあった時期における日本的経営，とりわけ日本式人事・労務管理の実践の「特徴」と「本質」を探ってみよう。ただ，その場合に，それらの記事が一貫性をもって体系的に整理されているわけではなく，断片的に，あたかも「つぎはぎ細工」のように構成されていることをあらかじめご承知おき願いたい。また，すでに

論じられ尽くされているかの感がないでもない「日本的経営・論争」を理論的に，アカデミックに究明しようとすることが本書の目的ではない点も強調しておきたい。あくまでも日本式人事・労務管理の「実践的側面」に焦点をあてようとしているのである。

1980年以降における，「日本的経営」に関する新聞記事で最初に取り上げるのは朝日新聞の連載記事「経済と文化」の第14回目であり，執筆者は名和太郎氏である。まず，「日本の経営に学ぼう」とばかりに，海外からの視察団が相次いでいることが指摘された。例えば，1979年度中に日本生産性本部が受け入れた視察団の総数は21団体，個人が8人であったという。国別で見ると，アイルランド，アメリカ，イギリス，イラク，ウルグアイ，オランダ，オーストラリア，中国，フィンランド，フランス……，というように，地球上のあらゆるところからやってきていた。「第一次石油危機を，資源がないのに真っ先に乗り切った日本の経営の秘密を探ろうと，一昨年から急に視察団が増えだした。彼らの関心は，日本人労働者の企業への参加意識，忠誠心，品質管理小集団（QCサークル）の実態，労務管理手法，提案制度，動機づけに集まっている」（名和太郎「〔経済と文化⑭〕ヒト中心の経営」朝日新聞 1980年6月26日）とされた。「日本の経営に学ぼう」とはいえ，視察団が関心を向けたのは，ほとんどが「ヒト」にかかわるものであり，まさに人事・労務管理がカバーする領域であったといえよう。

日本生産性本部への海外からの視察団の増加ぶりは次の記事にも示されていた。「日本生産性本部には，昨年から今年にかけて，1ヵ月に8組の割合で，日本視察団が押し寄せている。昨年秋には，連日のように生産性本部の門をたたくほどの盛況ぶりだった。『一

昨年からボツボツ，視察団が増えはじめ，昨年から「どっと」という感じになった』（武藤政一郎常務理事）という。こうした日本ブームは，これまでの『日本イメージ』とは，ひと味違うようだ。例えばフランス。生産性本部への視察団は，半数近くがアメリカからやってきているが，フランスからも毎月のように訪れている。(中略) フランスといえばヨーロッパで，日本製品に対して最も閉鎖的な国の一つである。だからこそ，その変化には目を見張る思いである。最近の『日本もうで』にみられる特徴は，欧米企業に『日本に学ぼう』という空気が，広がってきたことだろう。日本の生産性を学ぼうとしてやってきた視察団のなかには，米ゼネラル・モーターズ（GM）やウェスチングハウス，仏プジョーなどの一流，有名企業も含まれている。『経営者が実際に生産現場をみて，一つでもいいから日本の強さの秘密をつかみたがっている』（青木幹夫・生産性研究所長）。ウェスチングハウスなどは，労使混成の視察団や生産性改善チームなどを相次いで送り込んできている。非常に意欲的である」（「〔試される経済大国①〕強さの秘密盗め」読売新聞1981年3月24日）と。

その当時，数多くの視察団を受け入れていた日本生産性本部の欧米担当部長であった鈴木幸雄氏は，視察にやってきた人たちが「日本的経営の本質」をどのように学んでいったかという点について，次のように述べていた。「せんじつめると，みんな人間の問題なんです。いろいろ経営学的に分析して帰りますが，日本経営の本質がわかったかどうか。契約書とマニュアル（労働の内容と手続きをくわしく書いたもの）で働いている欧米と，労働者が企業に全人格的に帰属している日本との違いは，段々わかってくるようですが，文

化の違いは一朝一夕には乗り越えることはむずかしいと思います。部長クラスの人が，日本式経営の特質がわかったが，それを報告しても，トップの理解が得られるかどうか疑問だ，と頭をかかえていました」(名和太郎「ヒト中心の経営」前掲紙)と。鈴木氏によれば，「日本の経営」は日本的な一種の「文化」であり，外国人がそのことを理解するのは必ずしも容易ではなかったのである。

　日本生産性本部はその頃，海外から視察団を受け入れるだけでなく，アメリカのいくつかの大都市で「日本的経営についてのセミナー」を開いており，GM，GE，フォードなどの有名企業の幹部や管理職がそのセミナーに出席していた。日本生産性本部はもともとは，アメリカの科学的経営手法を学ぶことを一つの目的として1950年代半ばに設立されていた組織であるが，およそ四半世紀の間に「アメリカに学べ」から「日本に学べ」に変化してしまったのである。

　1981年にディック・ウィルソン氏は読売新聞の連載記事「欧州の日本診断」の中で，「日本式の経営技術や労使関係が，産業上の優れた成果を上げた秘密を探るのは，アメリカではすでに一つの科学になっている。ウェスチングハウス・エレクトリック社のダグラス・ダンフォース副会長によると，アメリカは，生産コストの引き下げについて日本から学ばねばならない。また，ゼネラル・テレホン・アンド・エレクトロニクス社のトマス・バンダースライス社長は，欧米の経営者たちがもっとひんぱんに日本を訪れ，優れた労務技術を学ぶべきだ，との意見を表明している。アメリカの文化価値の基盤にあるのは，個人主義的な自立心であるが，今やアメリカ企業は，日本流の企業内チームワーク精神を模倣する以外に選択の余地がなくなっている」(ディック・ウィルソン「〔欧州の日本診断④〕驚

く革新対応力」読売新聞 1981 年 7 月 2 日）と述べていた。ウィルソン氏が展開する「ヨーロッパ人，特にイギリス人による"日本式経営"論議」については，後にもう一度取り上げよう。

　かつて日本がアメリカから学んだ経営手法の一つに「品質管理」（QC）があるが，日本生産性本部ワシントン事務所長を務めていた新井浄治氏は，QCのルーツ，そして日本への導入について次のように語っていた。「QCサークル活動など品質管理技法は，まずロッキードなどアメリカの会社で始まった。昭和30年代，日本の企業がこれを勉強しに，ずいぶんアメリカにやってきた。社長をはじめ，部長も課長も一生懸命学び，労働者まで含めた全社的なQC活動を始めた。これじゃ，日本の方が進むはずです。日本文化の特色は，"人は石がき，人は城"方式で，人の和を尊び，会社全体で新しい技法なり技術を導入消化し，小さな改善を積み重ね，より発展した形で，自分のものにしてしまうところにあります。アメリカは新技術の開発に強いが，日本は弱い。お互いに協力し合えばいいと思います。アメリカの企業がわれわれのセミナーにやってくるのは，なぜ日本の生産性があがり，アメリカは下がっているかの，原因を究明したいからです」（名和太郎「ヒト中心の経営」前掲紙）と。品質管理活動が「生産性の格差」につながってくるのであり，その当時における一種の日米比較が次のように指摘されていた。「アメリカの場合，新車100台のうち5，6台は1年以内に修理が必要だが，日本は0.4台。ICではアメリカで2，3％が不良品だが，日本ではその10分の1といった具合に，品質管理はいまや日本の方が上というのが常識。アメリカでは，労働者が品質管理について提案などをすると，すぐ，いくら報酬をくれるかが問題になる。日本でも若干

の報酬があるが，自分の提案を会社が採用したことに働きがいを見つける。これが生産性の差になっている」(前掲紙)というのであった。二十数年前のこととはいえ，米国企業における要修理率・不良品率の高さには驚かされるが，日本企業の品質管理の「威力」を伝えている指摘であろう。「品質管理」(QC)は，日本企業の飛躍的躍進，競争力強化に大きく寄与したと見られる，「日本的経営」の重要な特徴でもあるので，後の章においてさらに詳しく取り上げよう。

アメリカで生まれた品質管理が日本で「花開いた」のには，その根底に一種の"文化"があった，という見方がある。1980年当時，日本生産性本部の会長を務めていた郷司浩平氏は，日本が学ばれる立場になったことについて感慨深げに次のように語っていた。「日本の経営文化は人間中心なのに対し，欧米の経営は機械や契約中心です。私があえて，経営文化というのは，経営の基本的な考え方ややり方は，一種の文化だと思うからです。日本の終身雇用，定時採用，定時昇給，定時異動，企業への強い帰属意識，幹部と労働者の所得格差が小さいことなどが，労働者の士気を高め，生産性をあげているわけです。これは日本のソフトウエアであり伝統的な文化ですよ」(前掲紙)と。日本の「ヒト中心の経営」と欧米の「機械・契約中心の経営」とのせめぎあいのなかで，その当時は日本の「経営文化」が優っていたのである。

1981年にディック・ウィルソン氏は，その当時のアメリカでは，日本式経営の成功の「秘密」を探ることはすでに一つの科学になっていると指摘していたが，アメリカの名門大学の一つであるマサチューセッツ工科大学(MIT)において，「日本的経営」を徹底的に

分析しようと日米の学者や有力企業経営者など約250人が参加して日米シンポジウムが開催された。1982年10月18〜19日の2日間に,延べ20時間にわたって「日本的経営」をめぐる論議が展開されたという。アメリカ側の出席者のなかには,ノーベル賞受賞者のポール・サムエルソン教授をはじめとして,ダニエル・ベル教授やレスター・サロー教授などの著名な教授が含まれていた。

「日本式経営の成功の秘密は,"人間主義"にある!?」という書き出しで始まる特派員報告はまず,「文化,伝統,社会構造,制度の相違などから,日本的経営を米国のビジネス社会へ直ちに移植することはできないが,米国が余りにも資本を中心として動くのに対し,日本は人間関係を重視する"人間主義"の経営を行うことで成長し続けてきたのではないか—というのが一つの結論だった」(「成功の秘密は"人間主義"に!?」毎日新聞 1982年10月20日)というように,日米の経営手法の根本的な相違点に着目していた。さらに,そのような結論へと導く分析がもう少し詳しく紹介されていた。「米側参加者が日本的経営の秘訣として最も注目したのは,労使関係や意思決定の方法,企業内の人間関係など。これについて日本側参加者は,年功序列,終身雇用,QC(品質向上)活動など,日本的経営の特色といわれる制度は『親類より会社が大事という考え』,『年配者を敬い,協調を最重視する精神』,『関係者との話し合い,根回し』—などによって支えられていると述べた。さらに,仲間と面と向かって論争をしないことや,酒を飲みながらカラオケを歌うことなどが意味のあることだと,『和』を作る日本の特質を強調する意見もあった。このような経営方法は,米国社会に受け入れ難いとみられるが,米側企業の参加者の意見を聞くと,『米国ではトップだけが政

策を決めているが、日本では企業内に意思疎通があり、給与、身分待遇などを見ると、米国の方が階級社会的で、日本は非常に平等だ』(サンダーズ社生産性部長のロバート・モロー氏)などと言い、実に参考になるという。締めくくりでサロー教授は『米国は資本によって動かされているのに対し、日本は人間によって動かされている感じだ』と述べたが、同教授は同時に『ゼロ成長が続いても、なおかつ日本が人間主義を持ちこたえられるかどうか』と疑問を呈した」(前掲紙)と。サロー教授の疑問は、その後の「日本式経営」の行方を示唆するものであったのかもしれない。

3　シンガポールでの「日本型経営・労務管理に学べ」

　1980年代の初め頃、「日本に学べ」というスローガンはアメリカにおいてのみ叫ばれていたのではない。第1章で見たように、十数年前に日本は「国際競争力No.1」の座を追われるのであるが、その後のランキングにおいてアジア地域でトップの地位を常に占めているのがシンガポールである。IMDの1995年版「国際競争力ランキング」において、日本が4位に後退したのに対して、首位の米国に次いで第2位に躍進したのがシンガポールであった。その後、多少の浮き沈みがあったものの、シンガポールは2004年版のランキングにおいても、やはり米国に次いで第2位のポジションを占めているのである。

　さて、そのシンガポールでは二十数年前に、「日本に学べ」という動きが活発になっていた。「日本に学ぼう」という点では、「マハティール氏の苦言」において触れたように、マレーシアの「ルッ

ク・イースト政策」が非常に有名であるが，シンガポールでも同様の動きが見られたのである。「シンガポールの"日本に学べ"キャンペーンが，このところ，一段と加速されつつある。リー・クアンユー首相自ら，日系企業の代表を招いて直接，話を聞くかと思えば，日本の労務管理についてのセミナーは，参加希望者の数をしぼるほどの盛況。日本型経営・労使関係についての問い合わせに答えるため，専門の係が必要では……といった声が，日系企業の間でささやかれるほどだ」(「〔国際経済トピック〕『日本に学べ』運動が加速」読売新聞1981年4月28日）と報じられたのは1981年のことであった。「日本に学べ」フィーバーの熱気が伝わってきそうであろう。リー・クアンユー首相は1981年3月末，日系企業の社長10人を首相府に招き，日本の労務管理，労働者の企業への忠誠心などについて，率直な意見交換を行ったという。「首相の真剣さを反映してか，"日本に学べ"のマスコミ論議も，単なるかけ声から具体論に焦点を合わせてきている。有力紙ストレート・タイムズ紙は先日，見開き2ページを割いて，安かろう，悪かろう，労使バラバラの経営で閉鎖寸前の香港系カセットコーダー会社が日本資本に買いとられ，日本式経営で，品質管理が徹底し，労使の対話も進んで立ち直った話を特集した」(前掲紙) ともいう。「安かろう，悪かろう」というフレーズを聞くと，かつて日本製品が海外に出始めた頃に欧米諸国から揶揄されたことを想起させるが，ここでは，日本企業の優等生ぶり，日本式経営の優秀さ，凄さがことさら強調されていたのである。

その当時，シンガポールでは，"政府（お上）主導"で「日本に学べ」運動が展開されていたのであり，日本式経営，とくに日本型労務管理に目が向けられた事情について次のような説明が加えられ

ていた。「シンガポール政府の役人の必読書はいま,ボーゲル教授の『ジャパン・アズ・ナンバーワン』だが,"お上"が,これほど"日本に学べ"に熱心なのには,事情がある。1979年に高賃金政策を打ち出したシンガポールの基本戦略は,産業構造を,労働集約型から資本集約,技術集約型に高度化し,1990年までに,生活水準を現在の日本の水準にまで引き上げようというもの。低賃金労働力ではなく,生産性の高い労働力をセールス・ポイントに,高技術多国籍企業を誘致し,高技術製品の輸出で保護主義の波を乗り切ろうとの側面もある。そこで,日本の生産性を支えたカギとしての日本型労務管理に熱い視線が注がれるわけだ」(前掲紙)と。

シンガポールへの日本型経営・労務管理の移植は,日本政府の国際協力の一環として行われた。その手始めとして,1981年3月に国際協力事業団の「労務管理・生産性向上の協力に関する事前調査団」がシンガポールを訪れ,日本企業の労務管理,労働者の勤労意欲とその動機付け,賃金決定のメカニズム,労使慣行など,日本企業の生産性を高めたと見られる「ノウハウ」をどのような形でシンガポールに移植できるか,という点を下調べしていたという。

また,1981年4月には,日本から日本生産性本部会長の郷司浩平氏や野村総研顧問の徳山二郎氏ら8人の講師を招いて,日本の人事・労務管理,労使関係についてのセミナーが開催され,シンガポール側からは120人(参加希望者は約200人であった)が参加したという。しかしながら,「日本に学べ」のうたい文句にもかかわらず,「日本型経営・労務管理」の伝授はそれほど容易なことではなかったようである。「セミナーの参加者の反応は,終身雇用,年功序列賃金,企業内労組,教育・厚生制度などが,日本の労働者の,企業

との一体感を高め，生産性を高めたことは分かるが，労働力不足のシンガポールに，終身雇用を移植するのは困難，労働内容が違うのに，年功賃金は非現実的，といった声が多かった。労働者の訓練，教育でも，訓練を受ける労働者の方から，訓練の時間を超過勤務として手当を要求してくるようなシンガポールの環境を変えられるかどうか。リー首相は，7年，8年といった単位で考えているようだが，"日本に学べ"キャンペーンは，なお多くの難問を抱えている」（前掲紙）といわれた。この叙述にあるように，シンガポールの労働者の勤労意識は日本の労働者のそれとはかなり違っており，そのことは「転職」についての意識にも現われていた。その点については別のところで改めて取り上げよう。

4 「日本式経営」は英国でどのように受けとめられたか

1981年に *The Daily YOMIURI* 紙に掲載された，ディック・ウィルソン氏の特別寄稿文が翻訳され，連載記事「欧州の日本診断」と題して読売新聞に公表された。その叙述は，極東にあるニッポンという国から次々とヨーロッパに進出してくる日本企業，そしてその経営手法をヨーロッパの人たちがどのように見ていたかという点をかなり率直に伝えていたように思われる。特に欧州の拠点として日本企業が盛んに進出していた英国では日本企業の存在感，そしてその経営手法に対する関心が日増しに高まっていたといえよう。

日本，あるいは日本人についてのイメージや見方が1960年代半ば頃以降の十数年間においてどのように変わってきたかは，次の叙述から読み取ることができるであろう。「10年か15年前まで，平均的

なヨーロッパ人の日本論は，二次的，三次的伝聞をもとにしたものだった。テレビや映画で見聞きしたこと，あるいは日本を訪れたことのある友人からの聞き伝えに基づく日本論だった。だが，今日，ヨーロッパの多くの産業，ビジネス社会で，日本人の小集団を見かけるようになった。2，3人あるいは7，8人の日本人の技術者，商社員，経営者，銀行家たちが，現地事務所を運営し，日本人の持つ気質，文化価値，企業経営の方法などを直接何百人ものヨーロッパ人に印象づけている」(ディック・ウィルソン「〔欧州の日本診断③〕"和の経営"に感激」読売新聞1981年6月30日)と。こうして，日本企業，日本人に関する「実像」が次第にヨーロッパ人にも知られてくるのであるが，1980年代初期の頃では，日本企業がアンフェアな競争相手であると見てきた疑念を払拭するのはなおも難しいとされていた。集中豪雨的に製品を輸出してヨーロッパ企業に大きなダメージを与える（失業率を高める）のではなく，ヨーロッパにやってきて現地で雇用機会を創出することを日本企業は求められていたのである。実際に，日本企業の対ヨーロッパ直接投資は1970年代を通じて5倍になり，金額ベースで30億ドルに達していた。

英国をはじめとしてヨーロッパ各国に進出するに際して日本企業が頭を悩ませるであろうという点をウィルソン氏は次のように強調していた。「ヨーロッパに福音をもたらすために乗り込んだこれら日本企業の経営者たちが直面する最大の試練は，いかなる経営者に対しても非協力的で敵対的なことで悪名高い労働者や労組に対する，労務管理策である」（前掲紙）と。日本国内では，一時期を除いて，日本的経営「三種の神器」の一つである企業内組合，その「労使協調路線」に慣れ親しんできた日本企業にとって，「労使対立」が当

たり前の労使関係・労使慣行をどう処理するか，という課題を背負うというのであった。また，「ヨーロッパの労働者は，日本人労働者のような強い企業忠誠心を持っていない。ヨーロッパに進出した日本の電機工場の調査によると，イギリスの工場から供給される部品の欠損率は，日本国内の欠損率の約10倍に達するという」（前掲紙）と指摘されていた。日本の労働者との比較においてヨーロッパの労働者の「仕事の質」はかなり低かったのであり，その当時においては，米国での状況について見たように，米国の労働者と似通ったレベルにあったのかもしれない。

　ただ，それらの懸念を指摘するだけでなく，ウィルソン氏は日本式の労務管理が成功を収めた事例も少なくないことを明らかにしている。その一例として，イングランド北部のプリマスでテレビ工場を稼動させた東芝があげられ，電機産業労働組合との間で締結した労働協約の内容に成功の要因が認められていた。「経営者側は，組合に独占的な団体交渉権を与える一方で，労働者の企業忠誠心の確保のため工場内の秘密投票で選んだ10人のスタッフを諮問委員会の委員にした。同委員会は必要なあらゆる情報を入手する権利を持っている。そこから，日本の経営者にとって有利な状況が生まれる。つまり，イギリスの経営者に比べ，企業の財政状態や長期計画を現場労働者に詳しく伝えられるからだ」（前掲紙）とされた。労働者側に可能な限り情報を提供することは，労働組合や労働者を無視して経営を行っているのではないということを示すものであったといえよう。いわば「全員参加の経営」から労働者の「企業への忠誠心」が育まれたのであろう。

　労働組織の末端に近いところまで経営にかかわる情報を提供する

というやり方は，おそらくはヨーロッパの"常識"からはおよそかけ離れたものであっただろう。その手法が厳密に「民主的」といえるかどうかはわからないが，少なくとも「トップダウン」の経営スタイルや労使間の厳格な区別などが当たり前のこととされていたヨーロッパの人たちには日本式経営（民主的経営方式）は「一種の驚き」をもって受けとめられたようである。「ヨーロッパ進出の日本企業で働くヨーロッパ人は，ほぼ口をそろえて日本人経営者の新鮮なまでに民主的な態度を賞賛する。（中略）イングランド南部のセイコー子会社で働くイギリス人技術者，アンドリュー・スティールズ氏（32）は，企業改善のアイデアを幹部に進言できることに感激し，『もし，こんなことをイギリス企業でやろうとしたらねたまれかねない。セイコーでは，私にも発言が認められている。日本人は個人的な感情にこだわらず，会社全体をながめる能力を持っているようだ。そこから，全体的なコミュニケーションが生まれる』と語る。こうしたやり方の論理的な帰結といえるケースが，すでに生まれている。ロンドンのTDK現地法人は，イギリス人だけで運営されているものの，このイギリス人幹部たちは，ますます日本の経営方法のひそみに倣い出している。ここでは，毎月，イギリス人経営者が販売，経営スタッフとの会議を開き，決定を下す。こうなる前の状況について，ジョン・ブキャン所長は，弁解気味にこう語る。『実情は非民主的で，巷間いわれるイギリス流儀の典型かもしれない。つまり，私一人で多くの決定を下してきた。多くの決定は間違っていなかったと思うが，次第に幹部を交えた合議制の方向に転換してきている』」（前掲紙）とウィルソン氏は述べている。この叙述では，日本流のやり方とイギリス流のやり方との違いが明示されて

おり，日本式の「コミュニケーション重視の"民主的経営"」がイギリスで模倣され始めていたことがわかるであろう。

ウィルソン氏は，日本企業の「民主的経営」という特徴を別の側面からも指摘している。「ほとんどのヨーロッパ人には意外なことだが，日本式経営の最も驚くべき特徴は，民主的な性格にある。イギリス人はBL社（旧ブリティッシュ・レイランド社）自動車工場にある社員食堂が，利用者の職制上の地位に従って5つに区切られていることを，まるで当然視している。イギリス人がびっくりするのは，日本人が食事だけでなく，トイレ施設，出退社の時間，給与の回数（週給か月給か），制服，休日，病気手当，失業保険資格に至るまで平等な待遇を厳守し，新入りの工員にも，工場長にも，わけへだてのない待遇を適用していることだ」（ディック・ウィルソン「〔欧州の日本診断④〕驚く革新対応力」読売新聞1981年7月2日）と。日本人社員から見れば，とりたてて違和感を覚えるような特徴ではないが，厳然と「階級の壁」が存在しているイギリスでは，日本流の「平等主義」は最初はかなりの驚きをもって眺められていたようである。

日本企業の「平等主義」は，ウィルソン氏の指摘からおよそ3年後にも次のように紹介されることになる。イギリスのある電機メーカーの工場の光景を伝えたものであるが，まぎれもなく日本的経営の手法が色濃く現われていた。「たばこを吸う人を全くみかけない清潔な工場。中間管理職と一般従業員を仕切るついたても撤去され，青いユニホームを着用した従業員が忙しげに行き交う。広々とした食堂では重役と従業員が肩を並べて談笑する─日本ではあたりまえの光景も，幹部専用の部屋，食堂，駐車場など経営側と労働側がは

っきり分けられた英国企業を見慣れた者にはとまどいが感じられる。ロンドンから南西に電車で1時間余り。気候温暖な港湾都市, ポーツマスの郊外に位置する英国の代表的なエレクトロニクスメーカー, ソーンEMIのゴスポート工場。その平等主義的な経営は日系企業と見間違うほどだ。同工場はここ数年, 新技術導入による自動化を進め, 同時に生産性向上のため労使間のコミュニケーションを重視する経営方針を採用した。『労使が一体感を持つことが大事である。3つあった食堂を合体したのもそのひとつ』と同工場の人事担当重役のG・K・パーシー氏。同工場では設備投資の拡大を軸に, 生産性, 品質の向上を達成, この経営方針も成果をあげたようだ。『特に日本式の経営をまねたものではない』(パーシー氏)というが, 日本ビクターなど日本企業と技術提携し, 二度にわたり労使代表による視察団を日本に派遣していることからみて, 日本から影響を受けたことは間違いないだろう」(「分け隔てない食堂 日系企業の影響広がる」日本経済新聞 1984年11月26日)というのであった。

日本企業の「平等主義」は別の点でも注目されていた。「経営者の側にも, 徹底した平等性が強いられている。ソニー会長の盛田昭夫氏の推定によれば, 日本の経営者の手取り給料は, 概して大学卒の新入社員の約7倍であるが, アメリカではその比率が50倍近く, ヨーロッパの比率は日本よりはアメリカに近いという」(ディック・ウィルソン「驚く革新対応力」前掲紙)とされた。経営者と一般社員との「報酬格差」は, 二十数年が経過した今日, アメリカではさらに大きく広がったというが, 日本ではそれほど大きな変化は認められていないようである。

ところで,「報酬格差」という話題はしばしばセンセーショナル

に取り上げられているが,例えば,1999年には,アメリカにおける約10年間の変化が次のように報じられていた。「米国のトップ経営者と従業員の収入格差は,好景気と株高を背景に1990年の78倍から98年の362倍にまで拡大したことが,米政策研究所などがまとめた報告で明らかになった。報告によると,米主要企業の最高経営責任者(CEO)の平均年収は,90年の約180万ドル(約2億円)から98年の約1060万ドル(約11億8000万円)へ6倍近く増加。一方,製造業の従業員の年収はこの間,約2万3000ドル(約250万円)から約2万9000ドル(約325万円)へ28％増えただけだった」(「トップと従業員,収入格差362倍」朝日新聞1999年9月1日)と。日本では,依然として格差は10倍以下と推定されるのに比べて,アメリカでの「362倍」をいったいどのように見ればよいのだろうか。従業員のモラールの高揚につなげるためにはどれほどの格差が妥当な水準なのだろうか。

さて,日本企業が海外に進出した場合に,雇用した現地人社員を日本の工場に派遣して「研修」を受けさせることが多いのであるが,彼らはその研修を通して労務事情の著しい違いを知ることになる。「伝統的なイギリス流儀と日本のやり方の相違点は,日本に派遣されたヨーロッパ人研修員の報告,という角度からも確認することができる。研修員らは,例外なく,日本人労働者の時間厳守と,さまざまな形の企業忠誠心のあらわれに感銘を受けて帰国する。東芝に派遣された5人の研修員グループの帰国報告によると,日本の慣行は次の三点で,ヨーロッパと際立っている。①だれも仕事に遅刻しない。②だれも仕事中に喫煙しない。③工程上,支障が生じた場合,労使間で話し合いが持たれる」(ディック・ウィルソン「"和の経営"

に感激」前掲紙)とされた。ここに列挙された「日本の慣行」は今もしっかりと維持されているのか,それとも「今は昔の話……」ということなのだろうか。

　ウィルソン氏は,「日本式経営」の特徴を列挙し,多くの点について優れた方式と称賛していたようであるが,日本企業の欧州進出に際して十分に気を配らねばならない点についても指摘していた。例えば,工場労働者(ブルーカラー)については,日本式労務管理が比較的容易に受け入れられる素地があり,「現地化」が比較的スムーズに進むのに対して,事務職員(ホワイトカラー)や幹部社員については,早急に取り組むべき課題が残されていたという。「長期的に見た場合,日本企業のヨーロッパ進出の問題点は,能力にそってヨーロッパ人職員をいかに昇進させるかということだろう。ヨーロッパに進出した日本企業は,できるだけ早急に幹部社員や経営陣の『現地化』をはかるつもりだ,といっている。製造業界の先見の明のある日本人経営者は,遠からずイギリス人幹部職員に道を譲る旨を予告している」(前掲紙)と。現地の幹部社員に経営を委ねるということが「国際化・現地化」の一つのバロメーターとすれば,その当時,日本企業はなおも先進的ではなかったのである。

　「日本式経営の中には,模倣可能なものが多く残っており,そのほとんどは,一つの言葉―モチベーション(動機づけ)―に要約される。日本の経営者は,従業員からより多くの仕事―より継続的で思慮深く価値のある仕事―を引き出す能力を持っている」(ディック・ウィルソン「驚く革新対応力」前掲紙)とウィルソン氏が述べているように,日本式経営には模倣可能なものが多いとされていたが,「三種の神器」の一つである「終身雇用(長期雇用)慣行」に対す

る見方はやや微妙なニュアンスを含んでいた。「日本人経営者がいかに日本流儀をヨーロッパに導入しようとも，終身雇用制度はなかなか定着しないだろう。ヨーロッパ人スタッフは，ある日本企業から他の日系企業へ，あるいは他のヨーロッパ企業へと移ってゆく。これに日本人経営者は不満を抱く。だが，日本人経営者がさほど心の痛みを感じる必要はあるまい。辞めていくヨーロッパ人は，日本企業のすばらしい価値観を吸収しているので，日本への理解と日本流儀への正しい評価を新しい職場に伝えてくれるに違いない」（ディック・ウィルソン「"和の経営"に感激」前掲紙）というように，ヨーロッパ人たちが比較的簡単に「転職」する現象を前向きに捉えることを勧めているが，やはり彼らに長期勤続を期待することが難しいと見ていた。また，「言うまでもなく，日本方式の一部の側面は，ヨーロッパに適用できない。ことに，終身雇用にからむ側面は，適用できない。だが，多くのヨーロッパ人の耳には『らせん階段』という言葉が心地よく響く。日本の経営者たちは，この『らせん階段』方式によって，幅広い経験を積み，高い管理部門に到達する。対照的に，欧米の経営者たちは，終始，比較的狭い専門にとじこもる傾向がある」（ディック・ウィルソン「驚く革新対応力」前掲紙）というように，「キャリア形成」（昇進）に関する，日本方式と欧米方式との違いを強調しつつも，「らせん階段」への一種の憧憬のようなものを認めていた。ただし，本音では，やはり「終身雇用」を適用することは困難なのであった。「終身雇用慣行」をめぐる論議については，第8章においてさらに詳しく眺めてみよう。

　「日本的経営」の"三種の神器"の一つである企業内組合に対しても疑念が投げかけられている。現代の「奇跡」を生み出す一因と

も見られた日本式の労使関係や労務管理が単に教訓の対象というのではなく,実施の対象であるとの見方も存在するとしながら,ウィルソン氏は次のように述べている。「しかし,ものごとには裏側もある。日本式労務管理の長所が発見されるのと平行して,その欠陥もまた見いだされつつある。アメリカやヨーロッパでは,目下,日本における企業別労組制度の犠牲者をめぐる記事が急に目立ってきた。イギリスの『ガーディアン』紙は,組合を御用組合呼ばわりし,『経営側の警備犬』と批判したために解雇された日本の労働者のケースについて,多くの記事を掲載してきた。この問題をめぐって日産労組は,組合統制に対する反抗に業を煮やし,そうした人物が解雇されなければストに突入するとの構えを示したという。日産内で起きた別のケースでは,労使協調に反対し,独自の労組結成を目指して闘った人たちが解雇された。他の会社では,一人の社員が会社と労組の共同推薦候補者の対立候補として,組合役員のポストに立候補したため,降格させられた。さらに,『ガーディアン』紙は,抑圧的な労働条件に対するトヨタ社員の不満を伝えている。(中略)労組と会社経営側の同盟は,『ガーディアン』紙報道の例のように,あからさまに乱用されており,そこからこの同盟は,欧米の人々を当惑させる。ヨーロッパ人は,日本の企業3社のうち2社で組合活動の経験を持つ役員が一人おり,また大企業の役員六人について一人が,組合活動の経験を持っている事実を知って驚く。こうした経歴は,ヨーロッパでは考えられない。ヨーロッパでは,企業経営への忠誠,さもなければ組合への忠誠がそれぞれ生涯にわたって保ち続けられている」(前掲紙)と。日本企業の労使協調路線の「ダーク・サイド」についての指摘はともかくとして,大企業役員の「忠

誠の衝突（が生じないこと）」はヨーロッパ人にとっては，まさに"不思議の国・ニッポン"と映ったのだろう。

5　外資系企業も「日本的経営」を採り入れていた！

　英国への「日本的経営」の移植の可能性について見てきたが，少し視点を変えて，海外から日本にやってきて事業を展開する場合に，「現地化」の証しとして「日本的経営」の特徴を数多く採り入れている事例も眺めておこう。かなり昔には，日本の市場に進出してくる時には，日本独特の商慣行，雇用システムなどを理由として，外資系企業がビジネスを行うには難しい点が多いといわれたこともある。しかし，日本でビジネスを展開して成功を収めている外国企業も少なくない。そのうちの一つ，スイスに本拠地を置く総合食品メーカーであるネスレ（旧ネッスル）の日本法人の人事・労務管理施策の一端に焦点をあててみよう。

　その前に，ネスレが企業活動の「国際化」という点でいかに成熟していたかを見ておこう。「スイスのレマン湖畔の小さな町ブベ。世界最大の食品メーカー，ネッスルの本社が湖に面した一角に建つ。本社ビルは年間売り上げ463億スイスフラン（1フランは約105円）の企業規模に比べて意外なほど小さく，スタッフの人数も1600人に過ぎない。20万人の社員の99％が同社の基本方針である『脱中央集権』に従って世界中に散らばっているからだ。『我が社は125年前の創業の翌年に国際的な多角化に乗り出し，1901年には米国へ進出した。売り上げの98％はスイス国外からという事実を覚えておいて欲しい』とスポークスマンのペロー氏。いわゆる『国際化』をとっく

に終えており，欧州共同体（EC）の市場統合に関しても，もっぱら『利点の方に関心を向けている』と言う」(「〔大欧州攻略 第2部競い合う巨大企業⑧〕ネッスル―人的資源生かす」日本経済新聞1991年5月3日）と，ネッスルのプロフィールの一部が紹介されていた。すでに19世紀の頃から国際的な多角化に乗り出していたのであり，グローバル企業の老舗という位置づけに変わりはないであろう。また，ネッスルがどのような国際人事戦略を採用していたかという点についても，「ネッスルは欧州に約200ヵ所の工場網を持ち，販売拠点を張り巡らせている。現在，全売り上げの半分近くを欧州で占めているが，統合市場の利点を生かすためには，これまでの国別分散経営と欧州の広域経営を組み合わせた新展開の必要性が高まっている。これらの点についてペロー氏は『本社だけで52ヵ国の人材が働いている。それぞれ2,3ヵ国語をしゃべる。例えばフランスのヨーグルト部門の責任者に英国人を起用しているように，言語や文化的な問題は克服済みだ』と強調する。むしろ市場統合によりヒトの移動がより自由になり，人材育成の面でプラスが多いと期待する。ネッスルでは役員クラスに昇進するまでに10～15ヵ国を経験するのが普通。EC国籍の社員がEC内のどこでも勤務できるようになれば，もっと柔軟な人事が可能になる」（前掲紙）と述べられていた。

　さて，何ヵ国目の赴任地であったのかはわからないが，1988年に45歳のアレキサンダー・F・O・ヨスト氏がネッスル日本法人の社長として赴任してきた。ヨスト氏への取材記事の内容がネッスルの「（できるだけ現地にとけ込む）現地化経営」の特色を示していた。「ヨスト氏は開口一番，ハラゲイ，根回し，夜の接待など独自の習慣が，外国企業の日本での成功を妨げているという非難をきっぱり

否定する。(中略) まったく日本人と同じヨストの考え方には，ネッスルが日本に進出した時からの歴史があるようだ。大正2年に日本へ進出したネッスルの経営は，年功序列制，終身雇用制，課長，部長といった肩書などすべての面で，『日本企業的』にふるまってきた。社員に余計な気遣いをさせないためであり，『外国の会社だ』と異端視されない術だった。現在でも，ネッスルの一日は，朝礼で始まる。部署ごとに5分から10分，その日の仕事の打ち合わせをする。会社あげてのソフトボール大会や運動会も開くし，盆には盆休みがある」(「〔けいざい人前線〕ネッスルA・ヨスト社長—『とけ込む』姿勢を実践」読売新聞 1988年11月29日）というのであった。大正2年の日本進出という事実には驚きだが，まさに日本で「郷に入れば郷に従え」を実践しているかのようであった。

　1980年代の記事でもあり，日本的経営のいくつかの特徴がその後どうなったのかという点が注目されるが，およそ9年後の記事の中にその答えが示されていた。「社内運動会，社員旅行，社歌—。日本企業らしさの『代名詞』としてよく使われる言葉だ。こうした帰属意識を高める活動が家族的な企業運営を可能にし，高度成長を支えてきたともいわれている。しかし，その効用に着目し，積極的に日本らしさを取り入れている外資系企業もある。『外資系企業と言っても，中身は日本企業と何ら変わりはない。むしろ，最近の企業に比べ，より日本企業っぽいかもしれない』。インスタントコーヒーなどを製造・販売するネスレ日本人事部の田中康紀次長は自社をこう評する。『日本っぽい』と語るのは帰属意識，家族的運営を高める社内行事を多く実施している点だ。社歌があるほか，会社主導で事業所ごとの運動会，ハイキング，球技大会，旅行などを実施し

ている。年末・年始の忘年会・新年会には会社側の資金補助も出る。狙いは『一堂に会することで，コミュニケーションを円滑にする。ある意味のベクトル合わせ』。(中略) 鬼本智労務部厚生課長は『社内行事の効用は数字では言い表せないが，一体感を持ってモノを作る，売るということの原動力となっているのは確か』と語る。外部には確かに『時代遅れ』との声もある。ただ，『ネスレ日本は日本的』との認識は業界内外で広まっており，『社員旅行がイヤという社員はそもそも入社してこない』ので，社内の反発はないらしい。いやいや参加せざるを得ない社員旅行が増える中，ネスレ日本は明確な企業姿勢に基づいた施策の一つとして，活用している」(「〔ザ・外資 強さの研究④帰属意識〕社員旅行は重要な施策―ネスレ日本―」日経産業新聞1997年11月6日) というのであった。

　ちなみに，社員の「帰属意識」をキーワードにしたこの記事には，ネスレ日本とはまったく対照的な経営姿勢をとっている外資系企業の話題も取り上げられていた。1981年に設立されたタワーレコードである。「『帰属意識なんて考えたこともない』―タワーレコードの営業を統括する小沢芳一営業本部長は言い切る。小沢本部長が知っている社員で，『一生，タワーレコードで食べていく』などと公言しているのは『2人しかしらない』。基本は〝アナタの人生はアナタ自身が決めて下さい〟という姿勢だ。(中略) 小沢本部長自身，ある支店の店長に就いていた時，こんな経験をした。60人の宴会を予定したが実際に出席したのは1割程度だった。『社員が企業に求めるのは，働く場であって，仲良しクラブではないことを痛感した』。その結果，『会社側が帰属意識を求めることが，逆にモチベーションの低下につながりかねない』と判断した。流通関係の仕事は

個人単位で動くビジネスだけでなく，チームを組むことも多い。ただ，わざわざプライベートな部分を知り合ったり，交流を深めることが必ずしもプラスには働かない，と見極めている。あえて一つの枠にはめることは得策ではないというのだ。ある意味で典型的な外資系企業だが，単にドライであるというだけでなく，社員の本音を見定めた上で，状況に合致した効率策を追求している」（「仲良しクラブは不要—タワーレコード—」前掲紙）といわれていた。

　ネスレ日本については，1998年秋にも社員旅行の話題が紹介されていた。同社会計部の山根恵美子さんによれば，前年は部単位の社員旅行のため14人の参加であったが，1998年は本部単位で行くので100人を超える規模になりそうだったという。しかも大人数の社員旅行のプランを提唱したのが，スイスから来て2年目のクルト・チューペルト専務であった。「同社の社員旅行には会社から一人1万2千円の補助がある。不足分は自己負担し，欠席者に還元はない。外国人社員も含めて，毎年8割近くの社員が参加する。ちなみに神戸の本社では昨年，本部や部，課ごとに18組に分かれ，近くは六甲山に日帰り，遠いところでは韓国に二泊三日で出掛けた」（「外資系だって社員旅行」日本経済新聞 1998年10月21日）とされていた。

　ところで，社員旅行は，「日本的経営」が絶好調だった頃の日本企業にとっての必須アイテムであったはずであるが，企業も社員もそれを必ずしも求めなくなってきたようである。「こうした社員旅行は，かつては日本企業の伝統的な行事で盛んに実施された。だが娯楽の嗜好が多様化した昨今はあまり歓迎されない。組織への帰属意識も薄れ，女性や若手を中心に，休みをつぶしてまで行きたいと思う人は減っている。加えて折からの不況で，会社からの資金補助

も多くは期待できない。産労総合研究所（東京・千代田区）の調査（96年）によれば，社員旅行を実施している企業は76％と過去最低を記録した。野村総合研究所がサラリーマンを対象に昨年実施した『生活者１万人アンケート調査』でも，勤務先が社員旅行を実施していると答えた人は47％に過ぎず，社員旅行離れが表れている」（前掲紙）というように，日本企業の「社員旅行離れ」の傾向が指摘されていた。それにしても，実施率76％で「過去最低」というのであるから，かつてはまさに「常識」に属していたのであろう。

　「社員旅行」という，日本的経営の一つの構成要素がすっかり変質してしまったということは，次の記述にも現われていた。「職場の皆で温泉に出かけ，日ごろの垢落とし。秋は社内運動会で『会社の一員』という一体感を高める。家族旅行も会社の安い保養所で—。休日までどっぷりと会社に漬かった家族主義的な福利厚生施策は，文字通り前世紀の遺物となりつつある。大阪のインテリアメーカーで働く川口浩司さん（仮名，39）が入社した1980年代半ばごろは，バスで温泉地に出かけ，ゴルフに宴会という典型的な社員旅行が毎年行われていた。『最初の２年間はおもしろかったが，それ以降は行かなくなった。休みをつぶしてまで行くほどのものでもない』。90年代半ばごろからは，参加者が減ったため廃止になったという。JTBによると，バブル経済崩壊後，予算の問題や女性社員，非正社員の増加で，男性中心型だった社員旅行は激減している。代わって『ディズニーランド日帰り，家族単位で自由行動』のような形が増えている。川口さんの会社でも同様の形式に変わっているが，川口さんは，それでも参加していない。『休日，地域で少年サッカーの指導をしており，そちらの方が大事です』」（「〔サラリーマン—第519

話—〕運動会・旅行，役割終え……」日本経済新聞 2002年10月7日）というのであった。この記事によれば，社員旅行のほかにも，社内運動会を廃止する企業が増えており，豊島園の調べでは，2002年9〜11月の間に社内運動会を行う企業の数はバブル期以前の6割程度にまで減っていたという。日本企業は，「社員の一体感」，「会社の求心力」などをもはや必要としないのかもしれない。

　日本企業でますます低調になりそうな社員旅行であるが，ネスレ日本以外の外資系企業でも実施されているという。「そんな中で逆に目を引くのが，人間関係がドライとされている外資系企業で"意外"にも実施されている社員旅行である。アンダーセンコンサルティング（東京・港区）でも『アウティング』と呼ぶ大掛かりな社員旅行を実施してきた。今年は5月に沖縄に出掛け，参加者は何と800人。同社管理部部長の渡辺泰子さんは『入社した時は「外資系なのに社員旅行があるの？」と驚いた。しかも大広間での和宴会を好み，部門対抗で隠し芸も競う』と苦笑する。出席を嫌がる人もいるが，テニスやサッカーといったレジャーやグルメコースなど様々なオプションがあり，参加しやすいように工夫している。社員旅行は日ごろ疎遠な同期や先輩・後輩との情報交換や対話に役立つ。数多い中途採用組にとっても，新しい仲間と知り合えるチャンスだ。しかも宴会では，パートナー（役員）が踊ったり，英語の『大喜利』を見せたりしており，部下が上司の人間性に触れる絶好の機会にもなるという」（「外資系だって社員旅行」前掲紙）として，一つの事例が取り上げられており，ほかに，ろ過・分離素材の世界最大手メーカー，米ポール・コーポレーションの日本法人，日本ポールや外資系金融機関でも何らかの形で類似の行事が実施されていたという。

第4章 「日本カンパニー」の人事・労務管理

　1986年1月に連載が始まった読売新聞の連載記事「ルポ・日本カンパニー」は，海外に進出した日本企業がどのような企業経営を実践していたか，ということを鮮明に伝えていた。1986年といえば，IMDの国際競争力ランキングで日本がアメリカを抑えて首位の座に就いた年である。それらの記事では，いかに多くの国で日本企業が活動を行っていたかが示されるとともに，日本式経営のさまざまな特徴のなかでとくに「ヒト」にかかわる部分，日本式人事・労務管理ともいえる話題が数多く取り上げられていた。それらのうちのいくつかをここで見るのであるが，「国際化」の先駆者として日本企業，日本人社員がたゆまぬ努力を積み重ねていたことがわかるであろう。ただし，いずれも今から20年ほど前の「栄光の日々」の日本式経営に関する話題であること，すなわち，「今は昔の話ですが……」ということをあらかじめご承知おきいただきたい。

1　「多人種工場」における労務管理

　「日本カンパニー」の第一話は，西ドイツのシュツットガルトで操業していたソニーの子会社，ソニー・ベガの話題を取り上げよう。この会社はもともとは名門の家電メーカーであったが，やがて左前になり，1970年代半ば頃にソニーが買収し，設立したものである。

この話題の主人公となるのが、ソニー・ベガの副工場長を務める川久浩一氏である。従業員520人のうち、日本人は20人にすぎず、川久氏は日本人社員のトップである。その川久氏は、あいさつだけなら「18ヵ国語」をしゃべれるという。というのは、この工場で働く労働者は、ドイツ人だけでなく、ヨーロッパ諸国や中東の国からの出身者も働いているのである。その国籍の数が18にのぼるということで、川久氏は18ヵ国語をしゃべるのである。

　最近でこそ日本国内の工場で外国人労働者の姿を見かけることがさほど珍しくなくなっているとしても、1980年代半ば頃の時点で、「多国籍」の従業員を管理するということは、多くの日本人社員（管理職）にとって「未体験」の領域に属していたと見られる。「ドイツでは、移民労働者が人口の8％も占める。このため、"多人種工場"は、あちこちにある。ところが、日本人社員には、当然、日本人を管理した経験しかない。人種のるつぼのような工場にほうり込まれて、複雑な人種問題が絡む工場経営に初めて直面することになる。（中略）ヨーロッパには約200社の日系メーカーが進出している。ドイツばかりでなく、どこの国も、移民してきた外国人労働者が多い。単一民族の日本から派遣されてきた社員は、多民族社会に突然投げ込まれ、戸惑いを感じる」（「〔ルポ・日本カンパニー〕多人種工場」読売新聞1986年1月8日）といわれた。複雑な人種問題としては、実際に、キプロス島をめぐるギリシャとトルコとの紛争をきっかけに、工場内で両国出身の従業員が感情的に対立し、口論が起こり、なぐりあいにまで発展したこともあるという。食習慣の違いがけんかの原因にもなったという。

　複雑な人種問題を抱えつつも、ソニー・ベガは順調に業績を伸ば

してきた。その秘密は，日本型経営（人事・労務管理）に求められていた。「ソニーが進出してからも，こうした人種間の紛争や文化の違いからくる摩擦は絶えず，日本人スタッフは頭を抱えた。が，今では累積損を一掃し，黒字を出すまでになっている。どこが変わったのか。工学博士の工場長，ライナー・クアの答えを聞こう。『会社は，結局，"働く場所"だという意識が浸透したせいじゃないかね』。ソニーは，従業員の参加意識をかきたてる日本型経営を導入した。将来の生産計画を具体的に示したり，QC（品質管理），サークル活動などを通じて，企業への一体感を高めたのだ。そうするうちに『一生懸命働けば，倒産しかけた会社も持ち直し，雇用も保障される』と皆が考えるようになったという」（前掲紙）と。

そのほかに，ドイツで操業しているといっても，ドイツ人従業員をえこひいきすることもなく，どの国の出身であれ熟練に応じて賃金を支払い，「平等主義的処遇」を実践していた。また，クリスマスパーティーやスポーツなどを通じて従業員のあいだで親睦や交流を深めることに気を配っていた。まさに日本的経営の面目躍如たるところであろう。ソニーが買収する前の名門家電メーカーの時代から16年も働いているトルコ出身のある女子工員は，「トルコでは女性が働く習慣はないけれど，ここでは，頑張れば表彰もしてくれる」と語り，ソニー・ベガの居心地の良さを強調していたという。

ところで，ソニー・ベガでは「多人種工場」を象徴するかのように，ヨーロッパと中東の地図に従業員の出身国の国旗がピンでとめられていた。18の国旗があったが，意外なことに，ある国の国旗が見当たらない。「進出の時から派遣され，西ドイツ生活がもう10年になる川久は，冗談を飛ばせるまでになっている。しかし，壁の地

図をみながら，イギリスには，従業員の有無を示すピンがとめていないことに気がついた。70年代には，イギリス人も働いていたそうだ。しかし，『ティータイムをとれと要求したりプライドが強すぎたりで，会社側とうまくやっていけず，やめていった』（人事担当副工場長，シュツデント）。越えられない人種，文化の壁は，やはりあるようだ」（前掲紙）というように，一種の限界も指摘されていた。

2 「スパゲティ・バイク」と日本式労務管理

「日本カンパニー」の第二話の舞台は，南イタリアで操業している「ホンダ・イタリア」に移る。その工場で開発，生産された，オフロード型のスポーツ・バイク「MTX 125」が1985年11月に発売されて人気を博していた。オートバイ好きの若者たちによって「スパゲティ・バイク」というニックネームをつけられていた。「日本製のバイクをはるばる海を越えて持ち込むのではなく，新しいニーズを肌で感じられる現地に進出し，そこで生産，開発しよう」という考えのもとにホンダが地元のバイク工場を買収したのは1979年のことであった。

「スパゲティ・バイク」は，1986年2月からヨーロッパ市場に輸出されることになったが，その当時，「（このバイク工場が）ヨーロッパ市場になぐり込みをかけられるまでにこぎつけられたこと自体が驚きである」いう声がもっぱらだといわれた。そこまでいわれる理由はいったい何だったのか。勤勉で，規律正しいことで定評があった日本の労働者のイメージとは大きくかけ離れた，南イタリアの

労働者の勤労意識・就業態度がそうした論評の背景にあった。「『ホンダ・イタリア』の工場は、ローマの東方、アドリア海に近い小都市、アテッサにある。この付近はメッツォ・ジョルノ（真昼間）地帯と呼ばれ、夏の気温は40度近くにはね上がる。抜けるような青い海、エメラルド色の海、果てしなく続くぶどう畑に今にも埋もれそうな工場……。のんびりした風土は、働くことを生活の中心に置く『資本主義の精神』というか『会社主義』からは、ほど遠い。（中略）工員のずる休みは当然で、欠勤率（アブセンチズム）は15％にも達した。のんびりした農村なので、時間にしばられて働くということすら理解されなかった。日本的な会社人間は、どこにも見当たらない。『雨の日や、農繁期には、欠勤率がはね上がった』（工場長、ジョバンニ・ジョルゼット）。——ユニフォームを着る。——時間通りに出勤する。——決められた仕事をする。いってみれば、働くことの作法を分かってもらい、生産ラインの『労働者』に磨き上げることから、すべてが始まったのである」（「〔ルポ・日本カンパニー〕スパゲティ・バイク」読売新聞1986年1月11日）というように、日本人社員からすれば「想像を絶する」ような労働事情のなかで「ホンダ・イタリア」は企業経営を、そして労務管理を始めたのである。

日本的な思いやりや気配りが通じない事件にも遭遇することになった。クリスマスのお祝いに、従業員たちに財布を配ったところ、翌日には、裁断機でズタズタにされた財布の残骸が机の上に積み上げられていた。また、ワインを贈ろうとしたところ、「そんなことは、会社がやることではない」と、反対に遭ったという。「労使対決型」の上部組織の指示を受けて労働組合が反対を唱えたのである。

こうした厳しい条件下でさまざまな経験を積み重ねつつ、数年後

には，あることをきっかけにして日本式経営（日本式人事・労務管理）が次第に浸透することになる。「転機が訪れた。82年から84年にかけて，イタリアでレイオフ（一時解雇）のあらしが吹き荒れた時のことである。ホンダの近くにあるイタリア最大のスクーターメーカー・ピアージョは，従業員の約半数200人をレイオフし，フィアットやプジョーの合弁トラック会社・セベルも人員を大量に整理した。しかし，ホンダは日本的慣行を守り，不況になっても解雇しなかったのである。『もうからなければ，従業員をすぐクビにする会社と，だいぶ違うぞ』。従業員の会社を見る目がガラリと変わったのだ」（前掲紙）といわれた。景気の状況に応じて柔軟に従業員の「リストラ」を実施する欧米流の経営手法とは対照的に，よほどのことがなければ「従業員を解雇しない」という日本流の経営手法がイタリア人労働者にも理解されるようになったのである。

　かつて日本的経営の特徴の一つとして注目された「解雇せず」（ノン・レイオフ）の施策によって「ホンダ・イタリア」の工場経営は軌道に乗ることになるが，その他の特徴も採り入れられ，めざましい効果を生むことになったという。「この工場で根づいた日本的経営はほかにもある。─オープンな経営。企業機密に属するような生産，販売計画を組合に知らせ，会社に対する一体感と信頼感を育てる。─家族的な雰囲気作り。ソフトボール大会の開催，家族ぐるみの課内バス旅行，それに食堂には無料のワインやビールを置く─。昨年（1985年）末，工場を訪れてみた。入り口の出勤札をみると，240人の従業員中欠勤を示す赤札が出ていたのは16人。有給休暇も含めてのことだから，いわゆるアブセンチズムは大幅に減って，現在４％台まで落ちている」（前掲紙）というのであった。

「スパゲティ・バイク」の工場で無断欠勤を従来の15％から4％以下にまで激減させた日本的経営の威力は驚異的なものだったといえよう。ただし，そうしたサクセス・ストーリーがいとも簡単に描かれたわけではない。「斜陽のイメージで知られがちなヨーロッパ。『ヨーロッパの再生に手を貸す日本』といえば聞こえがいい。しかし，どこの工場も『苦節の物語』を何章も書いて初めて『成功物語』という終章にたどりつける」（前掲紙）というのであった。

イタリアでのこの話では，従業員の「アブセンティズム」（欠勤率）の高さが一つの焦点となっていたが，別の国での類似の話題を少し見ておこう。そこでは「日本カンパニー」が主役となっていないが，多少とも日本的経営とかかわりのある話題なので，いわば「番外編」として紹介しよう。日本企業にとっての「黄金の日々」ともいえる1980年代には，日本人従業員の勤勉さを反映するかのように，欠勤率はわずか1～2％程度であったと記憶しているが，海外ではそうした「ニッポンの常識」は必ずしも通用しなかったようである。

1980年代前半の頃の話である。「どうやってやる気を起こさせるか―高率のアブセンティズム（労働者の欠勤）に悩まされているスウェーデン企業に共通する課題だ。労働者の"やる気"が，沈滞を続けているスウェーデン経済活性化のカギを握っているだけに，各企業とも対策に知恵を絞っている。それに成功した2社を取材してみたら，意外にも日本的経営に似ていた」（「スウェーデン版"日本的経営"」読売新聞1983年8月18日）と報じられた。取材された1社が，スウェーデンの世界的企業の一つ，コンプレッサー・削岩機メーカーのアトラス・コプコ社であり，労働者の20％が無断欠勤する

という「アブセンティズム」対策に頭を痛めていたという。そこで，生産性向上運動の一環として労働者たちに「欠勤の理由」を聞いてみた。その回答は，「工場の壁の色が暗くて陰気だ」，「作業中の騒音がひどい」，「疲れた時に息抜きする場所がない」などだったという。「会社側は直ちに実行にとりかかり，工場を思い切って衣替えしてみた。ドス黒かった壁は明るい色に塗り変え，工場の一角には，キオスク（小部屋）を設け，コーヒー，チョコレートなどの自動販売機も置いた。テニスコート，室内プール，レストランもある社員用のスポーツ施設も建設した。日本の企業と違い，ヨーロッパ企業には，こうした施設はまだ少ない。『アトラス社の社員である』との連帯感を高めるため，同好会も作り，サッカー，射撃，ゴルフなどの職場対抗戦もやっている。『提案箱』もつるしてみた。賞金も豪華で，組み立て工具の改善を提案して採用された人は，この改善で会社が得た利益の半分（320万円相当）を贈られている。ただ，最も大切なのはコミュニケーションで，『企業の経営内容を隠さずに従業員に教えること，営業方針の決定に下部の意見を反映させること』（スコグルンド副社長）『今月の売り上げ』『あなたの職場で生産された製品はどこの国に何台，輸出されたか』などの成果を伝えると，社員はやる気を起こすそうだ。トップダウン方式が支配的で『一般社員や現場労働者は与えられた仕事だけをしていればよい』が当たり前の欧州企業では，こうしたやり方は異色だ。確かに日本的な職場管理とよく似ている。しかし，日本を意識したわけではなく，偶然，結果が一致しただけだそうだ」（前掲紙）という。

　アトラス社の「アブセンティズム・20％」がどの程度まで改善されたのかは不明であるが，日本企業のものかと見間違えそうなさま

ざまな職場施策はそれなりの効果を発揮したことは想像に難くないであろう。ただ，その当時に（20年以上も前に），スポーツ施設の設置などの点で日本企業の方が欧州企業よりも進んでいたというのは，やはり日本企業のその当時の「勢い」を映していたのだろうか。

日本企業が欧州に進出して現地で操業を始めてから従業員の「無断欠勤」を大幅に減少させた事例をもう一つ紹介しよう。日産自動車は1984年に英国日産自動車製造（NMUK）を設立し，1986年7月から日本メーカーとしては初めて欧州での組み立て生産を始めた。そのNMUKは小集団活動によって無断欠勤を自動車業界の平均値よりも大幅に減少させていた。「タイン・アンド・ウェア州にある日産の工場は『7月までの3ヵ月の平均で出勤率97.2％』（ピーター・ウィッケンス人事部長）を記録した。業界の無断欠勤率は7～9％といわれているが，同社ではこれを3％以下に保つことを目標にしている。このため『改善チーム』活動で『有給休暇を有効にとろう』，『休む時は仲間同士声をかけよう』という運動を展開，チームによっては無断欠勤者の氏名を壁に張り出している。こうした活動が実って生産性向上は順調に進み，当初予定の初年度乗用車生産2万4千台を上回り，同3万台ベースに乗った」（「日本的経営で再生へ」日本経済新聞1987年8月20日）と報じられたのである。

イタリアやスウェーデンほどの欠勤率の高さではなかったとしても，業界平均の半分以下の水準にまで引き下げることに成功したのは，まさに日本的経営の面目躍如たるところというべきであろうか。

さらにもう一つ，欠勤率に関する話題を取り上げておこう。欠勤率が日本よりもはるかに高いのは欧州諸国だけではなく，米国に進出した日本の自動車メーカーも悩まされていた。1991年の秋にマツ

ダの米国生産会社であるマツダ・モーター・マニュファクチャリング（MMUC）は，高い日には25％にも達する欠勤率を抑えるための話し合いを全米自動車労組（UAW）との間でまとめていた。「欠勤率が15％以上になる場合には，突発的な有給休暇の取得を認めないという内容で，見返りに一人当たり1000ドルの解決一時金を支払うことで合意した。MMUCでは，通常の有給休暇のほかに，家族の病気などの場合には突発的な有給休暇を認めている。これが夏場には金曜日に集中して，欠勤率が25％を超える日がある。現在フル操業にはなっていないが，生産体制の維持に苦労し品質にも響く恐れがあった。このため，有給休暇をならしてとるように指導したところ，労使問題に発展し，今回妥結した」（「欠勤率高く悲鳴」日本経済新聞 1991年10月21日）というのであった。英国の場合とは違って，米国では，労使関係上の問題として処理されたのであり，「日本的経営のご威光」はそれほど通用しなかったようである。

3　「文化，習慣」との苦闘—ハダシ，靴，バナナの皮—

「日本カンパニー」の第三話は，文化や生活習慣の違いをめぐって苦闘する日本企業のお話である。

まず，最初に取り上げられるのは，タイのバンコクに進出したタイ東急百貨店が1985年8月にオープンした日に起きた「事件」である。この百貨店は，柱や床に大理石をふんだんに使っていたり，東京，ニューヨーク，パリのファッション製品がきらびやかに陳列されているなど，日本の東急百貨店も顔負けするほどの豪華デパートといわれた。ところが，その豪華デパートで働く店員のなかに，靴

をはかずに「ハダシ」で歩き回っている店員がいるという「事件」が起きたのである。「世界を見渡してみれば，靴をはくのを習慣としている民族は，少数派かもしれない。タイでも農村や山村にいけば，ハダシを見かけるし，街中でも，ゾウリやつっかけ姿はザラだ。店員にしてみれば，ハダシになって，店内で仕事をしてもおかしくないと思ったのだろう。しかし，『近代デパートにハダシの店員』の組み合わせは，どうもサマにならない。タイ人には，それほど不自然ではなくても，日本人には異様に映る。『ここは山や畑ではない。ぜひ靴をはいてほしい』。日本人社員は，その場で注意した。しかし，習慣になっているから，次の日は，また脱いでしまう。ハダシが店内から消えたのは教育を始めて半年後である。日本人がハダシの店員を軽べつしているのではない。日本と全く違う文化圏で，新しくビジネスを始める時，考えてもみなかった『事件』がよく起きる。これはその一例である」（「〔ルポ・日本カンパニー〕ハダシとクツ」読売新聞 1986 年 1 月 22 日）というのであった。

　タイでは，ハダシを追放するのに半年を要したが，それとは反対に，アメリカのカリフォルニア州に進出した，日本の半導体メーカーは女子工員に，「靴を脱いでほしい」と呼びかけたという。「『半導体の工場では，ゴミ一つ，チリ一つあってもいけない。だからまず靴を……』。しかし，アメリカやヨーロッパでは普通，ベッドに入る時しか，靴を脱がない。家でも，日本のように，スリッパにはきかえたり，それこそハダシになることは，まずないのだ。『靴を脱げですって』。女子工員の抵抗にあったのはいうまでもない。黙っていても防じんシューズをはいてもらえるようになるのに，2 年もかかった工場もある」（前掲紙）というように，アメリカでは，

「靴を脱いでもらう」のに相当の時間を要したようである。

　次に，フィリピンのミンダナオ島で操業をしている川崎製鉄の工場は，現地人従業員が気軽にポイ捨てするバナナの皮が原因で起きる事故や災害に悩まされていた。現地工場長を務めていた依田善助氏は，工場視察を行った時にそうした状況を目の当たりにして，事故や災害をなくそうと奮闘努力することになる。「暑いから安全靴ははかない。ヘルメットもかぶらない。おまけに散乱するバナナの皮……。1年間で16件も事故が起き，休業者が出ていた。依田は，バナナの皮の追放を手始めに，工場に安全ポスターやスローガンを張り出し，災害追放に乗り出した。みなが欲しそうな景品もつけてみた。第一次目標として『150日間，災害ゼロなら全員にボールペン』。第二次目標は『210日間，事故ゼロならライター』。ささやかなアイデアだったが，こんな努力の積み重ねを続けた」（前掲紙）という。こうした努力が実を結んで，ミンダナオ工場では，1985年11月9日に「休業災害ゼロ1500日」という偉業が達成されていた。

　以上の三つの事例は，文化あるいは習慣の違いを乗り越え，日本企業が根気よく努力を重ねて現地の従業員に企業経営の基本を理解してもらうことに成功したものといえよう。ただ，それは決して容易なことではない。従業員の教育に際して日本人社員が肝に銘じておかねばならない「4A」（「4訓」とも呼ばれる）があったという。「頭にこず，あわてず，あせらず，あきらめず」がそれである。「人種も文化も違う外国では，日本にいるつもりでいると，とんでもない目にあう。じっくりと腰を落ちつけて，日本的なシステムを理解してもらう努力を続けていかなければならない。『ダメで，もともと』を『ダメもと』と略す。海外駐在員たちは，よく『この件も，

ダメもとです』という。しかし,これは,あきらめを意味するのではない。『ゆっくり,気長にやろう』という心境を表している」(前掲紙)というのであった。

　ところで,日本企業の従業員教育に関して,「4A」よりもはるかによく知られている言葉に「5S」がある。しかし,ここでの「日本カンパニー」の記事においては,「日本の海外工場が好んで使う言葉に4Sがある。『整理,整とん,清潔,清掃』の頭文字を連ねた標語だ。工場をきちんとしておかないと,災害が起きるし,いい品質のものが作れないといいたいのだ」(前掲紙)と述べられていたのである。日本企業が世界に広めた「5S」に関しては,枚挙にいとまがないほどに取り上げられてきているので,多くを述べる必要はないであろう。ただ,ここでは別の「番外編」として,「日本カンパニー」の連載記事が出てから数年後に紹介された,中国での生産性向上運動の推進に際して日本のある組織が援助の手をさしのべていた話題を少し見ておこう。

　1980年代にすでに経済改革に取り組んでいた中国では,日本の国際協力事業団(JICA)の支援を得てある国営企業の「工場改造」を実施することがあった。1988年のことであり,その企業とは,スイッチやブレーカーのメーカー,北京市機床電器公司であった。同公司の厳竜総経理(社長)によれば,中国の生産性向上運動である「文明生産運動」をそれまでに二度試みてきたが,長続きしなかったという。「文明生産運動というのは,職場の清掃や整とんを徹底して,生産効率を向上させるのが狙い。1983〜84年と1985年の2回にわたって大規模に展開したが,効果はほとんどなかったという。そこでこの工場が今年,JICAの工場改造事業の対象となり,8月

から，JICAの委託を受けた日本能率協会コンサルティング社が指導に乗り出した。日本の手法を中国で生かそうというわけだ。今，3人の日本人スタッフが『5S運動』を展開している。職場の整理，整とん，清潔，清掃，しつけの5つの頭文字の『S』。いかにも日本的なにおいのするスローガンだが，『文明生産運動』の経験があったため，違和感は少ないようだ。ただ，『5S』は，日本人スタッフが，懐中電灯で職場をすみずみまで点検するほど，徹底している。『文明生産』とは一味違う」（「〔海外トピックス〕中国の生産性向上運動」読売新聞 1988年12月3日）というのであった。「5S」がキーワードであり，海外に進出した日本企業の「得意技」であった。

それでは，北京市機床電器公司において「5S運動」の指導が始まった頃の職場の状況とはどのようなものであったのだろうか。「事前連絡なしに，職場を見せてもらった。組合支部書記が飛んできて，従業員に指示すると，おしゃべり中の従業員がさっと散って，おもむろに工作機械のスイッチを入れた。日本人のスタッフの一人が，『今日はバドミントンやってなかったな』と，ロッカーのバドミントンセットをチェックしてホッとした表情を見せた。『5S』の水準はまだまだなのだ」（前掲紙）というように，ここ10年間のうちにめざましく変貌を遂げてきた今日の中国の生産現場からは到底想像できないような職場風景が観察されていた。ひと昔前には，日本企業は日本的経営の「基本」を伝授するところから中国での工場操業を始めていったことは想像に難くないであろう。

ちなみに，「5S運動」（最近では，スピードの「S」を加えて「6S運動」ともいわれる）は，時代遅れになっているのかといえば，必ずしもそうではなく，かつて進出した日本企業の努力の甲斐もあっ

てか,アジアの国々に広く浸透していると見られる。例えば,「ごみ一つなく磨かれた床,『SEIRI』『SEITON』『SEISO』『SEIKETSU』『SHITSUKE』と書かれた5つの看板―。バンコク校外の自動車部品メーカー,OEIパーツはタイ資本100％の地場企業で,エンジン部分などをつくる。『タイの会社でもやろうと思えばここまでできる』とパサーシン・オンアート（48）は胸を張る」(「〔アジアものづくり新話④育つ『日本式』〕根付く技術,次は意識改革」朝日新聞2000年10月18日) と報じられたように,アジアの企業のなかにも「5S」はしっかりと根を下ろしているのである。

4　アメリカにおける「ハートウェア」の経営

「日本カンパニー」の第四話は,アメリカ・ノースカロライナ州で1985年に操業を始めた三菱電機の子会社「三菱セミコンダクタ・アメリカ」でのお話である。

半導体工場が「ごみ」に対して極度の神経を使うということについては,第三話で少し触れたが,同社社長の渡辺一雄氏は従業員の職務意識にかかわる「日米間のギャップ」に遭遇することになった。「異文化との接点に立つと,さまざまな戸惑いがある。『なんで,こんなことが……』―日本人の常識では割り切れない"事件"がよく起きる。ある日,渡辺が工場内を見回っていると,床に小さなゴミが落ちていた。半導体工場にとって,チリひとつでも命取りになる。『ゴミを拾ってくれないかなあ』。渡辺は,そばにいた従業員に声をかけた。しかし,予想もしなかった返事が戻ってきた。『？……オレの仕事じゃないよ』。アメリカでは職務の分担が驚くほど細かく

分かれ，職業意識がはっきりしている。『ゴミ拾いは清掃人の仕事。他のヒトが拾うと，仕事を奪うことになる』と考えるわけだ。そこで渡辺は，半導体工場は特殊な世界で，チリやホコリを退治しないと，品質の向上が望めないことを強調し，意識改革をこころみたのである」（「〔ルポ・日本カンパニー〕第三の経営方式」読売新聞1986年1月24日）というように，アメリカ人従業員の意識改革に乗り出した経緯が述べられている。

　海外に進出して，現地従業員の管理においてかなりの神経を使うのが「コミュニケーション」である。渡辺社長は，「言葉では，こちらのいいたいことが，なかなか伝わらない」ということで，ある工夫をこらした。つまり，渡辺氏は3種類の「社長の似顔絵スタンプ」を持ち，笑っている顔のスタンプは「OK」を，普通の顔のスタンプは「まずまず」を，そして怒っている顔のスタンプは「ダメ」を表わすという形で，コミュニケーションをはかろうとしたのである。

　意思疎通や相互理解を深めようとのねらいで，アメリカ人従業員の誕生日に，工場内の電光掲示板に名前を流したり，手書きの誕生カードを贈ったりもした。さまざまなアイデアを繰り出す渡辺社長の気配りを従業員も次第に理解するようになったのか，ある日のこと，工場近くのガソリンスタンドに，英語で「ハッピー・バースデー，ナベさん──従業員一同」と書かれた大きな看板が掲げられているのを渡辺氏は見ることになる。一種の感動さえ覚えたことであろう。

　経営のスタイルをめぐっては，「日本式」とか「米国式」というような言葉が用いられることがあるが，渡辺氏は独自の経営理念

（労務管理手法）を念頭に置いていたようである。「アメリカという人種も文化も思想も違う土地で、日本人が工場を建て、生産活動を続けていくには、いろいろな苦労がつきまとう。そのために渡辺は、『心の触れ合い』を大切にしたいと誓う。『日本的経営でもない、アメリカ的経営でもない、第三の方式—ハートウェアの経営ですよ』。電子機器の総称であるハードウェアをもじった造語だ」（前掲紙）といわれた。なお、「第三の経営方式」については、1980年代初め頃にウィリアム・G・オオウチ氏が著していた『セオリーＺ』を想起させるが、渡辺氏がそれを意識していたかどうかは不明である。

　渡辺氏は「ハートウェア」の経営を心がけようとしたのであるが、それの実践はさほど容易ではなかったようである。「日本的経営」の特徴の一つを採り入れようとした時に、アメリカ人管理職から、日本人にとってはきわめて意外な忠告を耳にすることになったという。「『会社のスローガンに和—ハーモニーという言葉を使いたいが……』。日本企業は、社歌や社訓に『和』を好んで使う。日本的経営のシンボルでもある。渡辺がアメリカの子会社の標語にしようと思ったのも無理はない。『それは、やめた方がいい』—アメリカ人の人事部長が反論した。『ハーモニーと言われると、大半のアメリカ人は、"静かにしろ"とか、"黙っていろ"の意味に受け取る。音楽用語では、まさに和だが、上司が部下に言うと、全く違った意味になる』。それを聞いて、渡辺は冷や汗の出る思いだった」（前掲紙）というのであった。

5　日本企業に対する「屈折した感情」と「誤解」

「日本カンパニー」の第五話は，英国に進出した日立製作所の子会社に焦点をあててみよう。1980年代に英国は，欧州における日本企業の生産拠点としての重要性を高めていた。1980年代半ば頃の時点で，ヨーロッパに進出していた日本メーカーはおよそ200社にのぼったが，そのうちの約90社は1980年代前半の時期の進出であったという。1986年7月には北イングランドのサンダーランドで日産自動車の子会社・英国日産が日本の自動車業界でいち早く生産を開始したが，日本の有力電機メーカーは自動車メーカーよりもさらに早く英国に進出していた。

ここでは，英国南西部ウェールズ地方のカージフで操業していた「日立家電製造」（英国日立），そしてバーミンガムの近くのテルフォードで操業していた「日立マクセル」での話題を取り上げるのであるが，英国への日本企業の進出は，その当時10％を超えるほどの高失業率に悩まされていた英国にとって，「雇用創出」の大きなチャンスとして歓迎されていた反面，日本企業への反感からくる「誤解」に遭遇することにもなった。日本メーカーが歓迎されていたという点については，例えば，1987年7月に小松製作所の英ハートレー工場の開所式に出席したチャールズ皇太子が祝辞の中で，「日本式経営と労務管理には学ぶところが多い……」と述べたという。「変化への柔軟な対応を阻む非効率な英国の労使慣行を，日本式経営の導入で打破したいという期待がそこにある」（「〔地球儀〕英国で関心高まる日本式経営」日本経済新聞 1987年8月23日）と指摘された。

さて，日本企業の英国進出が歓迎される一方で，続々と進出して

くる日本企業に対する「屈折した感情」が思わぬ形で表面化してくることにもなった。その一つの事例が日立家電製造（英国日立）で見出された。イギリスの大衆紙に，「日本企業の日立では，35歳でクビ切り！」というような内容の大きな見出しを付けた記事が掲載されたのである。センセーショナルな話題で日本企業はすっかり悪者扱いされることになったという。この騒ぎの発端は，英国日立が従業員に対して，「35歳以上の従業員が自主的に退職するならば，退職金を支払う」という提案を行ったことにあった。いわゆる「希望退職者募集」を行ったのである。「(1984年12月)11日付の英フィナンシャル・タイムズ紙によると，英国のウェールズ地方南部でカラーテレビを生産している英国日立は，35歳以上の従業員に対し，自発的に退職するよう申し入れた。若年労働者に置き換えることによって生産性を高めようというねらいとみられる。現地では日立の吉山会長が73歳であることを引き合いに出し，35歳で辞めろというのはひど過ぎる，という声が出ているが，英国日立は沈黙を守っている」（「35歳以上の従業員に英国日立で"肩たたき"」日本経済新聞1984年12月12日）と報じられていた。

すでに「ホンダ・イタリア」についての話題でみたように，日本企業の多くは，欧米企業が景気の状況に応じてレイオフ（一時解雇）を行うのとは違って，「雇用を守る」ことを金看板に掲げていた。たしかに，「失われた10年」ともいわれる1990年代，とくに後半以降に日本企業の多くはその看板をはずしたかのように，リストラ（人員削減）を実施してきた。しかしながら，1980年代における日本企業は，国内だけでなく海外でも，基本的に「日本的雇用慣行」（長期雇用）を採り入れていたと考えられる。

それでは，なぜ英国日立で「希望退職」(早期退職)という異例の措置がとられることになったのだろうか。いったいどのような事情があったのだろうか。もともと英国日立は，日立製作所と英国の総合電機メーカー，GEC (ゼネラル・エレクトリック・カンパニー) との合弁で設立されていた。しかし，ヨーロッパでのカラーテレビ販売の不振，他の日本メーカーの相次ぐ英国進出による競争激化などを理由として業績不振に陥り，この合弁会社は1984年の春に日立の完全子会社となり，それと同時に従業員の大幅削減に踏み切ることになった。ここで注目を要するのは，日本国内で希望退職者が募集される時には，一般的に中高年の従業員が対象となるケースが多いが，英国日立の場合には，「現地の慣行」に従って若年の従業員から整理されることになったという点である。その結果，従業員の平均年齢は40歳前後にまで高まってしまった。そこで，中高年の従業員をターゲットとして希望退職者を募ることになったのである。

　希望退職募集の具体的な提案については，「英国日立ではこのほど従業員に手紙を送り，35歳以上の人に自発退職を勧奨。これを受け入れた人には税引きで1800ポンド(約54万円)の特別退職金を支給すると提案した。この手紙の中で英国日立は年配労働者について，『病気にかかりやすいうえ，作業がのろく，配転も難しい』とし，若い人に就業の機会を増やしたいとしている」(前掲紙) と報じられた。年配労働者についての指摘はかなり刺激的であると思われるが，注目されるのは「特別退職金」である。日本では，希望退職に応じた人には，通常の退職金に「割増退職金」が加算されるケースが多いが，英国日立の総務部副部長のトニー・ペッグ氏は，「自分

の都合で自主的にやめる場合は，35歳以上であろうとなかろうと退職金を払わなくてもいい。だから，こちらはサービスのつもりだった」と語っており，英国流のやり方を示唆していた。

いずれにしても，従業員の平均年齢が高まったために，「若返り」をはかろうというのが，「肩たたき」（勧奨退職）の当初のねらいであったが，話が思わぬ方向に発展してしまい，先に触れた大衆紙のセンセーショナルな記事につながってしまったようである。この成り行きに関して，「日本カンパニー」特別取材班は次のような解説を加えていた。「イギリスをはじめ欧州各国では，日本の『経済侵略』に対する反感が底流にある。このため，日立批判で，日ごろのうっぷんを晴らそうとしたとみていいようだ。『19世紀に日本の工業開発に寄与したイギリス企業のように，イギリスに進出した日本企業は，イギリスに貢献している』。同じカージフの松下電器は84年，工場設立10周年を迎えたが，フィリップ王子が，こんな歓迎の辞を述べた。イギリスの失業率は13％にも達する。産業革命後のイギリスと，現在の日本の影響力を並べ，日本歓迎に熱意を示したのも，失業対策の意味が込められている。しかし，進出すればしたで，新たな問題が起きる。それほど対日感情は屈折している。徒党を組んでやってくるという日本観も背後にはある。工場誘致をしてみると，日本企業は次々に上陸してくる。輸出ラッシュの次が投資ラッシュである。（中略）『このままでは，地元資本がやられてしまう』との警戒心もあるようだ」（「〔ルポ・日本カンパニー〕欧州の誤解」読売新聞1986年1月31日）と。英国日立の事例は，第1章で触れた「ジャパン・バッシング」と多少とも関連しているのかもしれない。

次に，日立マクセルについては，「マクセルで働く女子従業員は

髪を切られる」との投書が地元紙に載せられたり,「従業員は朝晩,体操を強要される」といううわさが流されたという。「いずれも思い違いだし,日本企業を警戒するライバル企業のいやがらせ,との見方もある。しかし,誤解の根は,もっと深いところにある。日本人には見慣れた朝礼や集団体操も,文化の違うイギリス人には異様な光景に映る。『なぜ工場で何百人もが一斉に頭を下げたり,手足を動かしたりするんだろう』。日本企業を紹介するテレビニュースを見ていて,イギリス人が不思議に思った。物珍しさを通り越して,薄気味の悪さを感じた人も少なくない。ヨーロッパは個人主義の社会だし,集団主義をナチズムの亡霊と見る風土はドイツに限らない」(前掲紙)というように,「誤解」の根底にあるものが指摘されていた。

「髪を切られる」という投書に対しては,「工場にきて,わたしの髪を見てちょうだい。長いわよ」という反論の投書を日立マクセルの愛社的な社員が送って,「誤解」が解消されたという。「誤解」に基づく投書やうわさによって傷つけられるという体験をした一方で,日立マクセルは予想外の体験もしていた。「ヨーロッパでは,勤務が夜間や深夜にかかる二交代,三交代制がいやがられるのが普通だ。ここでも,おそるおそる従業員に提案したら,すぐ『OK』が出た。『もともと,このあたりは,産業革命のころから炭鉱があった。祖父や父親が夜遅く帰ってくるような勤務を続けていたので,子供のわれわれにも抵抗がない』。何が理解され,何が誤解されるのか,異国では不意打ちを食らう」(前掲紙)というのであった。

日本的経営の特質の一つとしてしばしば言及されてきた「集団主義」の実践を表わす「ラジオ体操」については,日立マクセルの場

合には，多少とも違和感をもって受けとめられることもあったようであるが，数年後に，やはり英国に進出した別の日本企業における実施状況が伝えられていた。その企業とは小松製作所の子会社，英国小松であり，米キャタピラー社が撤退した後の工場を買収して北東イングランドに進出していた。英国小松の英国人採用第一号で，人事部長に就任したモートン氏は1985年3月に小松製作所の東京本社を訪れ，英国式経営と日本式経営との違いを丹念に分析する試みにチャレンジし，さまざまな試行錯誤を繰り返した後に「英国小松の雇用政策」と題するリポート・提言をまとめていた。「会社側もこの提言をもとに『日本式経営を強要せず，可能なものを取り入れる』ことにした。例えば，試しに始めた朝のラジオ体操。英国人に不評なら即座に廃止するつもりだったというが，『日本人，英国人が一緒に活動する場として貴重』との声が予想外に多く，以来，日課となっている。それも，会社側がわざわざ英語のラジオ体操を製作したが，これこそ英国人に不評でいまでは全従業員が日本語でラジオ体操をしている」（「〔英国特集〕英国式経営取り入れ根付く日本企業」日本経済新聞1988年7月16日）と報じられていた。日本式経営の一部が現地の従業員たちに理解されつつあったのかもしれない。

6　履歴書の内容の「20％はウソ」

「日本カンパニー」の第六話は，再びアメリカに移る。第1章で触れたように，1980年代半ば頃の時期にはアメリカへの日本企業（日本株式会社）の快進撃が続いており，アメリカ人労働者のなかには，日本企業に雇用されることが一種の「夢」であるかのように

語る者さえいた。アメリカに進出した日本企業が従業員を募集すれば，大挙して応募するというケースも少なくなかった。例えば，1984年に読売新聞の連載記事「インサイドUSA」において，テネシー州に進出した日産自動車の子会社の労働者募集に殺到する様子が次のように述べられていた。「南部の人たちにとって，昨年（1983年）6月に本格生産を開始したばかりのニッサン工場で働くことは，確かに〈夢〉と映っていた。『あんた，ニッサンの人かい。あんたの所で働けないものかなあ』──2週間のテネシー滞在中，何度こう話かけられたことか。2年前，工場の誘致に成功した州政府が，ニッサン労働者を募集したところ，2千人の募集に，何と13万人が応募した。せいぜいが時給手取り5，6ドルのテネシー州で，新工場は，手取り10ドル以上を支給する。毎年，すべての労働者に格安で新車がリースされる」（「〔インサイドUSA-36-〕ユメか日本式経営」読売新聞 1984年10月10日）というのであった。

　さて，このように1980年代には「大人気の」ニッポン工場に多くのアメリカ人が職を求めてきたのであるが，その当時のアメリカでの「求人・採用事情」が第六話の主題である。ガラス業界最大手の旭硝子は1985年6月に，アメリカ・オハイオ州に自動車ガラスの部品組立会社「ベルテック」を設立した。やはり求職者が押し寄せることになるのだが，日本の常識からは大きくかけ離れた，応募者の「履歴書」に唖然とすることになったという。「地鎮祭の光景を，地元紙が一面トップで取り上げると，履歴書が洪水のように殺到した。地元ベラフォンテは，人口1万2千の町だが，110人の採用になんと1500通の履歴書が寄せられた。しかし，人物の鑑定が難しい。日本からきた人事担当者たちは，応募者の履歴書をみて驚きの声をあ

げる。『性別，年齢も書いてなければ，写真もはっていない。人種も触れていない』。年齢は高校卒業の年から計算して，見当をつける。性別は『ジャックなら男』，『ベティなら女』と推定するが，まぎらわしい名前も少なくない。こんな苦労をするのも，アメリカには，雇用の平等を定めた『公民権法』(1964年)があるからだ。すべての人間に平等のチャンスを与えるため，人種，宗教，性別，国籍などによる差別を禁じている」(「〔ルポ・日本カンパニー〕国際求人戦線」読売新聞1986年2月4日)というように，アメリカでの「人材採用の難しさ」が強調されていた。

　実際の採用がいかに難しいか，という点については，ベルテックで実施された「採用試験の集団面接」の風景が紹介されていた。集団面接での質問の一つは，「病欠や無断欠勤は，1年間に何日なら構わない，と思うか？」であった。要するに，「ずる休み」は何日までなら許されるか，と聞いたのである。ある女性は，「家族が病気になることもあるから，10日くらいなら」と答え，ある男性は，「長くて5日だろう」，別の男性は，「せいぜい2, 3日だろう」との意見を述べた。その結果はどうなったのか。「面接の後，採点に入り，だれかが『10日』と発言した女性にクレームをつけた。同席していた人事部長，平野裕也は，アメリカの欠勤率の高さを覚悟していたこともあって『日本ならとんでもないが，人柄がよさそうだから，採用してみよう』。(しかし，人事課長の)マーク・マッキンタイアは厳しかった。『エゴが強すぎる』。その日は結論が出なかったが，欠勤率に，日本が甘くて，アメリカが辛いというおかしなことになった。海外で外国人を採る場合，日本人のカンがなかなか働かない」(前掲紙)というように，最終的な結論は不明であるが，「欠

勤」に対する見方をめぐって多少とも予想外の展開がみられていた。

　先に触れたように，応募者が提出する履歴書について個人情報が乏しいなかで選考しなければならないということに驚くが，さらに驚かされる現実があった。「『アメリカでは，自分を高く売りつけるために，あの手この手を使う。控えめが身上の日本人は，よくだまされる』。日系企業の人事担当者の嘆きである。アメリカ側の調査でも，履歴書の内容の20％がウソという統計がある。廃校になって調査ができない大学の優等生だったと自称したりする」（前掲紙）と指摘されており，提示された個人情報の信頼性は必ずしも十分とはいえなかったのである。履歴書に，経営幹部としての経験やキャリアを誇らしげに並べ立てている人物が，よく調べてみると，実は「窓際族」であった，という話さえもあったという。

　いずれにしても，押し寄せてくる多数の応募者のなかから優秀な人材を採用しなければならない。そうした場合の効果的な方法と問題点が次のように指摘されていた。「アメリカ人のベテランを人事部長に据え，面接させれば，何とかなる。工場長や製造部長もアメリカ人にして，アメリカ人の手で，優秀な人材を引っ張ってこさせるのがいい。問題は，そのトップ層に一流の人材を引き抜いてこられるかである。知名度が高い一部の企業ならともかく，日系企業は，優秀な人材をなかなか集められない」（前掲紙）と。知名度が高いと見られるトヨタ自動車でさえも，苦い体験をしている。GMとの合弁でカリフォルニア州フリーモントにおいて1984年末から小型車の生産を始めたNUMMIは，もともとはGMの工場長であった人物を幹部社員として雇ったが，その人物は，豊田市の工場で日本式生産管理システムを学んでアメリカに帰ったあと，GMの小型車部門

に再び転職してしまったのである。「ノウハウを盗んだ」と大騒ぎになったという。いやはや，アメリカ人を雇うのはほんとうに難しい。

なお，アメリカにおける採用面接の難しさについては，後に，日本での感覚からすればにわかに信じられないような実態が報じられていた。「アメリカ企業の人事担当者から，アメリカの就職面接について聞く機会があった。人種，性別，年齢などによる雇用差別が厳しく禁止されているアメリカでは，就職の面接でも，採用側がしてはならない質問があると聞いてはいた。だが，ここ数年は特に厳しくなっており，『何を質問していいのか，分からないほど』だという。『結婚しているか』，『子供はいるか』といった質問はもちろんだめ。『出身国が分かってしまう』という理由から，親の名前を聞くのもだめらしい。アメリカ社会を知らない日本企業にとって，戸惑いはなおさらだ。ある大手電機メーカーの担当者は『日本と同じ調子で面接をしたら，訴訟を起こされて負けるのは確実。コンサルタント会社が日本企業向けに作ったマニュアルどおりの質問以外はしないのが一番安全です』と語る」（「〔海外テレスコープ〕親の名も質問禁止 神経使う就職面接」読売新聞1992年3月17日）というのであった。

7 「コーラン」と「神棚」，日本式経営は……

「日本カンパニー」セレクションの第七話は，宗教や習俗が異なる国に進出した日本企業が遭遇したいくつかの体験談である。日本企業が出かけていく国は，先進諸国だけでなく，途上国も少なくな

いのである。

　まず，最初の話では，現地の従業員たちではなく，海外に赴任した日本人社員たちが話の主人公となる。すなわち，アルジェリア最大のハジャール製鉄所に技術協力のために新日本製鉄から派遣されていた日本人社員26人が1986年の元日に「イスラム教国での初もうで」を行ったという話である。彼らはアンナバ市郊外にある小高い丘を登っていき，頂上では，慣れない手つきながらもオリーブの葉で玉串を作り，神主の代役を務める者が祝詞をあげた。そして初日の出を拝む「即席の儀式」が執り行われた。言うまでもなく，1985年末には，日本から送られてきたコメで「モチつき」が行われていた。「1977年から始まった派遣団の男たちは，みな単身赴任である。イスラム教の国であるため，おおっぴらに酒を飲めず，町にはもちろん，酒場もまともな娯楽施設もない。おまけに朝は自炊である。初もうでや，モチつきをするのもストレス発散のためだ」（「〔ルポ・日本カンパニー〕コーランと神棚」読売新聞1986年2月16日）といわれた。

　次に，新日本製鉄から派遣されていた日本人社員たちは，ほんとうに「イスラム教の国」にやって来たのだ，ということを実感させられる体験をすることになった。ある時，職場の仲間同士で長距離バス旅行をすることがあったが，帰り道で，工場まであと70キロメートルの地点でバスがオーバーヒートしてしまい，立ち往生することになった。赴任したばかりの日本人が，「工場に電話をして，迎えの車を呼ぼう」と言ったが，日本と違って，町外れともなれば電話もない。先輩格の日本人が，「ここは日本ではない。なるようにしかならないよ」と言った。「6か月もたつと，そういう心境にな

るそうだ。同行のアルジェリア人たちも『インシアラー』(神のおぼし召しのままに)とつぶやき，ひたすらエンジンが冷えるのを待っている」(前掲紙)というのであった。

ところで，イスラム教徒といえば，信仰心に篤く，日々のお祈り，そしてとくに「ラマダン」が有名である。その時の工場における様子が次のように紹介されている。「工場では一日5回，コーラン(教典)がスピーカーを通じて流される。そのたびに現地の工員たちは，仕事を中断する。水洗トイレの水をカンでくんできて，手足を洗い，体を清める熱心な信徒もいる。それからメッカの方向にひれ伏し，お祈りが始まる。ラマダン(断食月)になると，日の出から日没まで，飲み物を含め，一切，口にしない。食事をするのは，日没後や日の出前だから，睡眠時間も短くなる。このため，工場では日中，みながイライラする。仕事がはかどらなくなる。多少のミスがあっても，ラマダンの間は，目をつぶる。日本人スタッフも，イスラム教徒の工員の前では，物を食べたり，水を飲んだりしないよう気を使っている」(前掲紙)と。多少とも仕事に影響が出るようだが，それをとがめることは誰にもできないのである。

さて，同じくイスラム教徒が多いマレーシアでは，ちょっと信じがたい騒動があったという。「マレーシアの日系工場で，イスラム教徒の若い女子工員が突然，奇声を発し，おかしくなった。地方から出てきたばかりで，工場の勤務になじめず，ストレスが高じたらしい。『悪魔にとりつかれた。建物の入り口にヒツジやニワトリの血を塗って悪魔を追い払おう』。仲間たちが騒ぎ始めた。しかし，血を塗られたりすると，あとが面倒だ。一人の日本人が機転をきかせた。『コーランの一ページをコピーして，プラスチックのケース

に入れて首から下げさせよう』。ウソみたいな話だが，そうしたら正気に戻ったのである」（前掲紙）と。これほどまでに衝撃的なものではないにしても，日系企業の工場におけるイスラム教徒の女子従業員にまつわる話題については，しばしば目にすることがある。

　イスラム教だけでなく，仏教の国でも，宗教のにおいがする光景に遭遇することがある。例えば，「仏教国のタイでは，日系企業も本社のオフィスや工場の一角に，色鮮やかな社(やしろ)を設けている。出社，退社のたびごとに，タイ人社員は社の前で手を合わせて，熱心に祈りをささげている」（前掲紙）という。こうした話を聞くと，「仕事の場に宗教が持ち込まれているのでは……」と多くの日本人はいぶかしく思うかもしれないが，実は，日本企業においても，宗教とかかわりのあるものがしばしば見出されるのである。かつてカリフォルニア沖で出光石油開発と米・アルコ社とが共同で開発していた石油掘削基地のオペレーター・ルームに一枚の「お札」が貼られていることにアメリカ人技師の一人が気づいた。そのお札の由来について次のような説明が加えられていた。「このお札は，新潟・弥彦神社に社長，大西彰一が安全祈願のお参りに行った時，もらってきたのだ。出光に限らず，60社もの石油会社の首脳が毎年，弥彦神社に初もうでに出かける。『天智天皇の御代668年，越の国（新潟）が燃ゆる水（石油のこと）を献上した』。日本書紀の記述が因縁になって，弥彦神社には，石油の神様が宿るといい伝えられるようになったそうだ」（前掲紙）と。「お札」のほかにも，例えば，新日本製鉄の君津製鉄所には，地元の人見神社の流れをひく「社」がいくつかあり，また，オペレーター・ルームには「神棚」があるという。安全祈願のための「社」や「神棚」が設けられている企業，工場は日

本では決して珍しくはないといえよう。海外に出て，異なる宗教，習俗，儀式などに戸惑う日本人社員がいる一方で，日本企業における「宗教的なものとのつながり」を不思議に思う外国人も少なくないのかもしれない。

　以上のように,「日本カンパニー」についての七つの「今昔物語」を見てきたが，連載記事はほかにもたくさんあり，興味深い内容が盛り込まれていた。残念ながら，ここでそれらすべてを紹介することができなかった点をご諒解いただきたい。

第5章 「品質管理」に目覚めた欧米企業

　本章では，これまで断片的に触れてきた「品質管理」（QC）についてもう少し詳しく取り上げてみよう。企業や産業の競争力に大きなかかわりを持っているのは製品の「品質」であり，日本企業が一時期，「競争力No.1」の地位を築きあげてきたのに「品質管理手法」が寄与してきたことを誰も否定しないだろう。ただ，品質管理の仕組み，特質，効果などについては，すでに数多くの理論的，実証的研究が積み重ねられており，その足跡をたどることにそれほどの意義が見出されるとは思えない。本章では，多少とも長いスパンをとって「品質管理」にまつわるいくつかのエピソード，こぼれ話を拾ってみよう。さらに言うならば，1980年代までは，日本企業にとっての「栄光の日々」を映すかのように，耳に心地よい響きを有する話題が続くが，1990年代以降になると，次章で見るように，必ずしも耳にしたくない話題も取り上げられることになるのである。

　日本企業があまりにもQC活動に熱心であったという点については，かなり昔のことになるが，あるブラックジョークを聞いたことがある。オリジナルのストーリーは正確に描写することはできないが，かすかな記憶をたどりながらその話をきわめて大雑把に再現すると，以下のようなものであった。ある戦いで，どういうわけか，フランス人，日本人，アメリカ人が一緒に捕虜になり，処刑されることになった。処刑に先立って，捕えた側の人間が捕虜に向かって，

「最後に,一つだけ願い事を聞いてやろう」と言った。まず,フランス人の捕虜は,「ラ・マルセーエーズ（フランス国歌）を歌わせてほしい」と言って,歌った。……次に,日本人の捕虜が,「私は最後に,QCについての講義をさせてほしい」と言った。その時,アメリカ人の捕虜が叫んだ,「日本人のあの長々しい話を聞かされるぐらいなら,俺を先に撃ってくれ！」と。日本人の捕虜はおそらくビジネスマンであり,世界中でQCの教義を伝えることに情熱を燃やしてきたのであろう。アメリカ人の捕虜にしてみれば,まさに「耳にタコができる」（嫌になる）ほど何度も日本人からQCについて聞かされてきた経験が脳裏をよぎったのであろう。おそらくは欧米人の創作によるのであろうが,こんなジョークが作られるまでに,日本人の「QC好き」が知れ渡っていたのかもしれない。

1　フランスとイタリアにおける「品質管理」(QC)

　日本企業が進出した国の多くで,日本式管理システムの導入が試みられ,とりわけ製造業では「品質管理」の手法が盛んに採り入れられた。海外での「QC導入」の事例は,まさに枚挙にいとまがないであろうが,1980年代初期の頃にフランスで工場を操業させたソニー・フランスの事例をまず最初に取り上げよう。「フランスでは,いま日本式労務管理,品質管理に強い関心が集まっている。日本企業のフランス進出は,イギリス,西ドイツなどに比べると,まだまだ限られているが,赤井電機,ソニー,YKK吉田などの成功例が刺激となって,フランス企業側の工場訪問があとを絶たない。日本的企業経営を巧みに"移植"したとされるソニー・フランスのバヨ

ンヌ工場を訪れ，フランス人経営者と従業員との触れ合いぶりを見てきた」(「仏に根付いた日本式経営」読売新聞1984年3月27日) との書き出しで始まる特派員報告に沿って，日本式経営が意外なまでにスムーズにフランスに「移植」された，という点を見てみよう。

　ソニー・フランスの話題で少し興味深いのは，生産開始後数年を経ているとはいえ，フランス人がすでに社長を務めていることであろう。経営のトップに現地人を据えるのは，「国際化」，「グローバル化」のいわば"常識"あるいは"重要な指標"の一つとされているが，日本企業は，No.2のポジションまではともかく，トップの座には日本の本社から派遣された人物を就けることが多かったのである。いずれにしても，ソニー・フランスのフランス人社長のコメントを中心に，バヨンヌ工場への「日本式経営の導入」の様子が次のように紹介されていた。「『そうですね，私たちの工場は，第一に品質の厳選，第二にスムーズな労務管理を優先しています。この点，日本的なマネジメントと言ってもよいでしょう』。ソニー・フランス社長で，現在，バヨンヌ工場長も兼ねるイブ・ラグニョー氏はこう言う。ラグニョー社長によると，工場の生産性を上げ，品質の向上を図る上で最も重要なのは労務管理だという。バヨンヌ工場の従業員は現在375人，すべてフランス人で，その85％が女性従業員である。同工場では，各生産過程で1チーム10～12人のグループ制を採用，このグループ単位で品質管理に責任を持たせている。『フランス人は，個人主義者が多いとよく言われますが，ここでは，個人に責任を取らせるのではなく，グループに責任分担させています。個人主義のフランス人も，意外にこうした日本式やり方に抵抗感はないようです』。ラグニョー社長は，こう付け加える。つまり，バ

ヨンヌ工場は、日本側の資本と自動化技術の投入もさることながら、職場の人間関係をスムーズにし、これをバネにグループ間に競争心を植え付け、あわせて品質の向上を図ることに成功したというのである。経営者側も、若い従業員も同じ制服で、昼食時も同じ食堂でセルフサービスの食事をすることで親密さを増しています。まさに日本式マネジメントを"移植"したといえよう」(前掲紙)と。「品質向上」はこうした仕組みの上に築かれていたのであり、この「日本式マネジメント」はやはり、ディック・ウィルソン氏の「日本診断」においてすでに見たように、イギリスに進出した日本企業について観察されていた「平等主義」を一つの要素にしていたのである。

ただし、日本式経営がそっくりそのまま導入されたわけではない点にも注目しなければならない。「『しかし、問題もあります。労務管理、品質管理では、どうしても日本人とフランス人の感覚というか、意識のズレがあり、その背景には、日仏文化の違いが表面化します。私たちは、従業員のこうした意識のズレを話し合いによって埋めるよう努めています』。ラグニョー社長は、日本の会社経営と同じような経営方式をそのままフランスに持ち込むのではなく、『ア・ラ・フランセーズ(フランス流)でやると、より効果的だ』と力説する」(前掲紙)というように、多少とも現地流にアレンジして日本式経営が採り入れられていたのである。

ところで、QCについて語られる時には、さらに進化させた「TQC」(全社的品質管理)に言及されることがある。日本企業がQCの伝道を始めてからしばらくして、フランスの大学で初めて「TQC修士」が誕生したというニュースが流れた。1991年のことである。「フランスの国立グルノーブル工科大学で、全社的品質管理

（TQC）を専門的に学んだ『TQC修士』第一期生が晴れて卒業した。欧州産業界では産学協同で品質管理を強化しようという機運が出ており，同工科大学は1989年に欧州で初めて修士課程にTQCコースを設けた。日本からも筑波大学の司馬正次教授を招き，日本企業の国際競争力を支える品質管理の極意を伝授した。2年間の研究を終えてTQC修士の資格を獲得したのは，仏コンピューターメーカー，ブル，航空機メーカー，ダッソーから派遣されていた平均年齢32歳のエリート社員5人。460時間の講義の後，論文審査をパスして学生72人のうちまずこの5人が卒業できた。講師陣には同工科大学からだけでなく，仏有力企業から各分野の専門家が参加した。しかしTQCの柱である品質管理の経営的実践に関しては講師が少なく，司馬教授を助っ人に呼んだ。司馬教授によると，欧州のTQCは『米国に比べて5年遅れている』という。特に仏の大企業では企業内の階層分けがはっきりしているため，品質管理推進で重要な社内コミュニケーションが円滑ではない」（「仏で初の『TQC修士』卒業生」日本経済新聞1991年5月9日）と。ちなみに，司馬正次教授は後に2002年度の「デミング賞・本賞」を受賞している。

　さて，フランスで初めて「TQC修士」が卒業したという話題よりも少し時計の針を戻して，フランスで「QCサークル」の全国大会が初めて開かれたという話題を取り上げよう。「欧州産業界で日本のお家芸であるQC（品質管理）サークルなど現場の従業員の小集団活動が盛り上がりを見せている。フランスでは6月中旬，QCサークル協会が初めての全国大会を開き，イタリアでは近くQCサークルの全国組織が結成される。一時，冷めかかった欧州のQCサークルへの関心が産業の活性化を狙いに再び高まってきた。パリで

初の全仏QCサークル大会が開かれたのは『大手企業ばかりでなくサービス業など中小企業にもサークル活動が浸透してきた』(ギルバート・ラブロー仏QCサークル協会専務理事)ことが背景にある。(中略) フランスのQCサークル活動が1979年の導入以降、比較的順調に進行しているのは『社会的風土や文化の特徴に合ったQCサークルが完成しつつある』(ラブロー氏)ことによる」(「欧州でQCサークル熱再び」日本経済新聞 1985年7月9日) と報じられた。この記事で注目されるのは、QCサークルへの関心が高まったのは、この頃 (1980年代半ば頃) が最初ではなく、最初のブームの後で下火になりかけていたところ、産業の活性化や競争力の強化を旗印に再びQCサークル活動が注目を集め始めていた点であろう。

また、この記事のタイトルに「欧州で……」とあるように、フランスだけでなく、欧州の他のいくつかの国 (イタリア、西ドイツ、スウェーデン) における動向もあわせて紹介されていた。このうち、イタリアにおける「QCサークル活動」について次に見よう。「イタリアでは2年ほど前からQCサークルを導入する企業が増加した。サークル同士の相互啓発、運営方法など情報交換のためにQCサークル協会を設立する予定だ。4,5年前までは労働組合の反発もあったが、最近では労組側も徐々に必要性を認めるようになってきた。製品の品質向上、競争力強化、労働者の質の向上に労使が手を握ろうという動きが出てきた結果だという」(前掲紙) とされた。やはり「企業の競争力の強化」などを目標として、労使が共にQCサークルの効果を認め、そしてその活動に目を向けようとしている様子が伝わってくるが、この時点では、なおも初歩的な段階であったと言わねばならないであろう。

第5章 「品質管理」に目覚めた欧米企業　133

　ところが，1990年代に入ると，TQCに対するイタリア企業の取り組みは俄然熱を帯びてくることになる。しかも，日本企業のTQCを学ぼうとする姿勢が前面に押し出されてくるのである。1992年の欧州共同体（EC）の市場統合をにらみつつ，「大欧州市場」で生き残ろうと体質強化に懸命であったイタリア企業は，「日本企業に学べ」という合言葉のもとに，相次いで合理化や品質管理の強化に乗り出していた。「フィアットはイタリアの大企業として初めて，グループぐるみで日本流の全社的品質管理（TQC）の導入を進めている。トリノの本社から車で約30分のところにある中世の古城を改修した研修センターに，イタリア各地の工場の管理職や従業員を順番に集め，品質管理の重要性と小グループに分かれての実際のQC活動を教えている。TQC導入はフィアット本社だけでなく，4000〜5000社にのぼるといわれる系列部品メーカー，販売ディーラーにも及ぶ。TQCをテコにこれらのグループ企業を強化・育成して，強力なフィアット・グループを作るのが狙いだ。労働組合の力の強いイタリアでTQCの導入を試みるなどということは，一昔前には考えられなかったこと。フィアットの強い決意と危機感の表れといえる」（「〔ビジネスUpdate〕伊，TQC・合理化推進」日本経済新聞1991年5月13日）というように，「一昔前には考えられなかった」ことがまさにイタリアで起きつつあると報じられていた。

　以上のような努力が実を結んだのかどうか，1990年代半ば頃に，欧米企業に日本企業が追い上げられている状況が次のように報じられていた。「80年代には無敵に見えた日本製品のシェアが世界各地の市場で低下し始めている。ここ数年急激に進展した円高のためばかりではない。日本がお家芸としてきた生産技術で欧米企業が急速

にキャッチアップ，大胆な経営手法で日本企業を凌駕する事例も出てきた。円高が修正されても日本企業の経営革新のスピードが鈍れば，日本製品の地位は危ない」(「〔強さ増す欧米企業-上-〕本家しのぐカンバン方式」日本経済新聞 1995年8月17日) と。それまでは無敵を誇っていた日本企業の製品に危機が忍び寄っている様子が伝えられたのである。ここでは生産システム改革に知恵を絞っている欧米企業の事例が取り上げられていたが，そのなかではイタリアのフィアット・グループが1993年に社運を賭けて稼動させた最新鋭設備の整ったメルフィ工場が注目されていた。「同工場の大胆な実験の一例はトヨタ自動車も顔負けの『超カンバン方式』。270万平方メートルの広大な用地の一角にはプレス部品やワイヤーハーネス，シートなどの関連部品メーカー約20社を進出させ，コストの4割強を占める各種部品はコンピューターで連動する隣接工場群から『必要な時に必要な量だけ』供給される。従来の工場がロボットに頼り過ぎ，多品種少量生産の下ではかえって生産効率が落ちた点も反省。平均26歳と若い従業員を採用して，ヒトの能力活用を重視した柔軟な生産体制を目指した。その結果，同工場の従業員一人当たりの年間生産台数は欧州平均並みだった以前の40～50台を大きく上回る80台を達成，日本メーカーの一部を上回るとみられる。生産性の劇的向上はフィアットをよみがえらせた」(前掲紙) というのであった。

　ちなみに，この記事では，イギリスの自動車メーカーの動向にも言及されていた。「94年の欧州での日本車シェアは現地生産を含め10.7％で，前年より1.5ポイント低下した。円高が影響したのはもちろんだが，欧州各社の合理化が見逃せない。長い間低迷していた英ローバーも労務管理の大胆な改革や効率化投資で競争力を回復，

『生産性はBMWと並ぶ』（親会社の独BMW首脳）ほどになった。『5年前の欧州メーカーの生産性は日本より平均25％低かったが，今では10～15％に縮まった。日本勢が生産性の高さに安住できる時代は終わった』と英カーディフ・ビジネス・スクールのD・リーズ教授は指摘する」（前掲紙）と。十年ほど前の話であるが，リーズ教授の指摘が象徴しているように，その頃に日本企業が欧州企業にも激しく追い上げられている情景が伝わってくるであろう。

　フィアットの自動車工場には「超カンバン方式」が導入され，生産性向上がはかられていたが，ほぼ同じ頃に，フランスの自動車部品メーカーのなかに，日本流の「カンバン方式」を採用して日本メーカーに食い込もうとする動きが出ていた。「仏部品メーカーのなかには日本流の改善活動を浸透させ，カンバン方式を使いこなして競争力を高める企業が出てきた。こうした有力メーカーはまだ一部だが，欧州域内にとどまらず，アジアなどに活動の場を広げつつある。『一つの不良部品が40の顧客を失う』─。排気システム，シート，フロント部品メーカー，ECIAのオーデンクール工場には，至る所にスローガンが貼られている。現在進めている改善活動『アマデウス』の一環だ。生産性向上，効率化，欠勤率の低減など7項目の主要な目標を立て，達成度をチェックしながら地道に成果を積み重ねてきた。『3年間でオーデンクール工場の余剰人員を1割減らす一方で，生産性を3割上げた』（ジャン・メンジョーズ工場長）と胸を張る。PSA（プジョー・シトロエン・グループ）の子会社であるECIAは89年当時，全製品の93％をPSAに納入していた。90年代に入って仏自動車需要は低迷。ECIAは業績回復をかけて新たな納入先を開拓しなければならなくなった。その原動力となったの

が日本流の改善活動『アマデウス』と,部品ユニットのジャスト・イン・タイムによる納入だ」(「〔仏自動車部品産業 攻めの経営へ転換-下-〕日本流『改善』を推進」日本経済新聞 1995年10月19日)と。

2 TQM成功物語「100番目の猿を呼び込むまで」

　『日経ビジネス』の1998年の特集記事「復活する欧州企業」には,もっと強烈な「仏・伊版TQM物語」が紹介されていた。通常,「品質管理」という言葉の英語表現は Quality Control,つまりQCとなるのであるが,いつの頃からか Quality Management (QM) という用語も使用されるようになった。その「全社的品質管理」(TQM) がここでのキーワードとなる。話の舞台となるのが,ラテン系欧州の国策半導体メーカーとして1987年に発足したSGSトムソンである。その当時における日本メーカーの進出ラッシュに対抗するためにイタリアのSGSとフランスのトムソンの半導体部門が合併して誕生したSGSトムソンは,イタリア,フランス両国政府が大株主ということもあり,本社はスイスのジュネーブに置かれている。発足当初から同社が順調に経営される可能性は低いと見られており,実際に,1991年までは,ほとんどの期が赤字という状況であった。ところが,それ以降は業績を飛躍的に向上させ,1998年までに,特注品半導体市場でトップの地位をうかがうまでに大躍進を遂げてきたという。なお,同社は1998年5月に社名を「STマイクロエレクトロニクス」に変更している。

　それでは,何がSTマイクロエレクトロニクス(以下,STと略す)をして大躍進・大成功に導いたのであろうか。ここに,ある人

物の存在が大きくクローズアップされることになる。その人物とは，SGSトムソンの発足以来，社長を務めているパスカーレ・ピストリオ氏のことである。STはフランスとイタリアの合併企業であるが，ピストリオ氏はイタリア人である。彼が一貫して語り続けたある言葉がやがて「仏・伊"雑居所帯"」の共通言語になり，同社に奇跡的大躍進をもたらせることになったといわれている。その言葉こそが「TQM」（全社的品質管理）なのであった。

　TQMという言葉は，日本企業によって世界中に広められたTQCという用語を故意に避けるかのようにアメリカ企業が使い出したとの不確かな記憶もあるが，ピストリオ氏の「TQM」のバイブルとなったのは，ある日本人の著書であるという。それは，今井正明氏の『カイゼン—日本企業が国際競争で成功した経営ノウハウ—』（講談社 1988年）である。この書物はもともと，"*KAIZEN*"というタイトルのもとに1986年にアメリカで刊行されたものである。最初は英語で書かれたものが，1988年に日本語版として出版されている。英語版が刊行されてから，大きな反響を巻き起こすことになる。「日本語版へのまえがき」の中で今井氏は，「本年（1988年）も1月にパリで2日間カイゼン・セミナーを開催したのを皮切りに，アメリカ，ニュージーランド，スウェーデン，シンガポール，オランダ，イタリア，ブラジルなどで毎月のように予定が組まれている。その他，個々の企業から寄せられるコンサルテーションに至っては，枚挙にいとまがないくらいである」（今井正明『カイゼン』講談社 1988年2頁）と述べていた。世界各地への「カイゼン・セミナー」ツアーの際にピストリオ氏が「TQM」のアイデアに接したのかどうかは不明であるが，ともかく，"*KAIZEN*"が「仏・伊合併企業版

TQM」のバイブルになるのである。

　欧米においてもそのままで通用する「カイゼン」の発想や考え方が根底に据えられているのであり，STの実践は日本企業の情景とオーバーラップするところも少なくなかったようである。「シシリア島出身で見るからに精力的なピストリオが『マイカンパニー』，『マイピープル』といった言葉を連発しつつ自社と従業員について語るのを聞いていると，それが日本語であるかのような錯覚にとらわれる。日本に数多くいる，熱心なオーナー企業の経営者の話を聞いているような感じに襲われるのである。同社では，係長レベルまでA5判48ページの冊子を持たされる。『カイゼン』の抜粋で，作成には同書を繰り返し読んだピストリオ自身がかかわった。『自分が読んでわかりやすいもの』を目指したと言う。『共通の価値』と題した名刺大の二つ折りの紙もあって，『会社の使命と目的，戦略ガイドライン』などが書いてある。これは世界2万8000人の従業員が1人残らず，肌身離さず持つことになっている。『日本的欧州企業』といわれるゆえんだ」（「復活する欧州企業—なぜ日本は水をあけられた—」『日経ビジネス』1998年10月26日号29頁）というのであった。ちなみに，特集記事「復活する欧州企業」における，この話題の小見出しは「日本企業より日本的」であった。

　STにおける「TQM物語」のエッセンスを象徴的に示すようなエピソードがある。「カサブランカ（モロッコ）工場長を経て最近TQM推進部長になったジョルジュ・アウグステによれば，STには『100番目の猿を呼び込むまで』という言い方がある。ある時1匹の猿が，口にする前のエサを，小川できれいに洗い始めた。次の日以降追随する者が少しずつ現れたが，大方の猿は怪訝に見つめるのみ

だった。それがある時,──ちょうど100番目に真似をする者が現れたころ──その特異な習慣は堰を切ったように群れ全体に広がった。だからまず,指導者が愚直に続けることが大切なのだと教訓は続く。ピストリオはこれを,『企業文化とは思想ではない。指導者の態度と行動である』と言う。アウグステによると,最初はどこの国の工場でも『日本人のやっていることなどできるものか』と冷笑するらしい。しかしやがて100番目の猿は出現する。その時までかかる時間は,彼の経験によれば,フランスで2～3ヵ月,カサブランカ(モロッコ)では3～4年だった」(前掲誌29頁)というように,非常に示唆に富むエピソードなのである。要するに,指導者が"愚直に"TQMを語り続けることが重要なのである。「100番目の猿が出現するまで」の期間は国によって違っていようとも,語り続けることでやがて一挙に浸透する瞬間を迎えるのであろう。

　TQMが世界各国に徐々に広まっていくのとは対照的に,後に見るように,日本では1990年代半ば頃から「品質」における綻びが取り沙汰されるようになる。いったんは頂点を極め,長期にわたって王座を守ってきたことからくる「油断」,あるいは「驕り」によるものなのか,品質格差は急速に縮まってきている。指導者が"愚直に"語り続けることを,そして指導される者が"謙虚に"学び続けることをいつしか忘れ去ってしまったかのような状況が日本の低迷の一因となっているのかもしれない。

　TQMについてのピストリオ社長の考え方をもう少し聞いてみよう。「全社的品質管理(TQM)は詰まるところ人の問題だ。人を生産の1要素,つまり『ファクター』としてではなく,考え行動する責任主体,『アクター』としてとらえること,人の力を信じること

だ。評価委員会をどうするとか，具体的方法論はその後の問題である。TQMとは次に，強靭な企業文化をつくることである。社員の毎日の行動と態度，物の見方に刷り込んで，手段としてでなく文化として共有する。それができれば，世界のどこでも，だれでもが納得して献身することのできる価値体系が打ち立てられる。(中略) 当社は時に『日本人のようだ』と言われる。私には最高のほめ言葉だ。発足以来不動の経営陣に体現された強い忠誠心，それがもたらす安定。そこを認めて言ってくれているのであるならば。作ればその分売れた需要過多・供給過少時代なら，ピラミッド型組織で人を要素として動かしていれば足りた。今はそうではない。顧客の需要にどう素早く合わせて行けるかが勝負だ。だから人が，強い企業文化が最大の資産になる」(前掲誌 30頁) とピストリオ氏は述べている。

　「人」と「企業文化」の重要性が強調されているのであるが，そうした「経営理念」は，かつて「日本的経営」が世界中で称賛の的になり，視察団が相次いで日本を訪れていた1980年代初め頃，日本企業の「ヒト中心の経営」は一種の「文化」であると特徴づけられていた (第3章の2を参照) ことを想起させるもののように思われる。それは，洋の東西を問わず，また，十数年間もの「時の隔たり」を超越してもなお通用する重要な「経営理念」と言えるのではないだろうか。残念なことに，パイオニアである日本企業において，今日では，その「大切なもの」がすでに忘却の彼方にあるのかもしれない。

3 「品質管理」に目覚めた「本家・アメリカ」!?

　アメリカ企業における品質管理への取り組みについては，第2章で多少とも触れたが，ここでは「QCのルーツ」などを少し見よう。日本企業の「品質管理」（QC）が語られる時，日本の「お家芸」，あるいは「独壇場」というような表現がしばしば用いられた。しかしながら，QCは，たしかに日本企業が大きく花を開かせ，育成・進化させてきた経営手法であるが，日本が「本家」とか「元祖」と呼ばれるようなものではない。例えば，日本人の学者が書いた，品質管理に関する英語版解説書が米国で爆発的に売れていることを報じた1985年の記事の中では，「QC」（品質管理）という用語が以下のように説明されていた。「製品の品質を維持，向上させるための手法のことで，1931年に米国のシューハートが統計分析などを活用して創始したといわれる。戦後，米国から日本に導入され，優秀なQC活動をみせた企業に与えられるデミング賞（昭和26年創設）などの刺激もあって，基幹産業を中心に急速に普及，生産性向上に大きく貢献した。昭和30年代後半からは，現場の従業員自らが経営者的感覚でQCを進める日本独自のQCサークル活動が生まれ，石油危機後には中小企業やサービス業にも広がった。こうしたことから日本のQC活動のレベルは今や本家の米国をもしのいでいるといわれ，米国や欧州の経営者グループが視察に来るほどになっている」（「品質管理の本　米で大ヒット」日本経済新聞 1985年8月4日）と。

　この新聞記事に登場する日本人学者とは，石川馨・武蔵工業大学長であり，大ヒットした書物の日本語版は1981年に『TQCとは何か―日本的品質管理』というタイトルで出版されていた。その内容

は，日本的品質管理の歴史的，社会的背景や，企業経営全体の中での位置づけから経営者や部課長の役割，QCサークル活動の進め方まで，現場向けにわかりやすく説明を加えたものであった。この書物の英語版が1985年3月にアメリカで出版されたところ，各地で売り切れの書店が続出するほどに爆発的に売れ出した。ちなみに，その頃まで，日本人作者の海外でのベストセラーNo.1は，1974年に出版された五輪書の英訳版『ザ・ブック・オブ・ファイブ・リングス』とされ，また1981年にも吉川英治氏の『宮本武蔵』の英訳本 *MUSASHI* がやはりベストセラーとなっていた。

　そうした記録を塗り替えそうな石川氏の著書は，アメリカだけでなく，他の国々でも反響が大きかったようである。「日本版の版元の日科技連出版社にはコロンビアとオランダからポルトガル語，オランダ語への翻訳申し込みが来ているほか，英語版に先立って出版したフランス語版，中国語版も重刷するなど，世界的な広がりを見せている。日科技連出版社によると，品質管理関係の本が海外で売れ出したのは，日本経済の"強さ"に欧米の関心が集まり出した3年ほど前から。同社は15年前に『現場のQC手法』を英訳した『ガイド・フォー・クオリティーコントロール』を出版したが，4年前まで同社に入る印税は年間たった1000円ほどだった。ところが，3年前に500万円に急増，翌年600万円，昨年700万円と，高原状態が続いている」（前掲紙）というように，海外での反響の大きさそして関心の急速な高まりが報じられていた。この頃，日本の出版業界では，日本の「経営書」は海外で売れる，という共通認識が広まっていたというが，そうした傾向について，石川氏は，「米国では貿易摩擦などで対日批判の空気が強いように見えるが，経営者層は

日本製品の良さを認識しており，品質管理や日本的経営手法を本気で勉強する気になってきた。以前の日本ブームは多分にムード的だったが，私の本が売れているということは，現場の労働者レベルまで日本に対する具体的関心が高まっていることの表れではないか」（前掲紙）とのコメントを寄せていた。石川氏が指摘するように，国際競争力の首位交代を間近に控えた1980年代半ば頃に，アメリカは本気になって「日本に学ぼう」としていたようである。

　ところが，石川馨氏の品質管理の書がベストセラーになっているという話題が報じられる1年半ほど前に，アメリカの工場に日本式の品質管理が導入され，その後どうなったかという実態調査の結果が公表されていた。*FORTUNE*誌（1984年3月14日号）の特集記事によれば，日本式の品質管理は，労働者や中間管理職からの抵抗に遇ってさまざまな障害に直面していたという。*FORTUNE*誌の記事の内容については，「日本式品質管理の目玉で，従業員の自主性を育てる『クオリティー・コントロール（QC）サークル』は，ミシガン大学の調査によると，1981年までに採用した176社のうち，60％が熱意を失い，7％は停止した。例えば，ミシガン州サギナウのゼネラル・モーターズ（GM）社7工場は1982年にQCを始めたが，労組との関係で，QCで労働協約と生産性に抵触する話を持ち出すことはタブーとなっている。生産性向上は人員削減につながるからだ。QCを積極的に展開しているゼネラル・エレクトリック社（GE）でさえ，戦闘的な全米電気労組（UEW）に支配される工場では，QC導入には到底，至っていない。アメリカ企業にQCを導入する難しさが最もよくわかっているのは，進出日本企業らしく，1981年の調査では，日系企業238社のうち，QCを採用しているのは

20社にとどまっている」(「"日本式"アメリカでは無理のよう…」読売新聞1984年3月16日)と紹介されていた。1980年代前半の頃の実態調査であるが、その当時はアメリカ企業に日本式のQCを導入することがいかに困難であったかを示す内容であり、アメリカはまだ「品質に目覚めていなかった」のであろう。困難である理由の一つとして、戦闘的な労働組合の非協力的な姿勢があげられているが、1980年代後半になると、競争力向上の切り札としての「品質」に目覚めて労使が協力するという工場も現われてきたことについては、すでに触れた通りである。

ところで、1988年の「日米学生論文コンクール」の受賞論文にフレデリック・J・ネイガー氏(その当時はハーバード大学3年)の「愚行か実行か—日本式経営とその移転」がある。ネイガー氏は、日本式経営のさまざまな特質を分析しており、QCサークルにも言及している。「品質管理サークル制も、移植にある程度成功した日本の産業組織システムのひとつだ。面白いことに、これは元はと言えばアメリカに由来するものである。日本では、中間管理職と労働者のチームが会合して、問題の解決や生産性向上、技術指導、チームワークの向上に努め、従業員の会社への貢献を評価する。こうした役割が海外の企業家から注目され、また日本が品質面で競争力を増してくると、日米折衷の品質管理サークル制が試みられ始めた。1980年までに約750の米企業が同制度を導入したが、数はともかく、期待ほどの効果はなかった」(フレデリック・J・ネイガー「愚行か実行か—日本式経営とその移転」読売新聞1988年2月8日)というように、1980年までにかなりの数の米企業がQCサークル制を導入したが、成功例は多くはなかったとされており、ミシガン大学の調査結

果とも符合するようである。ネイガー氏は、なぜアメリカでQCサークルが効果をあげないのか、という点について次のように述べていた。「品質管理サークルという発想は、西側社会の枠組みにはうまく収まらないようだ。ユダヤ・キリスト教的『原罪』観念が邪魔して、経営者は部下を容易に信頼しきれない。労使間に人種や宗教、社会階級、教育水準などの違いが少ない日本と違って、アメリカでは高学歴、白人、プロテスタント、上流階級出身が多い経営側と、様々な人種や宗教がいりまじった中下層階級の労働者側とのギャップに直面している」(前掲紙)と。

4 日本式QCの生みの親、エドワード・デミング博士

第4章において、海外でさまざまな"伝説"を作りつつあった日本企業に関する話題のいくつかを見てきたが、そこで取り上げなかった話題に、アメリカ企業のあいだに「QC熱」が広がりつつあるとしているものがあった。その記事は、ワシントン郊外で開催された生産性・品質管理セミナーで85歳の老人が講演を行っている情景から書き始められている。「熱弁を振るうこの老人こそ、日本の品質管理(QC)運動の生みの親、エドワード・デミング、その人である。『安かろう悪かろう』といわれた日本製品のイメージが、『安くて品質が良い』に脱皮できたのもQC運動によるところが大きい。しかし、日本の恩人といわれるほどの著名人が、4、5年前まで、アメリカでは無名の存在だった。最近の紳士録(人名録)にも名前が見当たらない。その老人の話にアメリカ人が今、耳を傾ける」(「〔ルポ・日本カンパニー〕デミング再発見」読売新聞 1986年2月11日)

というように,日本のQCの「大恩人」(しかし,アメリカでは永らく「無名人」であった),デミング氏のことが紹介され,1980年代半ばに至って彼は「再評価」されようとしていたのである。

エドワード・デミング氏と日本との「遭遇」については1950年にまでさかのぼり,来日したデミング氏は,日本の産業界首脳に品質管理の重要性を説いてまわったという。「戦後の復興にかける日本は,統計的品質管理の普及に努めていた博士を1950年に招き,デミング賞を設けた。精度が高く,品質のバラつきが少ない生産システムの開発で成果をあげた企業を表彰する制度で,受賞はもう35回も数えている。受賞すれば,優良企業のお墨付きをもらえるとあって,自薦他薦が相次ぐなど,デミング・フィーバーは,今も衰えていない」(前掲紙)というように,デミング氏の功績を称え,その名前を冠した「デミング賞」が日本科学技術連盟によって1951年に創設されていた。この記事では受賞回数がまだ35回とされたが,すでに半世紀を超える「歴史の重みのある賞」となっている。ところが,後に触れるように,日本のデミング賞,そしてQCサークル活動そのものに多少とも「異変」が起きていたのである。なお,アメリカでも同様の主旨で優秀企業を表彰する「マルコム・ボルドリッジ賞」が後に設けられることになるが,デミング賞よりもかなり後のことである。

先ほどの生産性・品質管理セミナーで,再発見されたデミング氏は,米大企業の幹部や管理職たちの聴講者を前にいったい何を語っていたのだろうか。デミング氏の思想や精神を忠実に実践し,大成功を収めた日本式経営を賞賛し,「日本の成功を見習うべし」という点を訴えていたのである。「『新しい哲学に取り組め。世界は,日

本が創造した新経済時代—第三波産業革命のただ中にある』。『欧米流の生産管理方式を転換しなければならない。労使一体で品質管理による生産性の向上を目指そう』。品質管理による生産性の向上と，配当より従業員の福祉を大切にする経営方式—デミングの思想を実践して成功した日本は『自分の申し子』だというのである」（前掲紙）と。

　ところで，日本がデミング氏の「申し子」とまで言われるのとは対照的に，アメリカにおいて彼の考え方がなぜ受け入れられなかったのだろうか。その疑問に対する一つの答え，そしてアメリカの態度の変化については，「博士の運動が祖国で見向きもされなかったのは，ドライで対決型の労使関係が災いしたことにもよる。QC運動が成功するには，労使が協調しなければならず，日本的な土壌の方が向いていたのだろう。しかし，輸出攻勢をかけたり，次々に工場進出してくる日本企業が，QC運動を武器にしているとあって，アメリカも無視するわけにはいかなくなった。大企業でもQC運動を取り入れるところが増えてきたのだ」（前掲紙）とされていた。「根」にはやはり，日本の「協調型労使関係」の対極に位置づけられる米国の「対決型労使関係」があるといわねばならない。デミング氏は，日本経済新聞の連載記事「変わる米企業」に寄せたコメントの中で，アメリカ企業が国際競争力を強化するには「労使の協力」が不可欠であることを強調していた。「米国の『個人主義』は，コーポレーション（協力）を学ばなければならない。労使が一体とならなければ，品質向上などできない。日本人は協力しなければ生きていけない島国だったので自然と身につけたのだと思う。それに反し米国人は『協力』が何を意味するのかさえ知らない。品質は工

場ではなく，経営トップの役員室でつくられるのだ。『協力』を実現しようとする意志こそが品質を良くする」(「〔変わる米企業・第4章生産現場から⑤〕"神様"のご託宣」日本経済新聞 1989年4月1日)と。

　ここでは，デミング氏とともに日本企業の品質管理の成功に貢献したことで"神様"と呼ばれたホーマー・サラソーン氏による「米企業診断」も紹介されていた。「米企業の復活についてはまだ楽観できない。しかし優良企業は以前より顧客のための製品作りに乗り出すなどよい兆候も出てきた。(中略) カギは経営者が企業再生に熱意を燃やす指導者になれるかどうかだ。私は戦後，壊滅した日本製品の質を向上するにあたり，まず経営者育成から始めた。米企業の経営者も日本企業の数多い成功でようやく目を覚ましつつある。品質管理の考え方がもともと米企業にあったことは経営者もわかってきたし，彼らは在庫管理や徹底した製品検査の効用もいまは理解している。好例としてフォード・モーターは質を重視した経営に一歩踏み出した。IBMも一時の自己満足から脱し，顧客のために良い製品を作る姿勢になった。もうひとつの問題は敵対し連帯意識をなくした労使関係の改善だ。日本企業の朝礼や制服着用といった米国で評判の悪い習慣自体はともかく，その考え方は試してみる価値はある。しかし日本的方式の単純な輸入は米国にとっての回答にはならない。米企業は自分で答えを見つけなければならない」(前掲紙)と。サラソーン氏の診断によれば，1980年代後半に至ってようやく米企業の経営者も「品質管理」の重要さに目覚め始めたようである。

第5章 「品質管理」に目覚めた欧米企業　149

5　クロスビー氏の「クオリティー・マネジメント」(QM)

「100番目の猿を呼び込むまで」のエピソードにおいては，ある仏・伊合併企業の「TQM成功物語」を取り上げたが，その際に，いつの頃からか，QCではなくて，「クオリティー・マネジメント」(QM) という言葉もみられるようになった，というように，やや曖昧に述べていた点について若干の補足を加えておこう。読売新聞の連載記事「インサイドUSA」(1984年) では，「『QC（品質管理）ニッポン』の時代は，終わったのか。いま，米トップ企業のエグゼクティブの間では，"フロリダもうで"が始まっている。フロリダ半島オークランドの近郊ウインターパーク。ここにQCの"伝道師"フィリップ・B・クロスビー (58) の総本山がある。コンピューター界の覇者IBMの幹部たちが，品質向上の手ほどきを受けに，まっ先に足を運んだ。目下は，世界一の自動車メーカー，GMのエリートたちが，入れ代わり立ち代わり特訓を受けている。自ら会長をつとめるコンサルタント会社『フィリップ・クロスビー・アソシエイツ』(PCA) は，5年前に設立されたばかりだが，同社の門をたたくエグゼクティブは後を絶たない」(「〔インサイドUSA⑪〕欠陥品ゼロの勧め」読売新聞1984年8月30日) と述べられていた。米大企業の経営幹部たちが，「品質向上」の手ほどきを受けようとPCAを訪れていたというのである。

　PCA創設者のフィリップ・B・クロスビー氏の考え方の基本には「ZD理論」があった。経営幹部のリーダーシップのもとに全社的な取り組みを行って「欠陥品をゼロに」しようというのである。クロスビー氏が主張するところによれば，従来，アメリカでは，欠陥品

が出ると，工場の品質管理部門にその責任のすべてが押しつけられる傾向があったという。それではダメで，会長，社長らトップから工員まで含めて会社全体で反省し，欠陥品をなくすにはどうしたらいいか，みんなで考えて総合戦略を立てるべきだ，とクロスビー氏は強調するのである。「ZD運動」がかつて日本企業に広く導入され，品質向上に寄与したことは周知の通りであるが，その創始者はクロスビー氏であった。「欠陥品をゼロにするという，いわゆる『ゼロ・ディフェクト』＝ZD理論を，彼が22年も前に打ち出した当時，これを最初に導入したのは，日本のNECだったと言う。『欠陥品は出て当然』と考えられていた時代があった。たとえば，集積回路（IC）メーカーの場合，つい5，6年前まで，100万個つくると，そのうち1〜2万個が欠陥品になっても，さして問題にされなかった。それが最近では，1000〜2000個以内になり，メーカーによっては，100個以内に近づいてきている。それをさらに"ゼロに近い状態"にすべきだというのだから，クロスビーの主張はきびしい」（前掲紙）といわれた。「100万個つくって，1〜2万個が欠陥品」という事実には驚かされるが，それが，かつてのアメリカ企業の「常識」であったのかもしれない。それでは，アメリカが「QCニッポン」に敵うわけはなかったであろう。しかし，その後，クロスビー氏の「伝道」が次第にアメリカ企業にも浸透してきていたためか，欠陥品（不良品）率が劇的に低下しつつあったようである。

　PCAは，クロスビー氏の「クオリティーはマネジメントにあり」との信念のもとに，企業の幹部社員や重役を対象とした「エグゼクティブ・カレッジ・プログラム」を設けている。このプログラムに参加している米大企業の事例そしてその成果について，「IBMは

1980年，PCAカレッジの"一期生"としてエグゼクティブたちを相次いでウインターパークに送り込んだ。その結果，QCの考え方を根本的に変えた。以来，品質向上による増収は，20億ドルにも達するといわれる。それを見習えとばかり，GMは今年から向こう5年間で『品質を世界一にする』との戦略のもとに，PCAと長期契約を結び，幹部たちの特訓を始めた。このところ，PCAはどのビルも，GMのエリートたちであふれんばかりだ。(中略) 勉強するGM幹部と接して，アメリカ車が品質の点で日本車に追いつく時代は遠くないだろう，と思った」(前掲紙) と報じられていた。

ところで，クロスビー氏に関するここまでの話からは，Quality Management (QM) という言葉が見えてこないが，クロスビー氏は1984年に，"*Quality Without Tears–The Art of Hassle-Free Management*"と題する書を著しており，日本能率協会が翻訳した日本語版のタイトルは『QM革命―品質コスト低減の新手法―』となっていた。原書のタイトルに「QM」が付されていなくとも，QMやZDに関する記述にあふれているのである。翻訳書の「監訳者まえがき」では，「……毎年数回渡米し米国の企業を見て歩く機会に恵まれていますが，1980年代に入ってから，米国の超優良企業が相次いで『品質第一』の経営に変貌しつつあると痛感されます。1970年代までの米国企業は生産性第一で，コスト，納期，品質の順に経営の重点が置かれていたようですが，これを『品質第一』の経営に体質改善をしようとしています。なぜこのようなドラマチックな変革が起こりつつあるのか，それは日本製の自動車や電気製品の品質が優れているため，これらが大量に米国市場になだれこみ，米国製品の品質をこのままにしていたのでは生き残れなくなるといった危機感が高まった

からだと思われます。このような危機感の高まりのなかで,品質病患者を治療する経験豊富な名医として,米国の超優良企業から高く評価され,すでに300社もの企業がその教えをうけているのが本書の著者フィリップ・B・クロスビー氏なのです」(フィリップ・B・クロスビー著／日本能率協会訳『QM革命―品質コスト低減の新手法―』日本能率協会 1984年 7頁)というように,アメリカ企業が「品質」に目覚めつつあった事情,そしてQMを推進しようとするクロスビー氏のことが紹介されていた。

ここで興味深いのは,クロスビー氏が提唱する「QM」とはいったい何なのか,そしてそれは日本企業の「TQC」とどこが違っているのか,という点であろう。両者の重要な相違点については,やはり「監訳者まえがき」の中で以下のように総括されている。「1. QMは『四つの絶対原則』を基本理念としています。そして,欠陥ゼロ (ZD) を達成基準にして,品質コスト削減の具体的成果をあげることに全力をそそぎます。日本のTQCは規程や標準類づくりなどシステム化が大きな特色の一つですが,QMでは品質コスト削減のための必要最小限のシステム化だけをします。2.四つの絶対原則を実行するための手法として『品質向上プロセス (略称QIP) の14ステップ』が確立しています。このQIPはクロスビー氏が体系化したQM独自のものであり,TQCにはみられません。3.品質問題は結局は人間の問題であるとして,統計的手法を使わなくても,一人ひとりが『最初から正しくやること』によって品質向上ができるのがQMです。TQCの特色は統計的手法の活用にあり,手法の活用が強調されますが,QMでは手法以前の人間の問題に焦点を置いており,手法の活用は必要に応じて自由に行います。4.QMでは

QCサークルのような自主的な小集団活動が主体ではなく，管理者，監督者，従業員が一体となった職制によるチーム活動がQIPのなかに組み込まれています。もちろん，職制とは別に自主的なサークル活動をやるのは自由です。この点もTQCがQCサークルを特色にしているのと違っています。5．QMは第一線の現場の従業員のみを対象とした品質向上の動機付け運動ではなく，事務部門，管理部門，技術部門などのいわゆるホワイトカラーを含めた文字通り全員を対象にして，しかも製造業のみでなくサービス業も導入しやすい品質向上のための体質改善法です。とくにTQCの特色である統計的手法やQCサークルに対して拒否反応のあるホワイトカラーやサービス業からはQMが歓迎されています……」（前掲書10～11頁）と。

　これらの相違点のなかには，やはりアメリカで開発された品質管理手法「シックスシグマ」と似通っているものもあるが，それについては後にもう一度触れてみよう。

6　「マルコム・ボルドリッジ賞」と「シックスシグマ」

　本章では，「品質管理」の重要性に目覚め，新たな取り組みに熱意をみせる欧米企業の動向を眺めてきたが，果たしてその効果はどのようなものであったのだろうか。『日経ビジネス』のある特集記事においては，バブル崩壊以降低迷を続ける日本とは対照的に，アメリカは「品質の改善」を武器に競争力を復活させたことが強調されていた。小見出しに「米国が"お家芸"を奪う？」という表現を使って以下のように述べられていた。「米国の競争力復活には目覚しいものがある。バブル後遺症の傷が癒えない日本とは対照的に，

企業業績は好調だ。一時期はリストラで苦しんでいた大企業の多くがカムバックを果たしている。こうした復活を支えた大きな柱の1つが、品質の向上だ。1970年代後半から米国の競争力低下がはっきりと目に見えるようになり、自動車などの分野で、日本企業の攻勢を前に後退を余儀なくされた。1980年代に入って米国の反省が始まった。日本の強さの秘密はTQC（全社的品質管理）にあるとみて、有力企業の多くが品質改善に走った。日本の品質管理の総本山である財団法人・日本科学技術連盟（日科技連）には、毎年1000人を超す米国人が訪れ、品質管理手法を勉強していった。その結果として生まれたのが、品質管理で優れた米国企業を対象にしたマルコム・ボルドリッジ国家品質賞である。レーガン政権下の1988年に第1回表彰が行われたこの賞は、落馬事故で急死した当時の商務省長官の名にちなんでいる。（中略）マルコム・ボルドリッジ賞の流れのほかに、半導体大手のモトローラから始まった新しい品質管理の運動である『6シグマ』の系譜もある。超優良企業として知られるゼネラル・エレクトリック（GE）を率いるジャック・ウェルチ会長は今、6シグマ運動の浸透を最重要課題としている」（「甦れ品質のニッポン」『日経ビジネス』1998年3月9日号23頁）と。

　このように、アメリカの競争力復活を支えた「品質改善」の二つの大きな流れが注目されるのであるが、それらは、かつての日本式品質管理との比較でどこがどう違っているのだろうか。「マルコム・ボルドリッジ賞や6シグマは、日本から学んだことを集大成して作った。しかし、ただ単に日本をまねたのではなく、米国流の改良を加えた。この点が重要だ。改良の1つは、品質改善の問題点を見つけるときに『顧客』の視点を入れることだ。日本流の品質管理

では，整理，整頓などの頭文字を取った『5S』という言葉に象徴されるようにまず足元の問題を自分で見詰め直すことから始まる。これに対し，米国流の品質管理では顧客の不満から問題を発見しようとしている。営業部門などで品質改善をする場合，顧客満足を目指す活動ならメリットがはっきり見える。もう1つの改良は，明確な共通基準を設け，わかりやすくしたこと。日本流の品質管理は企業ごとの事情に合わせて融通無碍に手法を変えるのが特徴で，逆にみれば誰にもわかる基準がない。米国のマルコム・ボルドリッジ賞の審査では，評価点数も公表している。この2つの改良の結果，品質管理の専門知識のない従業員が参加しやすくなり，製造現場以外の部門，業種に品質管理の手法を広げることに威力を発揮している」（前掲誌23頁）というのであった。

米国流にアレンジしつつ「品質改善」に邁進した米国と，1990年代に長期に及ぶ低迷状況に陥った日本とでは，かつての「品質格差」が著しく縮まったことは言うまでもないであろう。「今回の取材に応じてくれた品質管理の専門家の話を総合すると，製品そのものの品質ではまだ日本が優位を保っているが，その差が縮まっているうえ，サービス業など製造業以外の業種，部門での広がりでは米国に軍配が上がる」（前掲誌24頁）と指摘されていた。なお，この記述は1998年のものであるが，日本品質管理学会会長などを歴任し，TQCの普及に尽力してきた早稲田大学教授の池沢辰夫氏は1995年に，「確かに，米国では，1988年に大統領が自ら授ける『マルコム・ボルドリッジ賞』（国家品質賞）を日本のデミング賞を下敷きにしてつくってから，産業が強くなった。しかし，米国での自動車の評価はまだ日本車が高く，米国車の評判はそれほどでもありませ

んよ」(「〔フェース to フェース〕TQCは復興するか」日本経済新聞1995年10月1日) と語っていた。日米の「品質競争」の推移については、すでに第2章において見た通りである。

さて、米国企業の品質管理の向上に大きく寄与したとされるのが「シックスシグマ」であるが、その用語のルーツや定義については次のような説明が加えられていた。「米産業界で急速に普及が進んでいる品質改善の新手法。モトローラで誕生し、ゼネラル・エレクトリック (GE) やテキサス・インスツルメンツ (TI) など有力大企業へ広がっている。シックスシグマは統計学の用語で、GEの定義では百万回に3・4回程度しか不良が発生しないことを意味する。日本企業にとって品質改善は『お家芸』だったが、実際は運動が製造部門だけにとどまるケースが多かった。シックスシグマはマーケティング、研究開発、管理部門なども含め、全社一丸となって品質改善運動に取り組むという一種の経営革新である」(「〔技術燦々―ミレニアム企業への挑戦―GE〈上〉〕開発に品質改善の発想」日経産業新聞1998年10月8日) と。

さらに、シックスシグマの具体的な活用事例とその特徴が以下のように紹介されていた。「シックスシグマ (6σ) は、米モトローラ出身のマイケル・ハリー氏が開発した品質改善・顧客満足活動の一つ。測定 (メジャー)、分析 (アナリシス)、改善 (インプルーブメント)、制御 (コントロール) という手順で不良要素を分析、要因を特定して数字データによる標準化作業を進める。その際144に及ぶ統計的改善手法を活用する。6σは、モトローラ、GE (ゼネラル・エレクトリック) など米国の大企業では導入が進んでいる。では、米国系企業はどのように活用しているのか。GEキャピタルが

東邦生命保険と合弁で設立したGEエジソン生命，GEメディカルシステムが横河電機と合弁で設立したGE横河メディカルシステムなどを探ると，管理・事務などホワイトカラーの生産性向上に主眼を置いており，まず現場から導入したソニーは日本的な応用例と言えそうだ。(中略) GEエジソン生命の宮島正敬クォリティ推進室長によると，日本の製造業に広く普及しているTQCが働いている現場で改善提案するボトム・アップを基本にしているのに対し，6σは経営の立場から問題を提示するトップダウンを基本に据えているのが特徴」(「6シグマ ソニーで本格始動」日経産業新聞1999年4月27日) というように，米国の代表的な「6σ先進企業」，GEの日本での合弁企業においてシックスシグマが活用されているのである。

この記事で触れられているように，シックスシグマはソニーの製造現場にも導入されていた。「ソニーグループで6σ活動を先駆的に取り入れたのがビデオカメラの主力工場，ソニー幸田 (愛知県幸田町)。その組み立て現場では，かつてのTQC (全社的な品質改善活動) に代わって，6σの改善効果を従業員に訴える大きな看板が目に付く。各工程の作業をまかされている現場チームが6σの専門責任者である『ブラックベルト』や『グリーンベルト』の改善指導を受け，数字をもとにバラツキ低減に取り組んでいる。(中略) ソニー幸田が6σを製造管理に導入したのは97年度下期。主要部品ごとに重要寸法を洗い出し，数値管理するとともに，製造工程における設備能力の検証，不良の解決，パソコンで自動測定されたデータの検証などを通じて，バラツキ原因を分析。管理する項目を明確にし，バラツキを少なくする方法を決めるといった，事業所ぐるみの標準化活動に取り組んでいる。『6σは，科学的に部品の能力を計測する

上で効果をあげている。設計，部品，製造工程のプロセス改善に展開しているが，一見，従来のTQC活動と同じようなことをしているようでも，正確性やスピードでは格段の差がある』と，ブラックベルトの酒井弘デバイス部統括課長は指摘する。トップダウンの意思決定が徹底するよう，力を入れているのは仕組み作り。品質会議を毎週開き，品質コスト集計，統計的手法による原因分析と改善案策定を繰り返している」(前掲紙)というように，ソニー幸田工場での「6σへの取り組み」が紹介されていた。そうした取り組みの一つの成果として，ビデオカメラのメカニカルデッキ(記録再生する機構)の品質コストが，97年度下期を100とした時，98年度下期には22.2にまで大幅に低下していたという。

　シックスシグマの本質についてかなり詳しく論じているのが，シックスシグマ・コンサルティング・グループの真木和俊氏である。真木氏の論述のさわりの部分を少し聞いておこう。「『シックスシグマといえば，QC(品質管理)活動に代表されるような手法で不良品を徹底的に削減することが目的だ』との認識が世間一般には浸透している。この認識は全くの誤りではないのだが，現在の日本企業が欲している，あるいは期待している経営の考え方とは程遠い。いくら日本経済の停滞が著しいとはいえ，モノづくり日本の製品は世界有数の高品質であることには違いない。いくら『不良率が数ppmの製品』などといわれてもピンとこないのは当たり前だ。6σという統計的な数値の意味するものは，米国が国を挙げて取り組んだ『日本に学べ』という運動の一環で導入した日本的QC活動の成果に過ぎない。この点に関しては，いかに努力したところでやはり教祖は日本企業である。ここまではモトローラが88年に第1回マル

コム・ボルドリッジ賞を受賞するまでの経緯だ。この後、6σにGEのジャック・ウェルチ前会長が目をつけたあたりから話が変わってくるのである。近年のインタビューにウェルチ氏は『シックスシグマはGE社員のDNAになった』と語っている。GEという巨大多国籍企業でこれほどまでに徹底された共通言語も他に見当たらない」（真木和俊「〔シックスシグマの本質①〕日本企業の誤解」日経産業新聞2001年9月11日）と真木氏は述べていたのである。

第6章 「QCニッポン」の凋落, そして……

　前章では,「品質管理」の重要性をしっかりと認識し, 新たな取り組みに熱意をみせる欧米企業の動向を眺めてきた。本章においては, その昔, QCの「本家」というような称号を付与されるようになっていた日本企業のその後の動向に焦点をあててみよう。その場合には, とりわけ1990年代半ば頃以降に明らかになってきた「異変」に注目しなければならない。

1　日本式品質管理の「かげり」

　「日本カンパニー」についての話題の一つ,「デミング再発見」によれば, およそ20年前には,「デミング・フィーバーは, 今も衰えていない」と誇らしげに述べられていたのであるが,「20年間」という歳月は決して軽くはない。実は, 日本式品質管理の「勤続疲労」はかなり以前から見え隠れするようになっていたのである。読売新聞のコラム「一筆経上」において, 日本の代表的大企業の工場で信じられないような事故やミスが相次いでいることに触れて, その背景にあるものが分析されていた。「事故やミスが多発する背景には, 設備の老朽化や人員不足など『行き過ぎたリストラ』の弊害があると指摘される。長引く不況でこうした弊害がマグマのようにたまり, 噴き出したのが一連の事故だというのだ。さらに, もっと

深い地殻の変動も忘れてはならない。日本が世界に誇ってきた『職場のモラル（道徳）とモラール（士気）』の変動だ。設備は更新すればいい。社員は増やせばいい。しかし，緩んだモラルとモラールは一朝一夕には戻らない。エドワード・デミング博士が亡くなって10年になる。戦後の混乱期にアメリカからやってきた気鋭の学者は，荒れ果てた日本の工場を回り，『QC』（品質管理）の重要性を訴えた。博士の考えを職場単位で実践する組織『QCサークル』は日本中に広がった。働き手自身が職場の問題点を指摘し，改善していく活動で，推進母体の日本科学技術連盟に登録されたサークルだけで40万を超えた。職場がギスギスし，労働強化につながるという批判もあったが，こうした生産現場の自己改革意欲が，『安かろう悪かろう』の印象が強かった『メード・イン・ジャパン』を『信頼の代名詞』に変える原動力になったことは間違いない。しかし，博士の功績が忘れられるのと歩調を合わせるように，QCサークルの活動にも陰りが見えてきた。サークル数は伸び悩み，休眠状態のところも増えているという。バブルの崩壊とデフレの荒波が生産現場の環境を変えてしまったのだ。品質や安全より，生産量やコストを重視するように。職場からの『ボトムアップ』より，経営者からの『トップダウン』を優先するように」（大橋善光「〔一筆経上〕生産現場失われた10年」読売新聞 2003年 9 月14日）と。

　この分析は，日本のQCの現状をかなり的確に表わしているといえよう。また，生産現場におけるそうした変化は，クロスビー氏の「QM（ZD）理論」についての話題で見たように，1970年代まで米国企業が生産性第一で，コスト，納期，品質の順に企業経営のプライオリティーを置いていたこととオーバーラップしてくるように思

われてならない。

　日本企業の品質管理に「かげり」が見られるようになったのはいつ頃のことであろうか。大橋氏の論説記事より 8 年ほど時計の針を戻してみよう。日本経済新聞の社説の中では，ビール，飲料，ミネラルウォータなどに異物が混入していることが発覚し，それらの商品のメーカーや輸入業者が回収するという事態が生じた点をとらえて，品質管理の重要性が強調されていた。「品質不良がたまたま食品関係に集中しているのは，濁ったり，嫌なにおいがして消費者にすぐわかるからである。こうした品質上の問題は日本の産業界のあちこちで少なからず起きており，日本企業が抱える問題点が今回，表面化したにすぎないと受け止めるべきであろう」（「〔社説〕目立つ品質管理の甘さ」日本経済新聞 1995 年 10 月 1 日）と。この時点においてすでに，「品質上の問題が日本の産業界のあちこちで少なからず起きている」との認識が持たれていたのである。その後，著名な企業のいくつかで事故やミスが相次ぐことになるのは，周知の通りである。

　その社説はさらに，かつての「QC ニッポン」が変質してしまった事実を指摘していた。「日本の産業界は第二次大戦後，1980 年代の半ばごろまで品質管理活動に意欲的に取り組んできた。初期の統計的品質管理や QC（品質管理）サークルの普及拡大の段階を経て，開発・設計，生産，販売などのあらゆる業務の質の向上をめざす TQC（全社的品質管理）に発展した。しかし，バブル崩壊後の経営トップは，日本製品の品質の良さやコスト競争力の背景にある品質管理活動の重要性をあまり理解していない。長期不況や円高による競争力の低下に直面して，経営者は大幅なコスト引き下げに必死

であり、品質管理については担当者任せにしている企業がけっこう多い。TQCでは、外注に出したり、安い輸入品を仕入れる場合、外注先などでも品質管理をきちんと実施してもらうことは当たり前である。企業によっては、そうしたイロハすらおろそかになっている」（前掲紙）と。この指摘が的確であるとするならば、日本企業が品質管理活動に意欲的に、熱心に取り組んでいたのは、1980年代半ば頃（少なくとも1980年代後半）までで、国際競争力の点でまさに「頂点」に上りつめようとしていた、あるいは上りつめてまもなくの時期であったといえよう。また、この指摘で重要なのは、とりわけバブル崩壊後に品質管理がおろそかになってきた理由、原因についての分析であろう。コスト競争力を高めるために、品質管理を二の次にし、かえって「競争力を低下させてしまう」という、まさに「本末転倒」のそしりを免れない経営者の責任はきわめて重大といわねばならない。そうした経営者はかつての「勝利の方程式」を自ら放棄してしまったのであり、長期にわたる「品質No.1」からくる"慢心"や"驕り"がなかったと言い切れるのだろうか。

　前章で見たように、欧米企業は競争力向上の根幹ともいえる「品質管理」の手法（精神や理念を含めて）を日本企業から学ぼうとしていた。「海外では品質管理活動が盛り上がっており、品質管理活動を推進する日本科学技術連盟によれば、TQCを実施している企業がある国の数は20に達し、QCサークルがある国は74に及ぶ。逆に、日本は都銀の一部が熱心なぐらいで、以前より全体に取り組みが弱い。日科技連ではTQCをTQM（トータル・クオリティー・マネジメント）と改称し、産業界が品質重視の経営にもっと力を入れるよう働きかけるという。企業の経営トップも、品質管理が自社の

競争力強化において果たす重要な役割を再認識して,推進の旗振りをすべきである」(前掲紙)というように,ニッポンの巻き返しを期待していたが,TQCからTQMへの名称変更によって,かつての「熱気に満ちた」取り組みが再現されるかははなはだ疑問であったといえよう。ちなみに,日本科学技術連盟がTQCからTQMへの名称変更を発表したのは1996年4月のことであった。

　TQMへの名称変更よりも半年前(1995年10月)に,日本経済新聞紙上で「TQCは復興するか」と題して日本科学技術連盟会長の高橋貞雄氏と早稲田大学教授の池沢辰夫氏が対談を行っていた。その冒頭で,日本のTQCやQCサークルが「下火」になってきた状況についてやりとりが行われていた。池沢氏が,「戦後,日本の産業が大きく伸びたのは,安くて良いものを徹底的につくり,それが世界の市場で評価されたからです。その原動力がTQCであり,QCサークルでした。それが今,下火と言われている」(「〔フェース to フェース〕TQCは復興するか」日本経済新聞 1995年10月1日)との発言をうけて,「下火という表現はきつい気もするが,問題はありますね。以前は,TQCを推進している日科技連(日本科学技術連盟)に,研修・セミナーの開催や参加の希望が殺到していました。まさかこんなに早くバブルが崩壊し,こういう状況になろうとは予想できなかった」(前掲紙)と高橋氏は語っていた。さらに,池沢氏は,「日科技連のセミナーは,4年前までは放っておいても満杯だった。早めに申し込まないとかなり後に回されるという時代がずっと続いた。日科技連の職員はいかに断るかが身に付いてしまって,売り込むことを忘れていた」(前掲紙)と語り,日科技連が開催するセミナーへの応募状況から,TQCへの熱意が冷めてきたことを感じ取

っていた。日本企業がTQCに対して熱気にあふれていたのは、やはり1990年代初め頃までだったということが分かるであろう。

2　日本式品質管理が危機に陥った理由

　前章で取り上げた『日経ビジネス』の特集記事「甦れ品質のニッポン」の中では、品質改善運動の盛り上がりを背景に競争力を大きく向上させたアメリカとは対照的に、「品質が危ない」との認識が高まってきた日本の状況も分析されていた。日本式品質管理の問題点の一つが次のように指摘されていた。「日本の品質の危機は、まず『モノ』以外に広がらないという形で表れている。日本の品質は自動車や電機に代表される製品の故障率の低さなどで評価されてきた。しかし、そうした成功が今は裏目に出ているという面もある。品質といえば、製品にだけ関係したものというイメージが固まってしまい、サービスや販売、さらに経営そのものまでの『質』を問うものであるという本質的な意味が見えなくなってしまった。英語では『品質』は『クオリティー』であり、質そのものを意味する。『品質』という日本語が誤解を広げているとも言える。TQCが全盛だった1980年代に、日本の品質管理の専門家は自信満々でその手法を工場の外に持ち出したが、実際にはうまく根付かなかったケースが多い。ダイエー、ジャスコといった流通大手や三和銀行など製造業以外の業種でもTQCの導入が進んだが、さほどの成果を生み出せないでいる」(「甦れ品質のニッポン」『日経ビジネス』1998年3月9日号24頁)と。製造現場以外での「品質改善」にも注力して復活を遂げた「米国流クオリティー・マネジメント」についてはすでに見

た通りである。

　さらに、『日経ビジネス』の特集記事では、日本の品質が危機を迎えている主な理由として五つがあげられていた。「まず第一は、経営トップ層の無理解である。今の日本の企業トップで『品質改善』を経営の最大の課題として挙げる人は、トヨタグループ企業などごく少数の例外を除けばいない。その背景には、『日本の品質管理はまだ米国を十分にリードしている』という錯覚や、『今のような非常時に品質管理にかまっている暇はない』という思い込みがある。このいずれもが間違いであることは、米国復活の過程を見ればすぐにわかる」（前掲誌24頁）というのであった。経営トップ層の「無理解」とは若干ニュアンスを異にするのかもしれないが、すでに1995年に日本科学技術連盟会長の高橋貞雄氏が、「もともとQCは戦後すぐに米国からSQC（統計的品質管理）として入ってきた。日本人が方向を見失っていた時だから、産・学・官一体になって勉強しました。その結果、TQCと職場単位のQCサークルという日本独自の活動が生まれたのです。それが世代交代でTQCやQCサークルの真価を知らない経営者の時代に移った。決してTQCが時代遅れになったのではなく、経営者の認識が薄れたということだと思います。『品質管理はもう世界一になった』と、どうも担当者任せになっているような気がする」（「〔フェース to フェース〕TQCは復興するか」日本経済新聞1995年10月1日）と指摘していた。高橋氏の指摘のなかで、とくに注目すべきは「決してTQCが時代遅れになったのではなく、経営者の認識が薄れたということ」であろう。TQCの考え方、仕組み、理念などがまったく時代に合わなくなったのではなくて、それに真摯に取り組むべき人間（経営者や管理職）の方

第6章 「QCニッポン」の凋落,そして……

が変わってしまったのである。

次に,『日経ビジネス』の特集記事の中で,日本の品質に危機が訪れている第二の理由としてあげられたのが「それまでの品質管理活動が形骸化してしまった」という点である。ここでの「形骸化」は,あまりにも安易にQCサークルが取り入れられ,その結果,品質管理とは「QCサークルによる時間外労働の強制だ」というような誤解を生んだという側面も指している。ほかに,品質管理といえば,QCサークルのことがただちに想起されそうであるが,日本科学技術連盟のQCサークル本部の調査によれば,同本部に登録されたサークルの数は,以下の図から明らかなように,1980年代前半の頃をピークとして,1990年代以降は一貫して減少し続けてきたのである。QCサークルの数が減り続けてきたのには,第一の理由も関連しているようである。2001年には,QCサークル本部の幹事長を務める米山高範コニカ相談役のコメントを交えつつ,以下のように

本部登録サークル数の増減

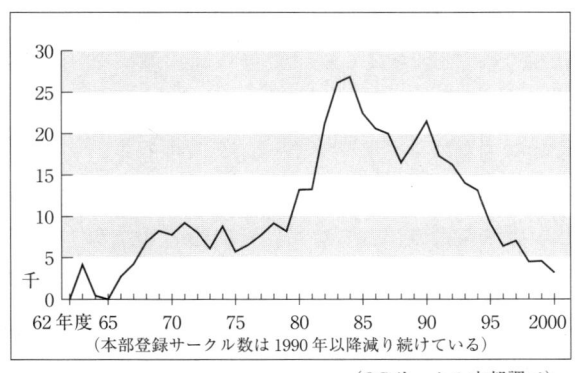

(本部登録サークル数は1990年以降減り続けている)

(QCサークル本部調べ)

出所)「品質管理復活へ司令塔」『日経産業新聞』2001年7月18日

指摘されていた。「日本の品質管理を象徴する活動であるQCサークルが低調になったのは、バブルがはじけた10年ほど前から。特に3，4年前からは『連結会計，時価会計という経営課題を抱え込んだ経営者がリストラ，構造改革に掛かりきり。現場まで頭が回らなくなった』（米山氏）のが，活動が急に低調になった原因とみる。グローバル経済の進行で人員削減，企業分割，海外への工場移転などが一斉に工場や営業最前線に押し寄せ，『QCサークル活動を進めるゆとりがなくなった』（同）」（「品質管理復活へ司令塔」日経産業新聞2001年7月18日）と。

品質が危機に陥っている第三の理由として，「顧客満足」の考え方が「品質管理」の考え方とは分離された格好で理解された点があげられていた。両者の「ボタンの掛け違い」は，日本の大企業の多くで，品質管理と顧客満足の部門が別々になっているところに象徴的に現われているという。

「品質の危機」の第四の理由として，品質管理の標準となるような新しい手法が従来ほどには出てこなくなったという点があげられた。「品質管理の仕事を長く続けた後に経営者になり，日本企業のトップの中では品質管理に対する理解が深いといわれる米山高範・コニカ会長は『以前はデミング賞（品質管理の祖，デミング氏にちなんで設けられた日本では最も権威のある表彰制度）の受賞企業が，何か新しい手法を編み出していて，それを皆がまねすることでディファクト・スタンダード（事実上の標準）のような格好で普及していた』と言う。こうした新手法の開発は，今では米国の方が盛んになっている」（「甦れ品質のニッポン」前掲誌25頁）というのであった。

品質の危機を招いた第五の理由は，かつて「QCニッポン」を引

っ張ってきた学者たちの世代交代があったこと，そして最盛期と比較すると企業側に品質への熱気が薄れてきたことなどが相俟って「日本の品質リーダー」が出てこなくなった点であるとされた。

このように見てくると，「QCニッポン」は限りなく落ち込んだままのようであるが，その一方で，「新しい息吹も出てきた」として，日本にとっての「救い」の部分にも触れられていた。「ただ，次の時代を予感させるような事例も出ている。例えば，ソニーでは，出井伸之社長が自らチーフ・クオリティー・オフィサー（最高品質責任者）に就任，6シグマ運動に着手した。また，財団法人・社会経済生産性本部が，マルコム・ボルドリッジ賞の『日本版』とも言える日本経営品質賞を制定，これまでに2回の表彰が行われた。米国流のわかりやすさを基本に審査基準を設定，経営者のリーダーシップなど日本に不足している面の配点を高くするアレンジを施している。この2つの例は，米国の進んでいる点を取り入れる運動だが，日本の品質管理の『伝統』を生かしながら新たな発展を目指す動きも始まった」（前掲誌25頁）と，日本企業が品質面で巻き返そうとする動きが紹介されていた。

3 品質管理で「日本は中国に抜かれる」?!

これまでは，日本企業の品質管理と欧米企業の品質管理との比較を眺めてきたが，その他の国との比較にも少し目を向けておこう。アジア，とくに中国は日本に代わって「世界の工場」と称されるほどに急成長を遂げている。つまり，「モノづくり」の規模では中国は日本を凌駕しつつあるといえよう。もちろん，中国で生産される

製品のなかには，日本や欧米の外資系企業の製品も含まれているので，厳密に言えば「中国の……」という表現は正確ではないのであるが，多くの中国人労働者を雇って生産する製品の「品質」はどのようなものであろうか。一般的には，品質の点で中国は日本にまだまだ遠く及びそうにないだろう，と見られそうであるが，そうした「常識」が徐々に崩されつつあるような記事が散見され始めた。

2000年秋，日本経済新聞のコラム「経営の視点」に，中国・天津市郊外の経済開発区で1997年から操業を始め，携帯電話やビデオカメラなどの大半の電子機器に使用されるチップ抵抗，チップコンデンサーを生産している「天津松下電子部品」における状況が取り上げられていた。冒頭で，同社の中村昭・総経理（社長）の「不良品の発生率は日本の工場より低いですよ」という発言が紹介された。その発言の背景には，日本と中国との間の「労働力事情」の違いがあったようである。「一個の不良品で納入先企業の信用を全面的に失いかねない電子部品の世界で，中国工場の品質が日本を上回ったのは単純な理由だ。『日本では（100個に１個など）抜き取り検査しかできないが，中国では人手をかけ全品を検査できる』（中村総経理）。同社の生産量はチップ抵抗だけで月間10億個。これを１班15人の女子工員が大型レンズで基板への印刷状態を１個ずつ肉眼でチェックする。12時間勤務で１人あたり100万個以上を検査する厳しい作業だ。日本では人件費コストの問題だけでなく，こうした業務に従事する工員をこれだけの人数集めること自体がきわめて難しい」（後藤康浩「〔経営の視点〕崩れ始めた日本の品質神話」日本経済新聞2000年９月24日）というのであった。

いわゆる「人海戦術」で品質の精度を高めようというのであるが，

中国の若い女子工員たちの仕事への集中力には驚異的なものがあり,日本の若年労働者はとても太刀打ちできないだろう。ちなみに,中国広東省・深圳にある日系工業団地「テクノセンター」は1992年から,日本の大学生に中国製造業の現場を体験させる研修プログラムを実施している。その研修の様子は,NHKの番組「クローズアップ現代」でも「若者が体感・中国の生産現場」(2002年10月22日放映)と題して紹介されていたが,日本の大学生の多くはその研修に参加して大きな衝撃を受けることになる。およそ1年後には,「今年の夏休み期間には,50人を超える研修生が訪れ,高度成長が続く『世界の工場』の熱気を肌に感じた。景気低迷で閉塞感が漂う日本の現状に比べ,『このままでは中国に負ける』と危機感を募らせた学生も多いという」(「日本の大学生深圳で工場体験」読売新聞2003年9月21日)と報じられた。時給数十円で長時間の反復・繰り返しの作業を行う中国の女子工員に交じって日本の大学生が同じ作業に従事するが,数時間もすると多くの大学生は集中力が持続せず,半ばギブアップ状態に陥ってしまった。また,日本の大学生は,自分よりも年下の女子工員たち(多くは,地方から出稼ぎに都市部の工場に働きに来ている)が懸命に働く様子を見て考えさせられることがあるという。例えば,月給の半分以上を故郷の親に仕送りをしている女子工員の話を聞いて,「働くことの意味」を教えてもらったのである。テクノセンターの石井次郎・代表幹事は,「月給1万円で黙々と働く労働者を見て,『こんなすごい国と競争しているのか』と驚く学生もいる。『父が経営する工場が勝てるわけがない』と言う後継ぎ候補の若者もいる。でも,これが現実です。日本人は競争に勝つ道を探さなければいけない」(前掲紙)と語っていた。

さて，コラム「経営の視点」での記述に話を戻すと，工場での組み立て作業についての「日中比較」から，品質管理にかかわる「意外な現実」が浮き彫りになってくる。「『日本の地方工場で採用するパートタイマーの中高年女性は組み立てマニュアルを守ってくれない』。中国に工場進出している電動工具メーカーの駐在員は日本の工場で起きる意外な問題点を指摘する。中国の生産ラインでは工具はマニュアル作業を黙々とこなすだけだが，日本では『慣れると勝手な工夫や作業の簡略化をしてしまう』。ささいな話のようだが，品質管理ではそうしたマニュアル違反が大きな落とし穴になる。組み立て工程では『20歳前後の若い従業員が根気良く決められた作業を続ける中国の方が日本より品質が高い』というのが日本メーカー中国駐在員の共通認識だ」（「崩れ始めた日本の品質神話」前掲紙）と指摘されていた。

さらに，多くの日本人が長きにわたって信じてきた「常識」あるいは「神話」がもろくも崩れようとしている現実が強調されることになる。「日本の工場は人件費などコストは高いが，できる製品の品質は世界のトップ――。中国への一極集中的な生産拠点の移転が止めようのない潮流になった現在でも企業関係者も含め大多数の日本人はこう信じている。だが，品質が投入したマンパワーに比例する分野や単純な組み立て工程では，日本の工場はコスト競争はもちろん，品質競争にも勝てなくなっている。そうした分野は衣料，靴など旧来の労働集約型の軽工業にとどまらず，電子部品はじめ情報技術（IT）分野にも広がっている」（前掲紙）というのであった。この記事は2000年のものであるが，その年には日本の著名な企業においてまさに「信じられないような」不祥事がいくつか発生したこと

をご記憶であろうか。それは，ある意味で，日本の「品質神話」の"崩壊"や"終焉"を象徴する事件や出来事であったのかもしれない。「今夏に起きた雪印乳業や三菱自動車工業の事件はともに企業倫理や組織の問題として批判されているが，本質の一端が日本の製造現場の水準低下にあるのも間違いないだろう。日本企業は1960年代以降に築いた『メード・イン・ジャパン』の"品質神話"をいったん捨て去るべき時期を迎えている」（前掲紙）というように，一連の不祥事の背景にあるものが指摘されていた。

　欧米企業からだけでなく，中国に進出した企業からも品質面で激しく追い上げられているという現実は，2001年の『日経ビジネス』の特集記事においても紹介されていた。その話の舞台は，深圳市郊外にある電子機器組み立てメーカーの宮川香港の第3工場である。生産現場の総責任者を務める李輝マネジャー（39歳）は，10年ぶりの日本出張から戻ってきて，國島治雄工場長（58歳）に向かって，「國島さん，このままでは日本は中国に負けてしまいますよ」と言ったという。李マネジャーの言葉は，およそ10年間という期間における日本の「製造現場の変貌」をつぶさに観察してきたものがベースにあるだけに，かなりの重みがあるといえよう。「李マネジャーは，16歳の時に香港の日系メーカーに就職。組み立て作業者として働きながら独学で日本語をマスターし，現場からのたたき上げで日本のモノ作りの神髄を学んだ。10年前に日本に出張した時，清潔で整理整頓の行き届いた工場や作業者のモラールの高さに感動した記憶は，今も脳裏に鮮明に焼きついている。ところが今年，10年ぶりに目にした日本の工場は，往時の輝きをすっかり失っていた。作業者たちは熟練度こそ高いが，動作はだらだらとして活気がない。休

憩時間になるとすぐに持ち場を離れ，喫煙室のソファに寝そべってタバコをふかしている。そして終業のベルと同時に，皆さっさと帰宅してしまった。『作業者一人ひとりが改善意識を持ち，全員一丸となって頑張る日本の姿はどこに行ってしまったのか』。李マネジャーの表情は複雑だ」(「翔ぶ『世界の工場』中国」『日経ビジネス』2001年10月15日号28頁）というように，かつての輝きを失ってしまった日本の工場に対する複雑な思いが示されていた。

かつての輝きをすっかり失ってしまった日本の工場とは対照的に，宮川香港の中国第3工場では，品質改善に向けた活動が熱気を帯びていたという。2001年9月下旬のことであり，ハイテク不況のあおりを受けて第3工場のラインの1本が止まり，生産調整を行うことになった。ところが，班長と従業員たちはいつも通りに出社しており，肩が触れ合うほどの間隔で研修室の長机に座って一心不乱に作業の練習に打ち込んでいる光景が見られたという。そして別のラインの片隅では，品質改善のための「小集団（QCサークル）活動」が始まっていた。ちなみに，QCサークル活動は1997年頃に導入されていた。また，第3工場では，毎週土曜日に班長たちを対象として「勉強会」が開かれている。勉強会への出席は強制されていないが，およそ60人の班長のほとんどが自主的に参加しており，講師の話を熱心に聴いているという。「『日本の工場では，QCサークル活動や自主的な勉強会がもはや形骸化してしまったところが多い。一方，中国では作業者たちが少しずつその意義に目覚め，自主的に活動を始めた。このままでは，日本は本当に追い抜かれる』。國島工場長は真顔で言う。つい最近まで，中国のモノ作りが日本に追いつき追い越すと危惧する人はほとんどいなかった。中国は人件費は安

いが，労働者の意識は自主性や協調性に欠け，与えられた仕事を指示された通りにこなすだけだと考えられてきた。日本の生産現場の高いモラールと団体精神があれば，当分の間，中国は敵ではないはずだった。しかし結局，それは都合のいい迷信だった。それどころか，長引く不況で日本のモラールはずるずる下がり，気がつくと日中のモノ作りの立場は『逆転』し始めていた。宮川香港の風景は，そんな現実をリアルに物語る」（前掲誌29頁）というように，かつてはほとんど考えられなかった「日中逆転」が迫ってきていることが強調されていた。

中国のこのような活力やパワーの一端を担っているのは，地方から都市部の工場に出稼ぎにやってきた若い女性労働者たちである。彼女らは，日本の若者ならばたった1日のアルバイトで稼ぎ出すような月収であるにもかかわらず，懸命に仕事に励んでいるのである。「彼女らの待遇や生活環境は，今の日本の感覚で見ればお世辞にも良いとは言えない。給料の手取り額は，残業代込みで作業者が月600人民元（約9000円）ほど。班長でも800元（約1万2000円）程度である。しかもその5～6割は，貯金するか親元に仕送りする。いくら中国の物価が安いと言っても，もちろん贅沢はできない。（中略）貧しいけれど若くて純粋。夢と希望に裏打ちされた勤勉。そして強烈な上昇志向。失敗しても，失うものは知れている。高度成長期の日本を支えたのと同種のパワーが，中国では今まさに大地を割って芽吹き，急激に伸び上がろうとしている。つまり，日中モノ作りの立場逆転は単純なコストの問題ではない。中国の若者一人ひとりの意識の目覚めが，老いたモノ作り大国，日本に主役交代を迫っているのだ」（前掲誌30頁）というように，若き獅子（中国）が老

いた獅子(日本)を追い落とそうとしているのである。こうした成り行きを日本の若者たちはどのように受けとめるのであろうか。

「世界の工場・中国」の動向にはたいへん興味深いものがあるが,日系企業を含めた「中国における人事・労務管理」については,第7章においてもう少し詳しく取り上げよう。

4 「デミング賞本賞」受賞者・司馬正次教授の提案

「デミング賞」といえば,日本の品質向上に大きく貢献してきた企業や個人に対して授与される名誉ある賞であるが,近年,受賞に関して多少とも「異変」が現われているという。2003年10月に日本科学技術連盟は,総合的品質管理(TQM)の実施や研究において優れた業績をあげた経営者や研究者,そして企業に授与する「2003年度デミング賞」を決定した。では,「異変」とは何か。それは,TQMを実施して顕著な業績の向上が認められた企業や企業の事業部に贈られる「デミング賞実施賞」で,インドやタイの企業の受賞が目立っている,ということである。デミング賞実施賞は全部で7社が受賞したが,そのなかで日本の企業は人工歯や研削材メーカーのジーシーデンタルプロダクツ,ただ1社であったという。そのほかの実施賞は,インドの企業4社とタイの企業2社が受賞している。ここ数年における実施賞の受賞の状況が次のように紹介されている。「日科技連によるとインドとタイの企業からデミング賞の審査に応募が増え始めたのは3年ほど前からだという。2001年度は実施賞受賞4社のうちタイが2社,インドが1社,日本が1社だった。2002年度はインドとタイがそれぞれ1社ずつ受賞し,日本企業はゼロだ

った。それが今年度は7社中6社が両国の企業が占める結果となっている」（「デミング賞実施賞　インド・タイ企業が圧倒」日経産業新聞2003年10月9日）と。

　2003年度の「デミング賞本賞」は，吉沢正・帝京大学教授が受賞した。ちなみに，1994年度の本賞の受賞者は，本章において少し触れた，その当時のコニカ社長・米山高範氏であった。そして2002年度の本賞は，司馬正次・米マサチューセッツ工科大学客員教授が受賞していた。第5章で触れたように，フランスの国立グルノーブル工科大学に，品質管理の極意を伝授する「助っ人」として招かれ，フランス初の「TQC修士」の誕生（1991年）に尽力したあの司馬正次教授がおよそ10年後にデミング賞本賞を受賞したのである。その司馬教授が受賞後に『日経ビジネス』に寄せた一文から，品質管理についての考え方を聞いてみよう。「今年，個人でデミング賞本賞を頂きました。その理由というのが『ハンガリー，米国での実践を通して日本的品質管理の普遍的有効性を実証した』というものでした。海外で品質管理を指導してきた立場から言うと，日本は品質管理を小さな範囲でとらえすぎている気がしてなりません。品質管理の本来の考え方は，人に働きかけて，創意工夫や新しい考え方を引き出し，企業に革新を起こすことです。それを製品の精度を上げたりコストを引き下げるための手法に限定して見るから，日本の品質管理が新しい時代に合わず旧時代の遺物のような感じを与えてしまうのです」（司馬正次「現場主義を一度捨てメタコンセプトを作れ」『日経ビジネス』2002年12月9日号14頁）というように，まず日本の品質管理が低迷状態に陥っている一つの要因を分析していた。

　司馬教授によれば，欧米企業では，突然変異ともいえる「ブレイ

クスルー」が起こっており，そのブレイクスルーを起こすのに「品質管理」がきわめて有効であるという。そして司馬教授は，品質管理をめぐる三つの発展段階を想定し，日本がなぜ低迷しているのかという点を分析している。「世界の恐らくどの企業も，私の考える3つのステージのどこかにいるはずです。1つはある産業が発生した初期の段階。その産業を定着させるため，強いリーダーシップで作業の標準化などを進めるコントロールの時代です。次が日本企業が強みを発揮した漸進的改善の時代。少しずつ改善を重ねて生産性を上げていく。その次が，飛躍的な革新を遂げるブレイクスルーの時代です。このブレイクスルーを経て，再びコントロールの時代を迎える。日本の場合，漸進的改善の段階は強いのだけれど，コントロールとブレイクスルーに弱い。いつの間にか，企業をシステムで動かしてしまい，人に働きかけて大きな変化をもたらす努力を怠ってきたからだと思います。企業が巨大化しすぎたのも原因でしょう」（前掲誌14頁）と。司馬教授によれば，「漸進的改善の段階」では強みを発揮するが，「コントロール」と「ブレイクスルー」に弱い日本企業が立ちすくむなかで，欧州を中心に「ブレイクスルーの時代」が到来し，活力のある，面白い企業が次々と誕生しているという。また，欧州だけでなく，中国やインドでもブレイクスルーが始まっているという。

　こうした現状をふまえて，司馬教授は日本企業に対して一つの提案を示していた。「今，日本が考えなければならないのは，品質管理が日本で定着した頃のように，人に働きかけて革新を起こす仕組み作りです。それにはどうすればよいでしょうか。1つの提案ですが，品質管理システムを人に回帰させるために，一度，今まで常識

と言われてきたことを否定してみたらどうでしょうか。例えば，品質管理の世界では現場主義は絶対の真理のように勘違いされていますが，絶対の真理などないのです。時代が変われば最適な解も変わり得るのですから。現場主義の反対の意味に近いメタコンセプトという概念があります。むしろ，今の日本企業にはこちらの方が大切ではないでしょうか。抽象的な概念ではあるが，社員を引きつける会社固有のシンボルを作り，社員をその方向に動機づけするのです。この会社で働くことが社員にどんな幸せをもたらすかを，そのシンボルを使ってしつこく語りかける。これには強いリーダーシップが必要です。今，日本では『癒し』という言葉が流行っていますが，それは日本の社会全体にメタコンセプトが欠けているせいだと思います」(前掲誌14頁）と。欧米企業での「ブレイクスルー」の事例を多く承知している司馬教授の提案でもあり，傾聴すべき内容がそこに含まれているのかもしれない。強いリーダーシップをもって，会社固有のシンボルを使って社員にしつこく語りかける，というくだりは，「100番目の猿を呼び込むまで」の事例を想起させそうである。

「QCニッポンの凋落」が囁かれてすでに久しいが，「TQMニッポンの復活」が誇らしげに語られるのはいつの日のことであろうか。

5 品質・改善の「復活」に向けてのさまざまな試み

デミング賞に関して一種の「異変」が生じていることはすでに触れたが，「QCサークル活動」にも多少とも変化が見られるようになっているという。例えば，富士ゼロックスは2004年9月に，現場改

善や業務改革での小集団活動の事例を発表する大会「改善・改革フォーラム」を開催したが，その大会に出場したのは，小集団活動の代名詞ともいえる「QC（品質管理）サークル」だけではなかったとされている。「国内外の拠点，関係会社から，売り上げや利益への貢献度が高かった15の組織も出場。『グランドチャンピオン』には，他社に奪われた情報システムの大口顧客を保守サービス拡充で取り返した北海道のサービス部隊が選ばれ表彰された。実績をあげた社内組織に光を当て，従来の『サークル発表大会』の殻を破った理由について榎田恭久・品質経営管理グループ長は，『業績を押し上げる成果を，従来以上に現場に求めている点を訴えるため』と話す。QCサークル活動が効率化や業績向上の下支え役であることに変わりはない。だが『地道な改善を続けるだけで競争に勝てるわけでもない』。複写機はネットワーク機能を強化したデジタル複合機に進化し，情報システムの提案販売は競争が一層激しさを増している。富士ゼロックスは早くから全社的品質管理（TQC）に取り組み，1980年，日本科学技術連盟からデミング賞実施賞を受賞。これを支えたのがQCサークルだったが，商品企画や販売・サービスの新手法の開発がカギとなるなど，環境は劇的に変わった。現場の活性化はサークル活動だけでは不十分との認識だ」（「〔日本の品質 第2部 原点はどこに⑤〕QCサークル脱皮の時」日経産業新聞2004年10月21日）というように，品質管理を取り巻く環境が劇的に変わりつつある状況が描かれていた。もはや製造現場だけがQCサークル活動の舞台ではないのであろう。

　次に，従来までの小集団活動を見直し，「QCサークル」という呼称を全廃してしまった事例も現われてきた。「社員の自主性を引き

出し，現場の問題解決能力を高める原動力になってきたQCサークル活動が壁にぶつかっている。肝心の品質向上も，旧態依然のやり方ではままならない。工業用ファスナーメーカーのニフコは97年，小集団活動を刷新し，QCサークルという呼び方も全廃した。『QCサークル活動は自主性を尊重するあまり，各サークルが選ぶテーマは会社の期待から離れる場合が少なくなかった』（山本利行執行役員）」（前掲紙）というように，ニフコでは，社員の自主性を尊重した結果として，それぞれのサークルが設定するテーマが，本来の「品質の向上や設備の改善」（会社側が求めるもの）から離れてくる傾向が目立つようになっていたのである。「そこで品質向上の小集団活動は，設備改善に特化する方式に切り替えた。『不良ゼロ』『故障ゼロ』などを目指す全員参加型の生産システム保全活動『トータル・プロダクティブ・メンテナンス』（TPM）を導入。2001年からは社員が持ち場の改善を進めるだけでなく，『各工程が連携して問題点を洗い出し，生産システム全体を見直す第二段階に入っている』とTPM推進室長を務める山本氏はいう」（前掲紙）と，ニフコでの活動見直しの試みが紹介されていた。

米国企業の「シックスシグマ」について見たように，日本企業のQCとの違いの一つは，「ボトムアップ型か，トップダウン型か」という点にあった。日本企業のなかにも，前者から後者へ切り替えようとする動きが見られるようになった。「QCサークルはもともとボトムアップ型の活動。だが，技術革新のスピードが速まり，トップダウンで活動に方向付けをする必要も出てきている。日産自動車は2000年にカルロス・ゴーン氏が社長に就任後，QCサークルについても数値目標を掲げた。あくまで自主的な活動なので，必達目標で

はないが，会社が期待するコスト削減の金額を示した。目安となる数字があった方が具体的な対策が出やすく，社員の問題解決能力も向上すると考えた。読みは当たり，2003年度は一人当たり70万円の目標に対し，実績は96万円。横浜工場（横浜市）で蒸気送気系統見直しによるボイラー燃料費削減に取り組むQCサークルは今年度，10人のメンバーで計2600万円超の効果を見込む。会社の期待を上回る成果をあげているサークルも少なくない」（前掲紙）として，「QCサークル活性化策」の一つの妙案が示されていた。

このほかに，QCサークル活動を活性化する試みとして，会社の方針を現場に浸透させ，サークル活動の効果をあげるためには「部課長や係長の指導力がカギを握る」との考えのもとに，指導者層の「再教育」に力を入れているのが油圧機器メーカーのカヤバ工業である。同社では，QCサークルに対して「工場で発生する不良，顧客に納入した後の不良をゼロにする」との活動方針を打ち出し，その後の2年間で工場内の不良が2割減少し，また，顧客への納入後の不良件数は3分1に減少したとされている。

以上のような，QCサークル活動をめぐるいくつかの動きを列挙した後のまとめとして，「QC活動は日本企業の競争力を高める武器になったが，ともすると『職場のコミュニケーション強化』『明るい職場づくり』の道具に終わりがちだ。しかし，それでは時代の変化から取り残される。品質経営の足腰を立て直す時だ」（前掲紙）と述べられたように，日本企業は，品質を向上させる活動についても，栄光に包まれた「過去」を脱ぎ捨て，環境の激変をしっかりと見据えて「未来」に向けて新たな一歩を踏み出す時が来ているのであろう。すでにその胎動は始まっているのかもしれない。

これまでは,日本における品質管理活動の状況の一部を眺めてきたのであるが,「QC」や「カイゼン」とは一線を画している一つの取り組みを補足的に取り上げておこう。QCサークル活動の課題として「不良ゼロ」の目標が掲げられていた事例があったが,京セラはその究極の形,「歩留まり100％」の達成に取り組んでいる。「『このラインでは不良品は絶対に出ない。だから途中で抜き取り検査もしない』。自動車部品事業部長,槐島登士巳（49）は社外秘の判を押した工程図を指しながら言い切る。現在のアルミナヒーターの歩留まりは98.8％だが,この秋,同社初の完全自動化となる組み立てラインは歩留まり100％を実現する」（「〔逆襲・振り返ってはいられない④〕京セラはカイゼンしない」日経産業新聞2003年6月5日）と。その取り組みは公式には,「すべての生産品目を歩留まり100％に」との西口泰夫社長の号令の下に,2001年10月に全社的なプロジェクトとしてスタートしていたが,およそ1年半後には,「歩留まり100％」達成の事例が出ていたという。「『我々がやっていることはカイゼンやQC（品質管理）とは違う』と西口。生産技術力で世界トップを誇るトヨタ自動車のカイゼンは生産工程でトラブルが発生することが前提だ。いわばトラブルが発生すれば,即座に対応し対策を打つフィードバックの思想。これに対し京セラの考え方はフィードフォワード。トラブルの可能性を事前につぶし,不良品を絶対に次工程に渡さない」（前掲紙）というのである。「歩留まり100％」とは,米国企業の「シックスシグマ」をも凌駕するものといえよう。そこまでの高い技術力を保持する日本企業はなおも存在しているのである。「京セラの挑戦は低賃金を武器に勢力を拡大する中国への単純な対抗策ではない。他社がベンチマーク（基準）にしようにも,

絶対にまねできない工場を日本に実現しようとしている。絶対競争力─。ニッポン製造業の逆襲の方向が見えてきた」（前掲紙）と指摘されていた。「競争力」はやはり重要なキーワードなのである。

シックスシグマは、日本ではソニーなどが導入していることはすでに見たが、大阪ガス泉北製造所（大阪府堺市・高石市）で6σを超えようという取り組みが始まっていることが報じられた。「大阪ガスが『都市ガスの製造現場』で事故の未然防止活動を評価する仕組みを導入し成果をあげている。事故ゼロが当たり前の職場で、いかに社員のモチベーション（動機付け）を高めていくか。米国発祥の品質管理手法『シックスシグマ』（6σ）を超えるという意気込みから、『スーパーシックスシグマOGウエイ』と名付けた大ガスの改善活動を追った」（「目指せ！　超『シックスシグマ』」日経産業新聞2004年8月20日）と。ガス会社にとって、24時間365日、都市ガスを安全に安定供給すること、事故を起こさないことは当然の使命であるが、エネルギー産業の規制緩和が進み、新規参入などによって競争が激化する中では、ガス製造所も会社全体の経営効率化と無縁ではいられなくなっている。ただ、合理化だけを強力に推し進めると、事故を招くなど信頼を根底から覆す事態にも発展しかねない。そこで、2003年4月に製造部門の事業部長に就任した永田秀昭常務が提唱して同年6月に導入されたのが「体質強化貢献額制度」である。その制度の仕組みは次のようなものである。「新制度は現場をプラス評価して『強い製造所』に変えていくため、独自の社内基準を設け、わかりやすい数字で業務改善の効果を測る。二ヵ所の製造所で働く計300人の社員一人ひとりが実行したコストダウンをはじめ、保守の確保やガスの安定供給、事故の未然防止といったすべての活

動を金額で評価する。金額に換算する際の計算方式は、まず利益貢献につながると想定されるすべての案件を抽出し、点数化する。これに米国で編み出された、労働災害の発生確率である『ハインリッヒ比率』や大ガス独自の係数を掛け合わせて、仮想の利益貢献額を算出する。その指標をデータベース化した。利益貢献額はイントラネットのホームページ上で閲覧し共有できるようにもした。利益貢献度に応じて社内表彰もする」（前掲紙）と。大阪ガスでは、「事故ゼロ」の改善活動を目指すという意気込みから、この取り組みを「スーパーシックスシグマOGウエイ」と名付けたという。「すべての活動を金額で評価する」ところは多少とも刺激的であるが、この取り組みの10ヵ月間の成果として、現場からの提案件数7万5000件、利益貢献額112億円、社員一人当たりの利益3850万円が記録されていたという。

　日本経済新聞社と日本科学技術連盟（奥田碩会長）は2004年5月に国内製造業の有力企業を対象として第一回「品質経営度調査」を実施した（208社が回答）。ここにいう「品質経営度」の定義については、「本調査では、高品質製品を提供する企業はそもそも品質に向き合う強い意欲と姿勢を備え、行動していると解釈。客観的事実として示せる経営者や従業員の努力、熱意や活動などを総合して『品質経営度』と定義し数値化しようと試みた。上位の企業は『より品質に強くこだわる企業』とみなせる」（「『品質経営度』に優れた企業は……」日経産業新聞 2004年7月23日）と述べられている。この調査は、現場管理や顧客対応、人材教育など「品質経営」に関連する67の質問をアンケート方式で聞いて、各社の回答内容を偏差値で評価したものであり、その結果は次のようなものであった。第1位

は松下（偏差値74.5），第2位はコニカミノルタHD（同74.0），第3位はトヨタ（同70.6），第4位はNEC（同70.3），第5位は富士写真フイルム（同70.1）……と続いていた。国際競争が激化するなかで，品質向上に向けたよりいっそうの取り組みが望まれるであろう。

第7章　中国における人事・労務管理システム

　本章では，これまで断片的に取り上げてきた「中国における人事・労務管理」に焦点をあててみよう。ここ十数年間における「激変ぶり」は大いに注目に値するであろう。すなわち，日本企業や欧米企業が競って進出していった頃の中国と，かつては日本の代名詞とも言われた「世界の工場」という表現が枕詞として冠せられるまでに急成長してきた今日の中国とでは，かなりのギャップが認められるのである。

1　中国での「労務問題」と「賃金高騰」への日系企業の対応

　日本企業が中国に進出してから相当の歳月が経過しており，当初はいくつもの「日本的経営・サクセスストーリー」が描かれたのであろうが，1990年代半ば頃にいくつかの日系企業が中国で遭遇した「労務問題」への対応の事例について見ることから始めよう。

　まず，中国・大連市の中心部から北東25キロメートルのところに大連経済技術開発区があり，その中でマブチモーターの大連工場が1987年から操業を始め，小型モーターを製造している。その大連マブチでは，1995年2月に同社固有の組織「労務協議会」が開かれていた。労務協議会とは，企業幹部9人と労働組合代表9人から構成される組織であり，毎月1回，福利厚生や職場の労働条件について

話し合いが行われ,協議された内容は社内報で従業員に知らされていた。この時に協議の焦点となったのは女性従業員に対する生理用品支給の問題であった。約7000人の女性従業員の利益を代弁する労働組合代表は,「毎月,生理用品を支給してほしい」と要求し,そして企業幹部は,「自分で購入すべきだ」と応えた。しばらく議論が続いた後に,西村祥二社長の判断で支給が認められたという。大連マブチで「労務協議会」が設けられたのは1994年3月末のことであり,そのきっかけは次のようなものであった。「従業員が3日間にわたって出社を拒否するという,突然のストライキに見舞われた直後だ。賃金や労働時間への不満が原因だった。ストを経験し,マブチは『従業員との意思疎通の大切さを痛感した』(中野和夫経理)。協議会を設けるとともに,社内に投書箱を置き一人一人が社長に要望できるようにした」(「〔アジア進出ここがポイント⑦〕中国の労務・人事管理」日経産業新聞1995年4月13日)と。ここに「突然のストライキに見舞われた」とあるが,そのストライキの様子が次のように描かれていた。「大連マブチ(中国・遼寧省)の西村祥二総経理(社長)は,94年3月24日の昼休み後の光景が今も忘れられない。昼食後,ラインに戻るべき女子従業員が,一斉に帰宅し始めたのだ。(中略)いつもなら80本を超えるラインに整然と並び,工場のはるか奥まで人の波が続く。だが,その日の午後はついにそんな光景は見られなかった。創業以来初めてラインが完全にストップ。これが,70時間に及んだ『山猫スト』の発端だった。翌日,敷地内で約2000人の従業員が集会を開き,大幅な賃上げを求める声が響きわたった。市政府が仲裁に入り,ストは3日目にやっと終結した。マブチ側がのんだ条件は,女子従業員の初任給を300元(約3600円)から約

45％引き上げて435元（約5220円）にすること。（中略）マブチの賃金水準は現地の相場と比較して決して低くはなく，平均年齢（21～22歳）を考慮すればむしろ恵まれていた。それだけに，まさに寝耳に水のスト騒動だった」（「〔強い会社 in アジア〕人材開発・マブチモーター」『日経ビジネス』1995年1月2日号31頁）と。

ちなみに，大連マブチという日系企業の労務管理事情はおおよそ以下のようなものであったという。「（日本のマブチ）本社の従業員1100人に対して，アジア各地の工場で働く従業員は約4万人。ここ10年で急激に膨らんだ従業員の管理だけでも容易なことではない。当初150人の従業員でスタートし，7年で50倍の陣容に膨れ上がった大連マブチで起きたスト騒ぎは，こうした人事管理の難しさを象徴している。大連マブチの女性従業員は3年契約で働く。勤務時間は，7：40～16：50と17：50～深夜2：00までの2交代制。1ラインに25名程度が配置され，持ち時間3秒以内に1つの作業をこなしていく。年間モーター生産量は2億個に達する。文字通り人海戦術のこのライン，工場関係者は『オトメ（乙女）－ション』と名付けている。離職率は1割程度。年間800人ほどが入れ替わる。『100人の募集に1000人の応募がある』（経理の中野和夫氏）というから，人員補充の苦労はないが，導入教育は頻繁に実施しなければならない。品質向上のために日本的な品質管理（QC）サークルの手法も導入している。班長を中心に『異物混入防止』などのテーマで話し合いを進め，1年間の活動を総合評価した報奨制度を用意している。中野氏は『素直で，のみ込みが速く手先も器用だから，彼女らのマネジメントは難しくない』と言う」（前掲誌32頁）と。

大連マブチでは，女子従業員の管理に関しては，それほどの苦労

はなかったというが、別の問題がストライキを通して浮き彫りにされてきた。「スト騒動が一段落したある日、十数人の従業員が西村総経理の部屋を訪ねてきた。ストに参加して迷惑をかけたことをわびたいと言う。『いろいろ話を聞いてみると、我々日本人スタッフに対する不満はなく、むしろ現地採用の中間管理職に対する不満が大きいことを知った』。課長や部長の中には、ほとんど仕事らしい仕事をせず、定時にさっさと帰宅してしまう者がいる。日本人スタッフのようにこまめに現場に足を運ぶこともなく、会議などでは部下のことよりも自分の利益を優先した主張ばかりする。『以前から経営方針や業績数字をオープンにし、管理職にも伝えていたのだが、彼らは自分のところで情報を止め、下には一切流していなかった』。これが、日本人経営者が不当に利益を搾取しているという誤解につながり、ストの一因となった」（前掲誌32頁）というのであった。一般的には、現地の人事・労務管理は現地人管理職に委ねる方式が「現地化」において重視され、日本企業のその点での遅れを指摘されることが多いのであるが、大連マブチは人選を誤っていたのかもしれない。

　さて、その当時、大連マブチのほかにも、中国にはおよそ8000もの日系企業が進出していたといわれるが、安い人件費を頼りにした「労働集約型」のメーカーが多かった。しかしながら、日中投資促進機構北京事務所によれば、「現地の従業員をいかに統率していくか、という点で進出企業の大半が頭を痛めている」とされた。そうしたなかで、中国人従業員を管理するコツのようなものを会得していたと見られるのが東芝大連である。「『労働者の個人的な素質は良い。工場をうまく稼動させるには、それぞれの管理項目を具体的に

示し,確実に実行してもらうことが大切』。東芝大連の中山武司社長は,中国ビジネスのポイントをこう語る。同社はモーターや電子部品の実装を手掛けている。作業現場で目につくのが,ラインごとに掲示される作業指示表だ。各班長がチェックすべき項目を細かく書いてあり,例えば始業時や終業時には『機械の点検』『作業場の汚れ』などを5分刻みでこなすよう規定している。従業員には『星取表』がある。分担する仕事を『指導員と一緒ならできる』『一人でできる』など4項目に分け採点。合格すれば給与を割り増しする。一方では,所定外の場所での喫煙や帽子のかぶり忘れに罰則を設けており,何度も繰り返す従業員は解雇される。手やコップの洗い方までマニュアル化するほどで,息苦しさも感じられるが,中山社長は『やるべきことを明確に指示した方が,中国では親切』と言い切る」(「中国の労務・人事管理」前掲紙)というように,厳格な管理とわかりやすいインセンティブ,そして罰則の適用などを内容とする一つの事例が示されていた。

次に,現地の合弁企業の経営(工場運営)に際して注意すべきポイントとしてしばしば指摘されるのが「現地人従業員と日本人幹部との間の意思疎通や意見調整」の問題であるが,そうした場合に重要な役割を演じるのが現地人の役員であり,「北京ワコール服装」が一つの模範的な事例を提供していた。「同社は1993年,国有の刃物工場を買収した。同時に相手先の190人を引き取り,縫製などの作業を基本から教えようとしたが,『日本の教育は厳しく,覚えが悪いと足でけられる』といったうわさが広がり,研修拒否の動きが出た。動揺を抑えたのは,副社長の呉森森氏。合弁相手である紅都時装から派遣された呉氏はワコールの企業理念や実績,教育方法を

話して回り,従業員研修を無事に完了させた。『やはり,中国人同士の方が理解しやすい。呉副社長の存在が大きかった』と,藤村国一郎社長は当時を振り返る。賃金交渉でも会社側の基本案の根回し役は呉氏が務めてくれる」(前掲紙) というのであった。

　以上のいくつかの事例は,中国において日系企業が従業員の労務管理に関して何らかの問題を抱えており,そして知恵を絞っていたことを示している。例えば,「進出企業が製造業の場合,技術畑出身の経営者が日本から送り込まれる例が多い。最大の目標が生産性の向上を通じての利益確保であるためだが,苦労するのはやはり労務・人事管理のようだ。激しいインフレが続く中国では,従業員からの賃上げや労働条件の改善を求める声がますます高まっている。進出企業も例外ではなく,現地企業の日本人幹部は,より労務問題に配慮する必要がありそうだ」(前掲紙) というように,労務管理の重要性が強調されていたのである。

　ところで,1994年10月から11月にかけての時期に関西生産性本部と日中経済貿易センターの合同ミッション「中国生産性・労使関係調査団」(団長・増田英樹オムロン専務) が中国の華北・東北地方を訪れ,現地の外資系企業の経営状況や労使関係などについて視察を行っていた。その調査結果のいくつかは,安室憲一・神戸商科大学教授がインタビューに答える形で紹介されていた。それによれば,かつては人件費の安さに着目して日本企業も中国に次々と進出していったのであるが,1990年代半ば頃には,中国でも人件費の急騰や労使関係の悪化などに悩まされる日系企業の姿が見出されるようになっていたという。中国での現地経営のイメージが大きく変わろうとしていたのである。

まず，人件費の急騰という点について安室教授は，「大連では1993年の平均賃上げ率が50％に達するなど，賃金の高騰ぶりはすさまじい」と指摘したうえで，「日系企業の場合，現地でも日本と同様に年一度の昇給制度を設けているところが多いが，これでは物価上昇率が年30％に及ぶ現状に対処できない。極端に言えば，今後は月単位で賃上げを実施しなければ，他の外資系優良企業との給与格差が広がり，労使紛争の火種にもなりかねないとの印象を受けた」（「『低コストの国』中国の実態は」日経産業新聞1994年11月30日）と語っていた。「平均賃上げ率50％」，「物価上昇率年30％」，「月単位の賃上げ」など，その当時の中国の異常ともいえる状況が伝えられていた。安室教授によれば，具体的な事例として，北京に進出していた「ヤオハン」では，物価上昇分の穴埋めとして，業績に応じたボーナスが「毎月」支払われていたという。従業員の平均賃金が月に600元（当時のレートで，1元＝約12円）支払われるほかに，ボーナスが約350元支払われていたのである。

なお，安室教授によれば，賃金の高騰に加えて，賃金格差や福利厚生などに対する不満から各地で「労使紛争」が増えていたという。1994年の第1四半期だけで中国全土の労働争議の件数は3000以上にのぼり，前年同期比で7割の増加であった。

日中投資促進機構が1994年秋に，中国に進出している日系企業を対象として実施したアンケート調査（回答企業数は230）の結果によれば，経営状況に関して「黒字」とした企業が73％にのぼっていたものの，物価や諸費用の高騰など，経営環境の悪化を憂慮する企業の数もかなりあったという。「日系企業が特に問題視しているのは賃金の高騰で，34社が指摘した。賃金上昇率は平均20～30％。上

海以南ではサービス業の場合，新入社員でも月収1000元（1元＝約12円）を超す事例が数多く報告され，年収1万元以上は当たり前となりつつある実態を裏付けた」（「中国進出の日系企業　インフレや法制度に不満」日本経済新聞 1995年2月5日）というのであった。

　日中投資促進機構が実施したアンケート調査では，日系企業の経営者たちが中国での「賃金高騰」を問題視していることが明らかにされたのとは対照的に，中国側での調査の結果はかなり違ったものとなっていた。「中国に進出している日系企業で働く中国人社員は欧米系企業に比べて給与水準が低いとの強い不満を持っていることが，中国社会科学院などの調査で分かった。（中略）中国共産党機関紙『人民日報』によると，社会科学院と日本のアジア社会問題研究センターが合同で，中国の沿海部にある日系企業の6478人の中国人社員を対象に調査したところ，『現在の給与に満足していない』との回答が87％に達し，56％が転職を希望しているという。特に日本国内の社員の給与の10分の1というのもさることながら，香港や台湾から来ている社員の10分の1などというのは納得できないとの不満の声を伝えている。人民日報は欧米系企業より日系企業の給与水準が低いことは事実とする統計も引用しているが，その一方で日本の年功序列的な賃金制度に中国人社員がなじめず，なぜもっと早く昇給しないのか，40歳を超えるまで待っていられないとの声が多いことも紹介（している）」（「中国人社員は給与に不満」日本経済新聞 1995年2月8日）というのであった。日系企業の報酬制度や昇進システムに対する中国人の不満がやがて現地での「人材確保」に支障をきたすことになるという点については後にもう一度取り上げよう。

　なお，中国における「賃金高騰」という点については，資料のデ

ータが古すぎるので,比較的に最近の数字を少し見ておこう。数年前のことであるが,中国では,公的機関が賃金引き上げの水準に「ガイドライン」を設けて賃金高騰に歯止めをかけようとしていた。「中国広東省の労働・社会保障庁は,同省各市の関連部門や省直轄企業に対し,2002年度の従業員の昇給率を示したガイドラインを公布した。それによると,昇給率は前年度比11～15％増に設定した。同省では独自にガイドラインを設定している市もあり,広州では11.8～16％,深圳では10～16％となっている。同省に進出している外資系企業の間では『消費者物価がほぼ横ばいかマイナスで推移する中で,二ケタ台の昇給率は高すぎる』(大手日系家電)との指摘も出ている」(「昇給率11～15％に設定」日経産業新聞2002年9月19日)と報じられていた。また,それからおよそ半年後に,「日本貿易振興会(ジェトロ)は,中国都市部の2001年の平均賃金が前年比で12～19％も上昇したとの調査結果を明らかにした。人件費の安い中国に海外企業が相次いで進出しているが,経済成長に伴う賃金の上昇で企業の中国戦略に影響を及ぼす可能性も出てきた」(「賃金12～19％UP！」読売新聞2003年3月16日)とされていたのである。

2　中国における「松下流・日本的経営」とその後の展開

　1990年代における,日本企業の「勢いの喪失」を反映するかのように,日本的経営の「ご威光」は次第に輝きを失っていくのであるが,1990年代半ば過ぎの頃には「日本式」がなおも有効であったと見られる事例を少し取り上げておこう。海外において最初は現地の人たちから「奇異」に受けとめられていた,日本的経営の実践面で

の特徴としてしばしば取り上げられるものに，始業前のラジオ体操，社歌の斉唱や社訓の唱和などがある。日本国内でそうした特徴がどれほど継承されているかは不明であり，この間の日本人社員の気質や意識の変化からすればはなはだ心許ないと思えるのであるが，中国に進出した日系企業において「日本流のやり方」がしっかりと踏襲されていたのである。「開放政策で高層ビルの建設ラッシュが続く中国・上海市。午前8時30分。上海の浦東地区にある上海松下電子レンジで250人の従業員が一斉に社歌を歌い始める。『明るい心，あふれるいのち，豊かに結ぶ松下電器……』という日本のオリジナルのうち松下の部分が上海電子レンジに変わっている。続いて松下幸之助翁の作成した松下七精神が唱和される。藤本延敏社長はいう。『日本では集団主義や忠誠心は時代遅れといわれている。まして組織より個人という風土の中国で日本式の導入に迷ったが，結果的に受け入れてくれた』」(「〔企業の選択〕アジアでいきる『日本流』」日本経済新聞 1996年12月22日) と。

　その当時，上海松下電子レンジは操業開始後2～3年が経過しているにすぎなかったが，生産額は年々「倍々ゲームで」伸びていたという。1997年初め頃の時点で松下電器産業は中国全土に34の合弁企業を立ち上げていたが，そのうちの31社は，それまでの2年間ほどの間に操業が開始されていた。1994年に中国で本格的な生産が始まり，生産額は年々増加し，やがては海外における松下グループの最大の生産拠点になることが見込まれていた。そしてそれらの合弁企業においては，松下の「日本的経営」がしっかりと息づいていた。「松下の34の合弁企業は相手がすべて違う独立会社。それでも全社の始業時に2万人の従業員が中国語に訳された松下社歌を歌い，松

下七精神を唱和する。日本流の極め付けは北京にある松下電器中国での幹部研修。同社は持ち株会社ではないもののグループの擬似本社的機能をもつ。ここの人材研修センターに中国人の幹部候補生が集められ，幸之助翁の語録を教材に徹底的に松下哲学を教え込まれる。日本では否定的な意味合いで言われる『金太郎飴(あめ)集団』が中国の松下の快走を支えることになる」(「〔成長なくして戦略なし-上-〕日本的経営の強み発揮」日経産業新聞 1997年1月16日) と述べられていた。

　ところで，ここ10年間，日本において注目を浴びることがめっきり少なくなった「日本流の経営手法」がなぜ中国で効果を発揮していたのか，という点については，「社歌はじめ小集団活動，人材研修，新卒採用，年功賃金と日本的手法─アジアで展開する松下流経営が中国でも根をおろし始めた。受け入れられた理由は，国，産業，会社自体がともに急成長しているからだ。(中略)『中国の家電は年率3割という右肩上がり市場。そうなると日本的経営のノウハウが活きる』(藤本社長)」(「アジアでいきる『日本流』」前掲紙) というような分析がなされていた。かつて日本が高度経済成長を遂げ，その時期に日本的経営がきわめて効果的であったのと似通った状況が中国に訪れようとしていたのかもしれない。「欧米に進出した日本企業は現地化しないと非難され続けた。成長が続くアジア地域では『事業と人を育てる日本的経営は資本の論理の欧米流より高い評価を受けている』(神戸大・加護野忠男教授)。現地トップの登用など問題は抱えるが，『成長は七難隠す』というわけだ。従来の日本式そのままではないが，日本の高度成長を支えた『企業の形』の原形が，今のアジアにぴったりはまる」(前掲紙) というのであった。

また,「アジアでの成功は成長期には日本的経営は強みを発揮するという単純な事例だろう。正確にいうなら,成長しているときには,日本的であろうが欧米的であろうが大差は生まれない」(「日本的経営の強み発揮」前掲紙)とも指摘されていた。

いうまでもなく,将来性に富む中国には,日本企業だけでなく,欧米企業も盛んに進出していたのであるが,中国人の幹部社員候補生の採用をめぐって,欧米系企業と日系企業とのあいだで「手法や戦略の違い」が顕著になっていた。「上海では松下のライバルのフィリップスやモトローラなど欧米勢の多くが留学組の中国人をヘッドハントしてトップにすえ経営を任せている。幹部,エンジニアも松下など日本企業の2倍近い高給で集めた即戦力で固める」(「アジアでいきる『日本流』」前掲紙)というように,欧米系のライバル企業は松下よりもかなり高い給料で即戦力を確保する戦略をとっていたのに対して,松下は「日本流」を貫こうとしていた。「藤本延敏社長は,当初米国流の人材スカウトや賃金体系の導入も考えたという。ライバルのフィリップスやモトローラなど欧米企業が松下の給料の5割増しで即戦力のマネジャーや技術者を募集していたからだ。結局,新卒者を採用,ゼロから教育していく日本式を採用した。『中国の家電は年率30％増という急成長市場。そうなると新卒採用,年功序列,小集団活動の日本的経営が強みを発揮する』との理由からだ」(「日本的経営の強み発揮」前掲紙)というように,長期的な視野での「人材育成」がやがては経営の成功につながる,との見方をしていたのである。榊原勝朗取締役アジア大洋州本部長は,アジア全域で「松下流」が成功している理由として,リスクをとって早く進出したこと,「人材育成」が進んだこと,という二つの大きな要

因をあげたうえで,「マレーシアでは4年後に現地生え抜きをトップにする。短期志向の欧米企業や韓国企業と比べて欲しくない」と強調していた。

　なお，1990年代半ば頃に中国で「松下流」の日本的経営が強みを発揮していたのに対して，その頃に日本国内では，もはやかつてのような成長を望めなくなってきた中で日本的経営が大きく揺らぎ，待ったなしの改革が進められようとしていた。「日本本社ではアジアで強みを発揮した松下流は急速に変貌しつつある。年功賃金から査定を拡大した能力主義賃金。企業の核となっていた中間管理職に対しても組織への忠誠心より自立を促している。また技術者など即戦力の大量スカウトも計画しているという」（前掲紙）とされた。日本的経営を代表する企業の一つとされてきた松下電器産業でさえも，欧米流の経営手法や人事戦略にシフトしようとしていたのである。

　さて，前述のように，1990年代半ば頃に松下電器産業は「松下流」を用いて中国で快走を続けていたのであるが，その後の展開にも少し触れておこう。たしかに，1990年代半ば頃の時点では，中国のテレビ市場は，松下にとってまさに「ドル箱」であった。鄧小平氏が改革開放と経済成長の加速を指示した「南巡講和」をきっかけにして，テレビの需要が急増し，ブラウン管を製造する合弁会社の北京松下彩色顕像管に注文が殺到することになったという。また，日本から輸入されていた大画面テレビ「画王」が大ヒットし，外資系ブランドを好む中国の富裕層の間で高級テレビの代名詞ともなった。ところが，1997年を境にして，市場環境が激変することになった。中国メーカーの生産能力増強によって市場が供給過剰に陥り，

乱売合戦が始まることになったのである。その後の4年間で店頭価格は半値以下となり、そうした煽りを受けた北京松下は1999年半ばに単月赤字を記録することになった。また、テレビの完成品の組み立てを行う合弁会社の山東松下映像産業はさらに大きな打撃を受けた。ソニーが1998年に大画面平面ブラウン管テレビ「ベガ」を中国で発売し、高級テレビ市場のシェアを落とすことになったため、山東松下は1999年、2000年と2期連続で赤字に陥ったのである。

こうして、苦境に陥った松下グループは、中国でのテレビ事業体制の立て直しに取り組むことになるが、その改革のなかには、製品開発や販売戦略の再構築とともに「人事制度の改革」も盛り込まれていた。「特筆すべきは、経営のスピードを高めて新製品の立ち上げを早めようと、合弁会社の人事制度改革にまで踏み込んだことだろう。北京松下では、課長級以上の管理職に1年間の任期制と業績連動の給与制度を導入した。従来は同じ職位なら給料はほとんど同じだったが、新制度では給料の半分以上を業績給に変更した。会社が赤字ならばゼロ。黒字でも個人の実績に応じ、平均値からプラス30～マイナス50％の差がつく。『日本の松下の人事評価制度を下敷きにしたが、給与の幅は思い切って日本より大きくした。管理職の目の色が変わり、積極性が出てきた』と、飛永龍生総経理は効用を話す。一方、山東松下は中国のライバルメーカーに学んだ。中国でシェアトップのTCL集団（広東省恵州市）の李東生総裁を池内総経理が訪ね、人事制度について意見を交換。それを参考に全社員の就業契約を1～2年間に短縮し、大胆な能力給も取り入れた。『地元メーカーにできることが、外資系にできない理由はない。中国流の良い部分は今後もどんどん学んで取り入れたい』（池内総経理）」

(「〔時流超流〕松下電器,中国のテレビ事業再建に大なた」『日経ビジネス』2001年2月19日号20頁)というのであった。

　この記事からおよそ2年後に,松下電器産業が中国の子会社を対象として,「成績が悪い社員には退職を促す」という現地の雇用慣行を導入する方針が報じられた。「中国子会社で導入するのは成績が下位5％の社員の退職を促すことから『5％ルール』とも呼ばれるもので,中国の大手企業では一般的な雇用慣行。まず広州市のエアコン製造拠点で採用,今年度中に上海市のプラズマパネル工場など10拠点に広げる。生産性の低い工場作業員や成果が低い管理職などに対し,給与の引き下げやポスト変更などを通じて退職を促す。一方,成績の良い社員は優先的に昇給・昇格させる。松下はこれまで中国で雇用維持を重視した日本型の人事制度を運用し,このルールを採用していなかった。しかし,現地企業との競争が激しい中国市場で生き残るため,信賞必罰の仕組みに移行する」(「成績下位なら退職促す」日本経済新聞2003年4月11日)というのであった。

　松下電器産業は2003年秋に,2004年度から中国において「成果主義」を重視した人事・賃金制度を本格的に導入する方針を明らかにした。現地の従業員の営業成績や生産能力を給与や賃金に大きく反映させようというもので,給与格差は最大で3倍になると見込まれていた。中国にある53の現地法人,約4万5000人の従業員のうち,営業部門と生産部門が主な対象とされた。このほかに,すでに触れたように,成績の悪い従業員には退職を促すという。こうした新たな人事・賃金制度の具体的な仕組みは次のようなものとされた。「販売部門では松下電器・中国で導入した営業担当者の歩合給制度をモデルとする。営業成績に応じた歩合給を固定給に加算するもの

で，営業ノルマの達成率が9割に満たない場合は歩合給はゼロとなる。歩合給部分は現在5割だが，将来は7割程度まで引き上げる考えで，営業成績に応じて3倍の給与格差が生じることになる。生産部門では，一人で製品を組み立てる『セル生産』方式に対応し，一日の生産台数を給与に連動させる。一台当たりの報酬を決めて最低賃金に上乗せするもので，厦門松下オーディオ（厦門市）で試験的に導入した。一日の生産能力に個人差があるため，能力に応じた報酬で従業員の士気を高める。成績が下位5％の社員に退職を促す『5％ルール』も導入する。中国の現地企業では一般的な雇用慣行だが，中国に進出する日本企業ではまだ珍しい。松下はこれまで職種ごとにほぼ一律の賃金体系を適用してきた。欧米より厳しいとされる中国企業の能力主義制度を取り入れ，競争力を高める狙いだ」（「松下電器　中国で成果主義」日本経済新聞2003年10月27日）というのであった。

　日本国内でも「雇用維持」の看板をかなぐり捨てて大規模な人員削減を実施して話題を提供した松下電器産業は，中国において，まさに「郷に入っては郷に従え」を実践しようとしていたのである。

3　中国の国有企業改革と人事・雇用制度

　周知のように，1970年代末の「改革開放政策」の採用・推進以降，とりわけ1990年代以降の中国は大きく変身を遂げてきた。かつての経済体制の主体であった「国有企業」における人事・労務管理制度には，終身雇用や平等主義など，往時の「日本的経営」を多少とも連想させる特徴が見出されていた。しかしながら，「市場経済化」

に向けて大きく舵を切った中国では，国有企業の「ぬるま湯体質」にも鋭く，大胆にメスが入れられ，あらゆる面で改革が推し進められてきた。以下においては，ごく少数ではあるが，中国の国有企業が変身を遂げてきたいくつかの事例を取り上げてみよう。

1998年の日経産業新聞の記事によれば，中国の国有企業改革の状況が以下のように伝えられていた。「計画経済時代から続く政府の介入と非効率経営で『いずれ安楽死する』と陰口をたたかれる中国の国有企業にも，市場経済の導入と改革の波にもまれて自立心が芽生えつつある。国家に依存する『親方五星紅旗』意識からの脱却を目指して社内への競争原理の導入や，政府や共産党にコネを持つ経営者の引退を機に拡大路線を修正する動きが目立つ。しかし，いまだに地方政府との関係に縛られて改革に踏み切れない企業も多い。中国経済の最重要課題のひとつである国有企業改革の実態を各地に探った」(「模索する中国国有企業」日経産業新聞1998年11月24日）と。

中国河南省の省都，鄭州市にあるバスメーカー，鄭州宇通客車は1997年に上海証券取引所に上場することになるが，1993年に株式会社になってから行った「社内改革」が際立っていた。社内改革の目玉は「社内人事制度」にあった。工場の作業員同士で，関連部署同士で，幹部と部下とのあいだで能力を互いに評価し合い，評価が低かった3％の人員を「社内下崗（シアカン）＝一時帰休」の対象にするという制度である。対象とされた者は，企業内で再訓練を受け，改めて採用されるが，訓練後も「能力がない」と認定されると，解雇される，という厳しい制度なのである。実際に，1998年度前半だけで幹部社員3名が解雇されたという。創業してから30年が経過していた鄭州宇通客車は，最初から厳しい人事制度を採用していたの

ではなく,「いったん入社すれば,死ぬまで生活が保障される」というような,中国国有企業の典型とも見られる存在であった。ところが,外資系企業の参入や中国国内企業の販売拡張などで競争が激化することになり,副総経理(副社長)によれば,「考え方を転換した」のである。

なお,厳しい人事制度のほかにも,研究開発部門を分離して製品ごとに開発契約を結ぶ方式も取り入れ,「品目数や品質に応じて研究費やボーナスを変える」という一種の「刺激的報酬制度」を導入していた。その結果として,製品の種類が一挙に四十余りにも増え,しかも販売地域は河南省内から中国全土の9割にまで拡大したという。売上高も,1993年には7100万元(1元＝約15円)だったが,1997年には4億3000万元にまで急増することになった。

中国の国有企業改革の「過激さ」を示す一つの例として,合成洗剤原料をつくっている撫順石油化学公司の労務管理制度があげられる。「従業員の管理は厳しく,たばこを職場に持ち込んだことが見つかると1500元(1元＝約15円)の罰金(平均給与は700～800元)。幹部なら即解雇,という厳罰主義を導入して2年になる」(「公約優先,人減らし断行」朝日新聞1999年5月7日)というのであった。なお,同公司の洗剤加工工場の林宝才・党書記が,「人が多すぎる。2000人いる従業員を今年中に600人にする」と語っていたように,国有企業改革の中心に大規模な「リストラ」が据えられていたことは言うまでもない。

中国国有企業改革に関する話題は,2000年の以下の記事によってさらに詳細に取り上げられた。「市場経済化に乗り遅れ,停滞,赤字経営が続く多くの中国国有企業の中から,復活を遂げる企業が現

れ始めた。実力主義の人事・雇用制度や積極的な新製品開発戦略，従業員の資本参加などトップ主導の手探りの経営改革に成功した企業だ」（「経営改革で復活相次ぐ」日本経済新聞 2000年5月8日）というように，多くの中国国有企業が改革を成し遂げられないなかで，いくつかの「先進的な」企業は見事に改革を成功に導いてきたのである。

まず，最初に，無名の赤字地方企業が数年のうちに中国有数の冷蔵庫メーカーにまで成長し，米GE社向けに年間30万台の小型冷蔵庫のOEM（相手先ブランドによる生産）供給を始めるまでに力をつけた事例があげられる。「『今日働かなければ，明日は職を探すことになる』。冷蔵庫を中心とする国有家電メーカー大手の新飛電器（河南省新郷市）は，社内にこんな過激なスローガンを掲げる。同社は従業員の給与を部門や職場別の利益に連動して決める徹底した実績主義を3年前に導入した。人事面でも，部長級5人と課長級68人の管理職を公募や抜てきで選び，1年後の評価が悪ければ解雇や降格する仕組みを整えた。98年には7人，昨年は3人がポストを追われた。課長の年齢は26歳から53歳までと年功序列とは無縁だ。劉炳銀・総裁は『計画経済で育った国有企業の改革には人事・雇用改革が先決』と強調する」（前掲紙）というのであった。

次に示す事例は，国有企業のかつての「常識」を根底から打ち砕くものであった。「『親が勤めていても，試験に合格しないと入社できない』。メーカー大手の保定天威集団（河北省保定市）は昨春こんな採用方針を打ち出し，全国的な話題になった。国有企業は従来，親が勤めていれば子供一人は入社を保証され，それが地域の雇用や経済の安定要因になっていたからだ。同集団の丁強・董事長は『怠

けても解雇されず,子供にも職が自動的に与えられる無競争の人事制度が国有企業の非効率性の温床』と話す。同社は昨年初めて現場の工具として大学の新卒者を二十数人採用し『大卒は幹部候補』という既成観念も打ち破った。同董事長は『知識,技術は最も重視するが,昇進,昇格は実力』と強調する」(前掲紙)というように,きわめて大胆な改革が試みられていたのである。

これまで見てきたように,中国の国有企業において大胆な改革が進行しつつあったのであるが,「年俸制」を導入する試みまで現われてきた。「年俸制」といえば,欧米企業でかなり浸透し,日本でも大企業を中心に広く採用されている報酬制度であるが,企業のトップに限定されてはいるものの,中国の国有企業もそれを導入しようとしていたのである。「中国広東省の広州市は市の国有企業の給与制度を見直し,2002年から董事長(最高経営責任者に相当)の給与に年俸制を導入する。同市政府のスポークスマンが明らかにした。新制度により,年収が現在の約10倍の100万元(1元＝約15円,約1500万円)を超える董事長も現れる。中国政府は国有企業改革の一環として年俸制を検討してきたが,改革・開放のモデル地区として広州市が先行導入することになりそうだ。広州市人民政府新聞弁公室によると,今月初めに張広寧副市長が新制度の概要を明らかにした。これによると,董事長の年俸は基本給,管理する資産や従業員の数,利益率などに基づいて計算する。詳しい算出方法は明らかにしていないが,年俸制により国営企業トップは,現在,最高でも10万元程度の年収を,業績次第で10倍以上に増やすことができるという。中国では現在,大手家電メーカーの科竜(広東省・順徳市)の董事長の年収が全国最高の125万元。私有企業や外資系企業幹部の

年収との格差を是正することによって国有企業幹部にインセンティブ（動機づけ）を与え，競争力を高める狙いとみられる」（「国有企業改革　トップに年俸制」日本経済新聞2001年6月18日）と報じられたのである。私営企業においてもまだ少ないと見られる「年俸制」を国有企業が率先して導入しようとするところに，国有企業改革の過激さが現われているのかもしれない。

　ところで，中国の国有企業改革は，何らの軋轢もなしに実行されたのではなく，当然のこととして「痛み」を伴っており，とくに高齢者には厳しい現実が待ち受けていたようである。そして時には悲劇的な事態を招くことにもなったという。「四川省や湖南省の国有企業では昨年来，高齢者を退職に追い込むリストラを徹底的に進めた30～40代の経営者が，恨みを買って殺される事件が相次いでいる。3月4日，黒竜江省にある中国最大規模の大慶油田では労働者約2万人が抗議集会を開いた。一触即発の険悪な事態になったのは，従業員7万人が早期退職などに追い込まれ，会社への不満が高まっていたからだ」（「〔中国―改革　新世代へ〈下〉〕痛み伴い若返り加速」日本経済新聞2002年3月19日）と。しかし，このような事態が生じたとしても，そうした流れはもはや止められそうにないとされていた。「『それでも市場経済化の流れは止まらない。誰が政権を継承しても』。浙江省の貧農から身を起こし，自動車部品から金融まで手掛ける有力企業家となり，全人代委員も務める魯冠球氏（57）は，そう言い切る。『毛沢東は人民を主役にした。鄧小平は人民を豊かにした。江沢民は私営企業家の立場を明確にした。既に矢は放たれた』」（前掲紙）というのであった。

4 海爾集団の人事・労務管理戦略

 中国では,国有企業の改革が急ピッチで進められている。中国のいくつかの有力な企業における人事・労務管理制度改革を取り上げることによって,その大躍進の要因やパワーの源泉を探ってみよう。
 まず,日本の三洋電機と提携し,日本市場に参入してきたことで大きな話題を集め,日本で最も知名度が高いとみられる,家電最大手の海爾集団(ハイアール)に注目してみよう。2002年1月初め時点において海外160ヵ国で製品を販売してきた同社にとっては,日本は唯一の空白地域であったという。ハイアールは,ドイツ風の町並みが広がる青島市に本社工場を持っているが,その工場内の風景は,急成長を遂げてきた企業の勢いや活力を感じさせるものであった。「塵一つ落ちていない清潔な工場に一歩足を踏み入れると,目につくのは壁のあちこちに張り出された手書きの創作ポスター。品質管理の重要性や,コスト削減が従業員の利益につながることなどを一目でわかるように,従業員自身がイラストを描いた。『ハイアールでは現場の創意工夫で良い成果が出た場合,従業員の給料が上がる仕組みになっている』と張瑞敏・最高経営責任者(CEO)。現場の改善提案は活発で,生産効率の上がったラインにはその発案者の名前をつけるなどして士気を高めている」(「家電最大手・海爾集団が日本進出」日経産業新聞2002年1月10日)と報じられたように,まさに生産現場の熱気が伝わってくるかのようである。従業員の士気を高める仕組みはきわめて素朴なものであるが,その現場の雰囲気は,かつての日本の多くの工場で漂っていたものかもしれない。
 2001年に,ハイアールのルーツそして急成長の要因が次のように

紹介されていた。「日本メーカーを震撼させている海爾集団は,今や世界ランキングでも9位に位置する世界ブランドとして急成長を遂げている。そんなハイアールもわずか16年前の1984年までは,山東省の青島にドイツとの合弁で設立された利渤海爾という小さな冷蔵庫の製造会社にすぎなかった。しかし,ドイツの会社の倒産によって,ハイアールは中国サイドの企業が事業を引き継ぎ,苦境のなかから再建に乗り出した。再建当初は,掘立小屋のような老朽化した工場で,600人の社員の給料も出せなかったという。冬は暖を取るために,木の窓枠をはずしてたき火にする者が後を絶たず,工場の窓が揃っていたことはなかったと社史に記されている。そんな零細工場が,わずか16年で中国最大,世界ベストテンの企業に上りつめてきた要因は,ドイツ企業で培った高品質へのこだわりだ。これには,かつて不良品を作ったとき,ハイアールの工場長が自らその冷蔵庫を公衆の前でたたき壊したという逸話がある。以来,ハイアールは徹底した品質管理をし,それが信用となって販売を拡大してきた」(「家電メーカーの屈辱」『週刊ダイヤモンド』2001年8月25日号40頁) と。

ちなみに,ハイアールの前身である企業の工場長に張瑞敏氏が派遣されたのは1984年のことであった。その頃の従業員数はわずか600人にすぎなかった。ハイアールは18年後には従業員数約3万人の巨大企業にまで急成長するのであるが,先ほどの「逸話」がもう少し詳しく述べられているのが以下の叙述である。「1985年,ハイアールの名前を全国にとどろかせる事件が起きた。当時,同社が生産していた冷蔵庫は中国では大変なぜいたく品。一台あたりの価格は平均的労働者の年収の数倍はしたが,不合格と判定した76台もの

完成品を張氏は従業員の目の前で惜しげもなくハンマーで打ち壊した。現場主義と品質を重視する同社のブランド戦略の源流はここにある」(「家電最大手・海爾集団が日本進出」前掲紙) と。やはり,「品質」はきわめて重要な要素なのである。

　日本の家電メーカーは,13億人もの人口を擁する中国の「巨大な市場」と圧倒的な「人件費の安さ」をあてにして,次々と中国に進出してきたが,進出した日本メーカーを待ち受けていたのは,日本国内に勝るとも劣らない激烈な「競争」であった。欧米の有力家電メーカー (GE,シーメンス,フィリップス等……) のみならず,韓国からもサムソンやLGなどの家電メーカーが中国に集結し,熾烈な競争を繰り広げていた。しかも,それらの海外のメーカー以外にも,日本企業にとっての「脅威」になってきたのが,急速に技術力や販売力を伸ばしてきた中国の家電メーカーである。中国メーカーの強力な「武器」は,言うまでもなく,低コストを基盤にした「低価格」であったが,そうした捉え方は大きく変わろうとしている。「従来,中国製＝粗悪品というイメージがあり,中国の消費者にとって品質面での日本メーカーへの信頼性は強かった。ところがここ数年,皮肉にも日本のOEMなどで高い技術力を身につけた中国メーカーの品質が急速に向上してきた。日本メーカーに勝るとも劣らない高品質で,日本メーカーを震撼させている。その代表的な存在が,中国最大の総合家電メーカー・ハイアール (海爾) 集団だ。ハイアールは,いち早く品質,サービス共に中国製品＝粗悪品のイメージを払拭し,国内シェア約30％というダントツの販売量を誇っている。(中略) ハイアール以外にも,長虹,美的,康佳,TCL,金星など,多くの中国メーカーが年々品質を上げており,なおかつ

低価格で,日本メーカーの前に立ちはだかっている」(「家電メーカーの屈辱」前掲誌38〜39頁)と指摘されたのは2001年夏のことであった。

さて,ハイアールの急成長を支えている人事・労務管理制度とはどのようなものだろうか。その仕組みの一端は,次の叙述からも垣間見ることができよう。「同社の生産現場には,日々の各従業員の働きぶりを示した顔の表が,誰からも見える所に張り出されている。特に優秀な社員は赤地の丸いにっこりマーク。悪かった人は黄色のしかめっ面マークという具合に働きぶりは誰の目にも一目瞭然。それは毎週集計されて,成績の良い人,悪い人のどちらもが管理者の講評とともに張り出される。もちろん,こうした評価は各自の給与に直結してくる。研究開発部門の社員の評価も『市場主義』を貫き,手がけた商品が売れたかどうかで収入は大きく変動する。ただし,誰にでも挑戦の機会を均等に与えるために設けた『公開入札制度』が,合理的でない収入格差が生じる歯止めとなっている。例えば,製品開発プロジェクトでA氏が『開発期間は3ヵ月,必要資金は5万人民元』と立候補し,B氏は『期間は2ヵ月半,必要資金も5万人民元以下でできる』と主張したとする。検討の結果,B氏の案の信頼性が高いとなれば,A,B両氏の職歴や上下関係にかかわらず採用し,その分の報酬を手にできるという具合だ」(「気が付けば中国は世界の工場」『日経ビジネス』2000年11月27日号32頁)というように,従業員や社員のあいだに「競争意識」を高めさせ,そこから活力を引き出そうとしているのである。しかも,競争の結果は「収入に直結」するのだから,当事者も真剣にならざるをえないのである。張瑞敏・首席執行官は,「個人の評価は商品を通じて市場が決める

もの。実績に応じて年収に10倍の差が付くのも当然」と語っている。日本の企業でも，10年以上前から，「成果主義」や「業績連動」などの合言葉を掲げて「競争意識」や「報酬格差」を浸透させようとしてさまざまな試みがなされてきたが，大きな成果を得たというような話を耳にすることはそれほどないだろう。「中国流」は，きわめてシンプルではあるが，日本人の感覚からはかなり「過激」に映るのかもしれない。

ハイアールでは，従業員の「働きぶり」の"公開"だけでなく，幹部社員の「成績・評価」の"公開"も行われている。この点については，ジャーナリストの莫邦富氏が張瑞敏・首席執行官にインタビューしていた。「中国でビジネス的に失敗した日系企業から，従業員の素質が悪いという指摘をよく耳にしますが，経営者としての反省はあまり聞かれません。海爾本社ビル地下一階の食堂横に幹部に対する評価採点表が張り出されていて，なかには評価が下がっている幹部もかなりいますね。日本から来た人間がこれを見たら，みな驚くと思いますが」と莫邦富氏が質問したのに対して，張瑞敏氏は，「私たちの企業管理は，チームワークを重んじる日本企業の管理理念と米国企業の創造精神を吸収し，さらに中国の実情に合わせた内容を入れてつくり上げたものです。従業員の素質が日本人や米国人に及ばないことを考え，海爾は競合システムを導入しました。社員に対する評価は幹部の採点によるものではなく，本人の実績によって決まり，いいことをすればそれだけ点数もあがります。日本企業は終身雇用制で，問題社員がいても解雇できない。だから，社員の長所を見出すことでしか労働意欲を刺激することができないのです。問題社員をなくせないと，会社の活力を損なってしまう。日

本との合弁企業にも同様の問題が存在しています。社員をほめることしかできないのです。問題点を指摘すれば社員本人も大きく進歩できたかもしれないのに。日本の企業管理は昔，世界的に評価され，お手本とされていました。ですが，今や日本企業自身も再勉強が必要だと感じています」(「沸騰する中国」『週刊ダイヤモンド』2001年11月3日号35頁）と応えていた。ハイアール流の「人事・労務管理手法」が実は日本，米国，そして中国の「ハイブリッド型」であることが告白されるとともに，日本の管理手法に対する多少とも辛口のコメントが添えられていたのである。

次に，ハイアールにおける，社員のやる気を高める仕組みについては，「海爾は今や有数のブランドです。そのブランド意識を社員にも共有させるのでしょうか」との質問に対する張瑞敏氏の回答にも現われていた。「社員に会社のブランド意識を無理矢理共有させようとはしません。ただ，会社に貢献した社員は会社の宝とします。生産ラインに合理化提案で貢献した馬という社員がいたとします。効率が上がった生産ラインのその部分の呼び名にその社員の名前を当て，『馬氏工程』と呼ぶのです。会社をブランド化する前にまず社員をブランド化する。ブランド化社員がたくさんいると，会社も自ずとブランドとなります。これは日本企業から学んだものだといえます。逆にいつも問題を起こす社員は，そのランキングを下げる。3ランク下がった社員はクビ。毎年10％の社員が交代させられます。これが中国企業の厳しいところで，日本企業には真似できないでしょう」(前掲誌36頁）というように張瑞敏氏は語っていた。

5 中国の有力企業における人事・労務管理戦略

ハイアールのほかにも,急成長を遂げてきた中国企業は数多いが,田舎の小さな郷鎮企業から中国有数の家電メーカーに成長してきた「美的（ミデア）集団」の総裁,何享健氏に対するインタビュー記事から,美的集団の人事・労務管理戦略を探ってみよう。「かつて,中国経済の主役は国有企業でしたが,近年は民営企業の躍進が目立ちます。美的の経営は,国有企業とはどのような点が違っていたのでしょうか」という質問に対して,何享健氏は,国有企業と違って国家から何らの援助も受けていないことがかえって自らの経営努力で市場経済に適応する方策を探り当てることにつながった,というような点を強調しつつ,「市場志向の経営や社員へのインセンティブの与え方などの点で,美的は国有企業とは大きく違います。創業以来,絶えず変革を追及しており,新機軸や新企画を歓迎し,社員の積極性を引き出すように心がけてきました。外部の環境が変化すれば,社内もそれに応じて対応します。それが市場に適応するということでしょう」（「翔ぶ『世界の工場』中国」『日経ビジネス』2001年10月15日号38頁）と答えていた。

次に,「各部門や社員に厳しい目標管理を徹底しているそうですね」との質問に対しては,「ここ数年,管理職クラスへの目標管理の導入など,経営管理体制を改革してきました。企業の所有権と経営権を分離し,責任の所在を明確にすることにも注力しています。目標に対して業績を伸ばせば,昇給や昇格など待遇が良くなります。反対に業績が悪ければ減給や降格人事もあります。これには社員も納得しています。役職は公募制にし,誰にも公平に機会を与えてい

ます。審査は実力主義を採用し,競争結果も公開します。能力ある人材には,どんどん機会を与えようということです。逆に職責を果たせないようなら,そのポジションから外れてもらいます。こうした改革を行って以降,企業内部の競争意識が高まり,社員が自覚して自分の能力を発揮するようになりました。国有企業のように定年まで保証された待遇ではないので,目標管理の効果は絶大です。なぜこのような制度を導入したかといえば,企業経営の要諦は人事にあると思うからです。良い人事システムなくして,企業は存続できません。さらに競争原理が働かなければ,そのシステムもうまく機能しません。組織の活性化は,競争があってこそ果たせるものなのです」(前掲誌38頁)と何享健氏は語り,美的集団では目標管理制が効果的に機能していることを強調していた。

美的の目標管理制については,次のように説明されていた。「家庭用エアコン,電子レンジなど白物家電の大手メーカー,美的集団(広東省順徳市)は,今年(2001年)1月から『目標責任制審査体系』と呼ぶ人事考課システムを導入した。部長級以上の管理職に向こう3年間の部門売り上げ,利益などの目標値を提出させ,その達成度に給与やボーナスを連動させる。同社は以前から実力主義の給与体系を採用していたが,新システム導入を機に基準を明確化し,さらに徹底することにした。美的の目標責任制は欧米や日本の先進企業が導入している"目標管理"の一種だが,3年後に目標を達成できなかった部長は会社を去らなければならない。部長未満の中間管理職や一般社員は雇用期間の保証がなく,目標達成の足を引っ張っていると見なされれば部長権限で解雇される。ドライな欧米企業も顔負けの厳しさだ」(「〔時流超流〕だめな部長とだめな部下,ともに

クビ!」『日経ビジネス』2001年3月19日号10頁）と。この記述の後段部分は，日本企業の管理職や社員にとっては相当「刺激的なもの」であるかもしれない。

　なお，先のインタビューで何享健氏は，「実力主義が行き過ぎると，社員の協調性や会社への信頼感に悪影響を及ぼす懸念はありませんか」との質問に対して，「職責を残念ながら果たせなかった人をフォローする制度も大切です。福利厚生などもワンセットで考えなければなりません。これらは微妙な問題を含んでおり，中国企業の多くがなかなか克服できず，改革が頓挫する原因になっています。しかし当社に限って言えば，特に大きな失敗もなく順調に推進できたと思います」（「翔ぶ『世界の工場』中国」前掲誌38頁）と答えており，きわめて微妙な問題を美的集団がクリアーしているとしていた。何享健氏に対するインタビュー記事の中で興味深い部分は，経営の「手法・スタイル」についての見解であろう。「外国企業で目標やモデルにしている会社はありますか」と質問されて，何享健氏は次のように答えていた。「80年代は日本企業でした。経営管理体制が緻密で，従業員も非常に勤勉です。しかし90年代は，日本企業ではなく欧米企業でした。特に米国のGE（ゼネラル・エレクトリック）の経営に学びました。米国流の経営は世界の主たる潮流ですし，市場経済に適したものです。中国の風土にも合うところがあると思います。GEの経営の中でも，社員の主体性をいかに発揮させるか，という人事制度に注目しました。表面的な事柄は重視せず，過程よりも結果重視ということです。例えば，企業資産の健全性向上にいかに寄与したのか，資産価値をどれほど増加させたか，などです。そのような点で，日本企業の考え方は違いますし，市場に対する対

応,反応が遅い気がします。市場よりも企業自身の都合や企業イメージに重点を置き過ぎているのではないでしょうか。日本企業は何年も連続で損失を出しても,経営の在り方を変えようとしません。これが私には理解できないのです。終身雇用の考え方や国の制度が影響してリストラを実行しにくいのかもしれませんが,競争原理がうまく機能していないと思います」(前掲誌40頁)と。日本企業の現況に対して一種の「苦言」を呈している点は共通しているが,海爾の張瑞敏氏が「(日・中・米の)ハイブリッド型」の経営手法を採用しているのに対して,美的の何享健氏は,かつては日本的経営を目標にした時期もあったが,今ではGEなどの米国流経営をモデルにしようとしている姿勢をはっきりと表明しているといえよう。

　先に取り上げた『日経ビジネス』の特集記事「気が付けば中国は世界の工場」においては,「中国に対する迷信(2)」として「社会主義の悪平等で(従業員の)働く意欲が非常に低い」という見方が取り上げられ,そしてそれに対する反論として,ハイアールの事例のほかにも,「働く意欲をかきたてる」人事・報酬制度のいくつかの事例が列挙されていた。「働いても働かなくても収入は同じ→だから一生懸命働かない→生産性は低いし品質も悪い。こんな三段論法は今の中国では全く当てはまらない。シャープの町田勝彦社長の言葉を借りれば『働けば儲かる仕組みを見せてやれば,中国人は実によく働く』。その典型例として中国の有力企業に多く見られる制度が,擬似ストックオプション(自社株購入権)である。固定電話機では11年間トップの座を守り続け,後発で参入したテレビでも今年上半期トップに立ったTCL集団(広東省恵州市)は,子会社の株式の40％をマネジメント層に分配している。業績向上やリスク管

理の意識を高めるためだ。実態は私営企業に近いが，法律上は国有企業となっている。しかし，『国有企業，私営企業，外資企業のそれぞれ良いところを取り入れて，企業体制を改革しなければならない』と考える李東生総裁が，子会社を活用するアイデアをひねり出した。業績が一定の目標を上回れば，その割合に応じて新たに発行した株式を与えるほか，『配当』に当たる金額をボーナスとして支給するというものだ。非上場の華為も擬似ストックオプションを取り入れている。社員は誰でも入社1年を過ぎれば自社株を買う資格を得ることができ，以降，定期的に買い増していくことができる。配当相当額はボーナスとして個人に配分される仕組みだ。個人の業績に応じて同じ社歴でも最高5倍程度の年収格差が付く実力主義と相まって，やる気のある社員に報いる仕組みができている」（「気が付けば中国は世界の工場」前掲誌32頁）というのであった。この記述の中でとくに注目されるのは，日本でも1990年代半ば以降に次第に解禁されてきた，欧米企業で盛んに用いられている報酬制度「ストックオプション」が，「擬似」という言葉が付けられているとしても，すでに中国で実施に移されていることだろう。

　一般的に，人事制度改革においてとくに重視されるのが「評価」の問題であるが，人事評価の仕組みについても，いわゆる「多面評価制度」を導入している企業も現われていた。「パソコン最大手でこの秋から電子商取引サイトの運営も始めた連想集団（北京市）の評価制度もユニークだ。年功的な昇進制度や給与制度は一切ない。新入社員でも1，2年で才能が認められれば管理職見習いのポストに就き，さらに1，2年で実績を上げれば正式に管理職となる。この時，主に評価に影響を与えるのは上司の意見だが，同僚及び部下

からも高い評価を受けなければ晴れて昇進とはならない。いわゆる『360度評価』というやつだ。連想には，1週間に1回程度，社員全員が『自己批判』をする制度もある。自分のやった仕事や考え方などを同じ部署全員の前で報告し，反省すべきと思ったことも率直に話す。それについて上司や同僚の意見や批判も聞く。こうして個人の能力を高めるとともに，従業員が目指すベクトルを一致させようという目的だ。『中国の欠点は，個人主義が強すぎることだった。政府にしても企業にしてもリーダーがお互いに協力せず，一致団結して事に当たることをしなかったため，組織の力が生まれにくく，創造性の高い人の才能を活かせなかった』と郭為副総裁は話す」（前掲誌32～33頁）と。

この記述の後半部分については，かつて日本企業が輝いていた頃，「全社員，一丸となって」を合言葉に目標達成に向かって邁進していたイメージを想起させるものであるが，やはり「中国人は個人主義志向」との先入観は簡単に払拭できないのであり，連想集団の社員に「一致団結」の精神がどれほど受け入れられているのか，興味深いところである。ただ，「団体の精神，一人ひとりが誠実であること─。品質管理などの方法論を含め，連想は日本企業やドイツ企業にその精神を学んだという。しかし，優秀ならわずか数年で管理職になれる昇進の仕組みや，幹部なら入社1年，一般社員でも2年で自社株を持てる制度はまさに米国流。優れたものは何でも吸収して新しい仕組みを作り上げる貪欲さが，活力を生んでいる」（前掲誌33頁）との指摘は，海爾集団と同様に，連想集団も，優れた経営手法であるならば，日本式であろうと，欧米流であろうと，何でも吸収する「ハイブリッド型」を模索していることを示唆しているよ

うに思われる。そしてそれを成長や活力につなげるという姿勢こそが今の中国の「勢い」を象徴しているといえよう。中国は今まさにさまざまな人事・労務管理施策の「巨大な実験場」となりつつあるのかもしれない。

6　中国企業による日本企業買収とその人事・労務管理

　これまで日本と他のアジア諸国との関係は，日本企業がアジアの国々に出て行き，合弁企業を設立したり，現地に工場を立ち上げたりして，現地人を雇用して操業を始める，といういわば「一方通行的なイメージ」が一般的であった。一説には，中国に進出した日本企業は約3万社にのぼるともいう。ところが，そうしたイメージを覆すような動きが散見されるようになってきた。その主役は，いうまでもなく中国企業である。実は，中国企業の日本進出は，意外なことに，かなり以前にまで遡ることになる。「日本国際貿易促進協会によると，中国企業の日本進出は1980年代から始まり，昨年末現在，活動中の企業は約240社にのぼる。石油や化学品の『シノケム・ジャパン』，農産品などの『三利』など，当初は貿易会社が主流だった。メーカー系では，93年に進出した鉄鋼商社『宝和通商』が，日本の鉄鋼資材・部品メーカーの製品を中国鉄鋼大手の『上海宝鋼』に納めるなど，中国向けの資材調達のための進出があった程度だ」(「中国企業　日本進出加速」読売新聞2002年4月29日)とされた。しかしながら，それらの先駆的な事例は必ずしもインパクトの強いものではなかったといえよう。ここ数年における中国企業の日本進出には，家電首位の海爾集団や家電大手の広東美的集団など，注目

に値するものが急速に増えてきたのである。

　かつては，日本に進出する外国企業といえば「欧米企業」，というのが常識であり，欧米企業の日本法人に雇用されたり，ヨコ文字の製品を購入したりすることにそれほどの違和感はなかったといえようが，他のアジア諸国のなかから日本に進出する企業も現われてきた。比較的に早い頃の一つの事例として，韓国企業の進出の話題もあげられるが，21世紀初頭の頃には，着々と実力と資金力を身につけてきた「勢いのある」中国企業が，左前になった日本企業を「買収」するという動きが現われてきた。その代表的な事例が，印刷機械専業メーカーとしては国内第3位であった名門の高級印刷機メーカーの「アキヤマ印刷機製造」（東京都葛飾区）を中国の上海電気が2001年11月に買収したというものである。この話題は，NHKのETVスペシャル「日本を買う中国」（2004年1月31日放映）の中でも詳しく取り上げられた。その番組は，「中国は豊かな市場と旺盛なモノづくりの意欲にあふれています。着々と蓄えられてきた潤沢な資金をバックに，いま中国の会社が海外の企業を買収する動きが始まっています。狙いは高い技術力を手に入れること。日本の企業はその有力なターゲットです」というナレーションから始まっていた。「高い技術力を手に入れる」という点については，「アキヤマは特殊印刷機製造などの独自技術に定評があり，上海電気は買収でその技術と販路・ブランドを一気に獲得することができた。上海電気の子会社，上海光華印刷はアキヤマの技術導入で04年6月，中国で初めて単面全色印刷機の開発に成功したが，これは『18年の技術格差を縮めた』とされる」（「中国企業，日本を買う！」『エコノミスト』2004年9月14日号20頁）との指摘もなされていた。ちなみに，

「18年の技術格差を縮めた」というのは，中国の新聞『解放日報』が，「先進国と比べて18年遅れていた印刷機技術が，これで追いついた」と伝えていたことを指している。

アキヤマに関する話題は，他のマスメディアでもしばしば取り上げられているが，以下においては，中国企業の「日本企業買収」という現実を少し追ってみよう。ここで重要なポイントの一つは，経営不振に陥った日本企業が中国人経営者のもとで急激に業績を回復させている，ということである。上海電気はアキヤマ印刷機製造を買収して，新たにアキヤマインターナショナルを設立し，この新会社が工場や生産設備などを引き継いで操業を続けた。その結果，新会社の業績は急回復したのである。2001年3月に民事再生法の適用を申請し，経営破綻したアキヤマ印刷機製造の約170人の従業員はいったん解雇されていたが，生産体制の回復に合わせて徐々に再雇用されるという「復活劇」が演じられたのである。「アキヤマインターナショナルは02，03年度ともに黒字を計上，03年度の売上高は前年度比52％増の60億円となっている。中国企業による初の日本企業再生事例として注目を集めている。買収は，双方にメリットをもたらす『ウイン・ウイン』（双方にメリットがある）の関係になっているといえるだろう」（前掲誌20～21頁）といわれた。買収前には利益は出ていなかったが，2004年3月期には，売上高が約70億円，税引き前利益が2億円を達成するまでに復活していたという。

中国企業による日本企業の買収は，アキヤマ印刷機製造だけにとどまらず，次第に増えてきている。例えば，2004年にも，「中国の電機大手，上海電気集団総公司は，8月4日，老舗の工作機械メーカーの池貝（茨城県玉造町）の買収を発表した。池貝は2001年に民

事再生法の適用を申請し，今年6月に再生手続きが完了したばかり。池貝は，径方向に刃物を動かして加工する『U軸加工』など独自技術を持つ。上海電気は，それを自社製品に活用するのが目的という。上海電気は，旋盤，電力設備，交通運輸設備など，グループ企業320社，従業員16万人を誇る大型国有企業。最近，積極的なM&A（企業の合併・買収）戦略を進めている」（前掲誌20頁）とされていた。

また，「中国企業による日本企業の買収は，工作機械の名門として知られた池貝の買収で一挙に注目を浴びたが，中国企業による買収はこれが最初ではない。池貝を買収した上海電気集団はすでに2001年に印刷機メーカーのアキヤマ印刷機製造を買い，中国最大の製薬会社・三九企業集団は03年6月，富山の東亜製薬という製薬会社を買収。三九はその後，再生機構入りしたカネボウの医薬品事業買収にも名乗りを上げている。買収された企業が小規模だったこともあって当時はさほど注目されず，『中国企業に買収されてもどうせうまくいくはずがない』という見方が大半だった。だが，意外というべきか，アキヤマ印刷も東亜製薬も，急速に復活し，あるいは業績を向上させている。中国企業は，日本の不振企業にとっての救世主なのか」（村上雅之「中国企業が見せつけた企業再生力」『エコノミスト』2004年10月11日号14頁）と指摘されたように，中国企業によって「日本再生」の試みがなされているのである。ここに列挙された買収事例のうち，カネボウの医薬品事業については，「中国製薬最大手の三九企業集団（広東省）が産業再生機構にカネボウの医薬品事業を買収する意向を伝えたことが1日，明らかになった。日本の医家向け漢方薬へ進出するとともに，カネボウブランドを活用し

アジア市場の開拓を狙う。中国企業による日本でのM&A戦略が本格化してきた」(「中国最大手 買収名乗り」日本経済新聞2004年4月2日)と報じられていた。

そしてこのニュースの翌日には,「中国最大の医薬品メーカー,三九企業集団(広東省深圳市)は日本で持ち株会社を設立,2007年に株式上場させる方針を決めた。主力商品である漢方薬の需要が日本で拡大すると判断,必要な資金を日本で調達できる体制を整える。実現すれば中国企業の日本での上場は初めてとなる」(「『三九』2007年日本上場」日本経済新聞2004年4月3日)というように,中国企業による初の「日本上場」構想が明らかにされていた。「外国企業による現地企業の"再生"」といえば,かつては,「日本カンパニー」が世界のいたるところで実践しており,日本企業のいわば「専売特許」ともいえるものであったのであり,日本企業による「再生事例」は枚挙にいとまがなかったのである。しかし,これからは中国企業がその役割を担うのかもしれない。

さて,アキヤマインターナショナルの話を戻すと,その「再生ストーリー」において注目すべきもう一つの重要なポイントは,中国人社長が繰り出した人事・労務管理施策であろう。「アキヤマ復活の理由はいくつかある。まず挙げられるのは,アキヤマが苦境の中でリストラした優秀な熟練工を,上海電気から送り込まれた胡雄卿社長などの新経営陣が呼び戻したことだ。アキヤマは世界各国に印刷機3000台余りを納入しており,そのメンテナンスがきちんと継続されるかどうかはユーザーの一大関心事だった。アキヤマ生え抜きの熟練工が戻ってきたことで,ユーザーの不安は一掃され,今後発売される新機種についても,以前からの顧客との接点が確保された。

買収当時の旧アキヤマ出身社員は約80人だったが,現在では100人まで増えている。かといって,従業員や取引先に甘いわけではない。家族手当や住宅手当など,日本的で複雑な給与体系は見直し,何万点もある購買部品の購入先や価格も見直すなど,これまで甘かった『コスト管理』を徹底した。人事制度も大きく変えた。トップには上海電気出身の中国人社長が就いたが,日本でのオペレーションの実質トップである副工場長には,当時34歳の係長だった近藤朗氏を抜擢した(現在は工場長に昇進)。実力主義は中国企業の真骨頂である」(村上雅之「中国企業が見せつけた企業再生力」前掲誌15頁)と指摘されていた。

上海電気集団による「アキヤマ印刷機製造の買収および再生」という話題について特に注目を要するのは,中国人社長が繰り出した人事・労務管理施策であるが,以下において,ETVスペシャル「日本を買う中国」で放映された内容に即してその点をさらに詳しく見ていこう。買収後に中国から送り込まれてきた胡雄卿社長は,中国のいくつかの国有企業の経営者として改革(企業の再建)の実績を有する人物である。胡社長は,アキヤマインターナショナルで何度も「社員集会」を開いて社員との対話を重ねてきたが,およそ2年後に,「私たちが経営を始めてからまもなく丸2年がたちますが,皆さんのお蔭で,営業,生産管理,実績のいずれの面においても大きく進化を遂げることができました。来年度は,一人当たりの売上高を今年度よりもさらに増やしていただかなければなりません。一人当たりの売上目標を5151万円とします。われわれは世界を目指している」と誇らかに語っていた。わずか2年の間に胡社長はどのようなやり方でこの会社を「再生」に導いたのだろうか。

買収された後,アキヤマの従業員のあいだでは「不安」が広がっていた。ちょうどその頃,国内の大手電機メーカーが次々と大規模な人員削減(リストラ)を実施していたこともあり,中国からやって来た経営者が厳しい改革を行うのではないか,という不安が広がっていたのである。ところが,胡社長は就任早々,意外な方針を発表することになる。「リストラは行わない。雇用は保証する」というのである。しかも,それまでに退職していた従業員にも職場復帰を呼びかけたのである。とくに熟練労働者の再雇用には,「年齢を問わない」という方針を打ち出していた。再雇用された元従業員のなかには,印刷機の数千点の部品,一つひとつを熟知し,生産計画の変更に柔軟に対応できるノウハウを備えた熟練工,一点一点微妙な調整が必要となる高級印刷機の組み立て技術では並ぶ者がいないほどの優れた技能の持ち主などが含まれていた。かつて日本の製造現場では,ベテランの熟練工から若手の職人までが一緒に作業台を囲むなかで,目に見えない「ノウハウの継承」が行われてきた。しかし,長引く不況のなかで,多くの企業で「熟練工のリストラ」が実施され,アキヤマもその例に洩れなかった。そうしたなかで,胡社長がベテランの熟練工をあえて再雇用したのは,永年にわたって培われてきた貴重なノウハウや技術の「伝統」を若手にしっかりと継承させたいという狙い,目に見えない技術の蓄積,それも工場の財産であるという考え方があったからだという。

かつて世界の市場を席巻した「メード・イン・ジャパン」のモノづくりの背後にあるものを,胡社長をはじめとする中国側は徹底的に調査し,研究してきたのであり,そのうえで日本に進出してきたのである。胡社長は,「この会社は優れた技術を持っていたのに,

なぜ経営危機に陥ってしまったのか。私からすれば，そうなるべきではなかった。優秀な人材をそのまま残し，われわれ中国企業の強みを取り入れれば，きっと素晴らしい企業になります。規模もさらに拡大し，もっと優れた企業に生まれ変わる，と見ます」と語っている。

　不況の名のもとに優秀な熟練労働者（企業にとっての貴重な「宝物・財産」）をいとも簡単にリストラしてしまう（「技能の伝承」を絶ち切る）日本企業にとって見習うべき考え方なのかもしれない。実は，アキヤマが経営危機に陥り，民事再生法の適用を申請した時に，この事業を引き継いでくれる企業を必死に探したが，不況の最中ということもあり，「アキヤマの技術だけなら買うが，人（熟練工）は要らない」との返事ばかりが返ってきたという。胡社長は，「この会社が世界で評価をされるような優れた印刷機を作れるのは，優秀な熟練工がいるからです。図面や特許も大事ですが，本当に大切な技術とは，彼ら自身が持っているのです」と強調している。

　「ヒトを大事にする」という方針を掲げる一方で，胡社長は年功序列を廃止し，若手社員を役職者に抜擢するという人事を行った。その代表的な例が，係長から一気に「三階級特進」で実質的な工場の責任者に抜擢された近藤朗氏である。近藤氏が33歳の時であった。「今回の賞与についてですが，支給額としては，最低，最高の金額の差は7倍程度あります。能力評価にしますので，それぐらいの差は現われてきて当然だ，と思っています」と語る近藤氏が査定を行い，賞与明細を手渡す相手は，皆かつての上司なのである。「抜擢人事」と「実力主義」，「競争原理」の導入，それが新会社の掲げる新たな人事方針なのである。その方針のもとで急速に復活を遂げた

アキヤマは, 若い社員の新規採用を始めるまでになっているという。

さて,「走出去(ゾウチューチュ)」という中国語がいま注目されている。その言葉は, 中国企業の海外進出を促す動きを表わすものである。中国政府は国家戦略として第10次5ヵ年計画 (2001～2005年) で「走出去(海外進出) 戦略」を打ち出していた。2001年に中国が世界貿易機関 (WTO) に加盟したことに伴って, 世界的な競争の激化に対処するため, 有力地場企業の海外投資や経営の国際化を奨励する, というのがその内容である。要するに, 世界的に充分に戦える企業を作るというのが最大の課題なのである。そのために, まずは「日本の技術が欲しい」と。そしてそれを賄う外貨準備も整っているというので, 中国企業の海外進出が急速に加速してきたのである。

中国企業の「世界戦略」, そしてその実力のほどを象徴するかのような衝撃的なニュースが2004年12月に飛び込んできた。「中国のパソコン最大手, 聯想集団 (レノボグループ) は8日, 米IBMのパソコン事業を全面買収すると発表した。買収金額は12億5千万ドル (約1300億円) で, 中国企業による外国企業の買収としては過去最大規模。これにより同グループは世界第3位のパソコンメーカーになる。IBMは企業向けサーバーや情報技術 (IT) サービス事業に特化し, パソコン事業から事実上撤退する。(中略) IBMのパソコン部門のほぼすべての従業員約9500人は聯想に移籍し, 聯想の総従業員数は19000人となる」(「パソコン事業 聯想, IBMから買収」日本経済新聞 2004年12月8日) と報じられたのである。この話題に関しては,「聯想集団による米IBMのパソコン事業買収を受け, 中国の情報技術 (IT) 企業がにわかに注目を集めている。外資系企業の"工場"としての役割にとどまらず, 聯想はいきなり世界のパソコ

ン市場の主役に躍り出る。自国市場拡大の波に乗り，中国のIT企業はじわじわと実力を付けてきた。聯想のように海外への本格進出を狙って買収劇を仕掛けるケースが今後増えそうだ」(「中国IT国産優遇で成長」日本経済新聞2004年12月9日)とのコメントが続いていた。

　また，「中国の企業が海外投資を加速している。米IBMパソコン事業を買収する聯想集団（レノボグループ）のほか，乗用車メーカー，上海汽車工業は韓国と英国に総額2600億円を投じる大型買収を決めたばかり。急速な経済成長を続ける中国では豊富な資金を蓄える企業が増えている。政府の後押しをも受け，中国企業が国際的な再編劇に『赤い旋風』を巻き起こし，その余波は日本にも及びそうだ」(「国際M&Aに中国旋風」日本経済新聞2004年12月9日)というように，中国企業のM&A戦略が注目されていた。アメリカの大企業の一部門をM&Aできるほどの実力・資金力を備えるにいたった中国企業が，バブル崩壊後の「失われた10年」を経てもなお「復活の日」を迎えることなくダラダラと低迷を続ける日本企業のいくつかを支配下におさめる時代の到来はそれほど遠くないのかもしれない。

7　「ワーストワン淘汰制」と中国での「人材確保」問題

　中国関連の話題には事欠かない昨今の動向であるが，いくつかの話題を補足的に取り上げて第7章を結ぶことにしよう。

　まず最初に，米IBMのパソコン事業部門を買収した聯想集団の人事制度が注目される。中国企業のあいだでは，競争を重視し，仕事のできない社員を積極的にリストラする「ワーストワン淘汰制」が

採用されている。市場経済体制下で注目すべき動きとして「競争メカニズム」の浸透があげられるが，その動きを具現化した制度の一つが「ワーストワン淘汰制」なのである。この制度は，すでに見たように，松下電器産業が現地子会社に採用した，成績が下位5％に入る社員の退職を促す「5％ルール」にも似た制度である。

三井物産戦略研究所中国経済センター長の沈才彬氏は2003年3月に聯想集団を訪れ，人力資源部の何小平マネジャーに取材を行い，その結果を『エコノミスト』誌に寄稿している。それによれば，聯想集団では，1999年から「ワーストワン淘汰制」という「従業員業績評価制度」が導入されており，6ヵ月ごとに「優秀」，「合格」，「要改善」という3等級基準を基にして部門別に社員たちの総合評価を行っているという。「3等級の割合はそれぞれ『優秀』20％，『合格』70％，『要改善』10％を占めるため，『271バイタリティー（活性化）制度』ともいう。『優秀』と評価される人に昇進・昇給のチャンスを与えるが，連続2回『要改善』と評価された人には辞めてもらう。実際，毎年淘汰される従業員は全体の5％にものぼる。『ワーストワン制』は，『要改善』と評価される人たちのみならず，『合格』と評価される中間層にも緊張感と危機意識をもたらしている。努力すれば，次回の評価で『優秀』に昇格する可能性が出てくるが，逆に努力しなければ，次回に『要改善』に落ち，淘汰される恐れがあるからである」（沈才彬「中国企業を強くする『ワースト社員淘汰制』」『エコノミスト』2003年6月23日号122頁）というように，聯想集団における「ワーストワン淘汰制」の仕組みと狙いが紹介されていた。

それでは，聯想集団がこうした制度を導入するに至った背景にあ

ったもの，そして従業員たちの反応はどのようなものであろうか。「導入当初，『ワーストワン』に対する従業員たちの戸惑いや反発も少なくなかった。しかし，会社側は動揺せず，断固とした態度で『ワーストワン淘汰制』を実施し続けてきた。人力資源部の説明によれば，聯想が『ワーストワン淘汰制』を導入した背景には，ますます激しさを増す企業間の競争がある。『スローフィッシュがクイックフィッシュに食われる』時代を勝ち抜くために，企業のスピードが求められる。『ワーストワン淘汰制』は確かに冷酷な一面がある。しかし，もし企業は競争力と活力を失い，激しい同業他社との競争に負ければ，会社自体が淘汰されることになる。この最悪な事態を避け，企業を活性化するために，業績が悪い一部の社員を淘汰してもやむを得ない」(前掲誌122～123頁)と沈才彬氏は述べている。なお，非常にわかりやすいこの制度は，沈氏の取材の時点では，数年間の実施実績が明らかになっており，結果的に，プラス効果が大きく，業績アップをもたらせたとされている。

　中国企業が繰り出す人事・労務管理制度には，外国企業の手法を採用したものも多いが，この「ワーストワン淘汰制」にもモデルが存在している。「『ワーストワン淘汰制』の原型は米国企業GEの『バイタリティーカーブ (活性化曲線) 方式』である。ジャック・ウェルチ前GE会長によれば，同社は80年代半ば頃から『バイタリティーカーブ方式』を人事制度に導入した。いわゆる『バイタリティーカーブ方式』とは，毎年，全事業部門，全職場で，管理職が部下の総合評価を下すものである。『部員の2割を指導力のあるトップA，7割を必須の中間層B，1割を劣るCに位置づけ，Cの人はやめてもらうか，別の部署に配置転換する。この評価は必ず昇進，昇

給，ストックオプションに見合わせる』(ジャック・ウェルチ著『私の履歴書』)。聯想はGEの『バイタリティーカーブ方式』をモデルとして，『ワーストワン淘汰制』を導入したのである」(前掲誌123頁)とされている。沈才彬氏によれば，「ワーストワン淘汰制」と似ている制度は，ハイアール集団でも導入されており，また，企業だけでなく，南京市，湖北省宜昌市，雲南省，北京市西城区裁判所などの政府機関や公的機関でも導入されているという。

「ワーストワン淘汰制」の導入の意味するものについて，沈才彬氏は，「日本では，経営が苦しくなる時，『痛みを分かち合う』という名の下に人の差別化をせず，賃金の一律カットと給料の一斉凍結という手が使われるが，会社の業績と関係なく『ワーストワン淘汰制』を実行するのは想像もつかない。競争の意味で，今の中国は日本より資本主義社会だといっても言い過ぎではない。これは両国の国際競争力の消長にも影響を及ぼしかねない」(前掲誌123頁)と述べているが，示唆するところが多い指摘といえよう。

次に，すでに見たように，中国の有力企業が豊富な資金力をバックに日本への進出の機会をうかがっており，一部には現実のものになっている。しかしながら，日本から中国に進出する企業の方が圧倒的に多いことは否定できない。中国に進出した日本企業が過去に直面した問題については若干触れてきたが，比較的に最近の話題を取り上げよう。やはり日本企業は「苦悩」を抱えているのである。

2002年2月末にミノルタの中国工場で約3000人の従業員が就業を拒否する事態が発生した。会社側が提示した新たな給与・退職金制度に不満を持った従業員たちが就業を拒否し，大半の生産ラインがストップしたのは，複写機やプリンターなど，事務機器の約7割を

生産する石竜工場（広東省東莞市，近藤光輝総経理）である。2002年2月初旬に会社側は，春節（旧正月）の月に2ヵ月分の給与を支払う制度（「ダブルペイ」制度）を2003年から廃止し，その代わりに「業績連動型のボーナス制度」を導入する方針を明らかにし，また，勤続年数に応じて退職者に支払う手当金も廃止する考え方を示したことが従業員たちの就業拒否を誘発したとされている。新しい制度が発表される前からいくつかの特別手当がすでに打ち切られており，従業員の不満がたまっていたともいう。日本的な報酬制度がこの頃まである程度は維持されていたことは，日本的労務管理の「面目躍如」というか，一種の驚きでもあるが，このストライキ騒動に関しては，「人員削減などのリストラで経営再建を急ぐ日本企業は，競争が激しい中国の生産拠点でも合理化やコスト削減を迫られている。今回のミノルタのようなケースは今後増える可能性もあり，労使関係などで現地責任者の経営手腕がますます問われることになりそうだ」（「ミノルタ中国工場3000人が就業拒否」日本経済新聞2002年2月28日）とのコメントが添えられていた。

　ミノルタの中国工場でのストライキ騒動はどのような展開をたどったのだろうか。「2月27日には，一部幹部を除く全従業員が朝の始業時から就業を拒否。工場は操業停止を余儀なくされた。生産ラインで働く20代の男性従業員の一人は『事前に何の相談もなく雇用条件を一方的に変えるのはおかしい』と語る。驚いた会社幹部は，制度変更提案をほぼ全面的に撤回。騒動はひとまず終息し，翌日には通常通り操業を再開した。会社側は『生産性向上が目的だったが，言葉の問題もあり意図がうまく伝わらなかった』（広報担当）と説明，誤解が操業停止を招いたと反省する。工場には労組がなく，会

社側は従業員を派遣している地元の人材派遣機関と話し合いを進めた。あいまいな労使関係が意思疎通を難しくした面もある」(「現地化の遅れ高いツケ」日経産業新聞2002年3月8日)というように,きわめて短期間に騒動が決着をみたとされていた。

ところが,この騒動から,中国での日系企業が共通に抱える課題,すなわち「現地人幹部の登用の遅れ」という課題が浮き彫りにされていることがわかってきたという。「問題の根はより深いところにある。ミノルタに限らず,中国に進出している日本企業の多くは,台湾企業や欧米企業に比べ中国人スタッフへの権限委譲を進めていない。その分,日本からの派遣社員も多く,石竜工場の場合,20人の日本人が常駐している。総経理(社長に相当)と2人の副総経理は日本人で7人の高級経理(部長に相当)のうち中国人は1人だけ。東莞市には,日本人を40人近く抱える大手日系電子部品メーカーもある。幹部の8割を中国人が占める米モトローラの中国現地法人などとは対照的だ」(前掲紙)というように,日系企業は,「現地人幹部の登用」の点で欧米企業や台湾企業などよりも遅れている,という問題を抱えているのである。

さらに,この問題については,「石竜工場の事情に詳しい関係者は『日本人スタッフ一人分の給料で百人の中国人が雇える。ミノルタが経営合理化を進めるのであれば,現地社員の給与制度見直しより前にやるべきことがいくらでもあるのでは』と皮肉を込めて言う。重要なのは,こうした不満が中国の製造現場でうっ積しているという事実だ。東莞市に工場を持つ台湾系部品メーカーの総経理は『日系企業で働く中国人の知り合いから,自分たちを対等に扱おうとしない日本人幹部に関する愚痴をよく聞かされる』と話す。中国大陸

の人間と同じ言語や慣習を共有する台湾勢と違い,日本人スタッフを多く抱える日系企業は現地従業員との意思疎通にも時間がかかる。モトローラなど米国企業では,米国籍の中国人を最高経営責任者(CEO)のポストに起用するケースが多い。大和総研香港の肖敏捷主任研究員は『現地スタッフへの権限委譲をすすめないことが,日系企業の競争力を相対的に低下させる要因の一つ』と指摘する。(中略)高給の日本人幹部を多数抱える分,間接費用がかさむ。加えて『台湾系などに比べ従業員を厚遇していることも,高コスト体質につながっている』と,日立製作所グループの液晶パネル部品子会社,青梅産業(東京・青梅市)の資材調達担当者は言い切る。意思疎通が必ずしもスムーズでない反動で,日系企業の経営側は従業員側に厳しい条件を突きつけるのをためらってきた面がある」(前掲紙)というように,根の深い問題の本質的なものが指摘されていた。

なお,「現地人幹部の登用」に関しては,部長クラス以上になると圧倒的に日本人が多いのであるが,従業員を直接的に管理する課長クラスでは13人のうち12人が中国人社員であったという。ただ,彼らはストライキを未然に防ぐことができず,騒動が発生してからもただ傍観するしかなかったとされている。

ミノルタは,このストライキ騒動を教訓として,根本的な問題の解決に向けて,「アメ」と「ムチ」を使い分けつつ石竜工場の改革に取り組むことにした。「アメの方は,幹部社員の登用と権限委譲に加え,役職が上がらなければ給与も上がらない仕組みを改めて,資格給,実績給の割合を増やす。また,工場の経営指標や会社全体の経営管理データも自由に閲覧できるようにし,経営参画意識を高

める。ムチの方は，中国の国情に合わせた労務管理の徹底だ。例えば，中国では従業員との雇用契約は1年単位が原則で，態度や成績の悪い社員に対して契約を切るのは会社側の自由。しかし，同工場は，それまで会社都合で従業員を解雇したことがほとんどなかった。解雇も辞さずの姿勢を明確にするほか，徒党を組みやすい同郷の人材を同じ部署に配置しないといった中国ならではの気配りも利かせるようにした」(「〔時流超流〕スト騒動で中国を知る」『日経ビジネス』2002年7月15日号14頁) というのである。「会社都合で従業員を解雇したことがほとんどなかった」というのは，かつて多くの日本企業が進出先で高らかと掲げてきた「ノン・レイオフ」の原則を忠実に守ってきたかのような情景を髣髴とさせるが，そうしたことが海外では必ずしも「常識」ではないことを学習しつつあったのかもしれない。

　ミノルタの場合，現地の従業員にとって多少とも「甘い」と見られる待遇が採用されていたところに騒動の直接的な原因が認められるとの分析も行われている。「そもそも，従業員が不満を募らせたのは，それまでの恵まれすぎた待遇が背景にある。従来の退職金は，中国が制度として定めている計算方式の約2倍になっていた。旧正月休暇の直前に特別ボーナスを加え給与の2ヵ月分を払う『ダブルペイ』も，一部の企業が採用しているだけで必ずしも採用する必要はなかった。それらの恵まれた条件を変えた結果，既得権を離したくない従業員の反発は大きくなった。好待遇は，同工場が設立されたいきさつに遠因がある。1994年，ミノルタがこの工場を立ち上げた時の最大の課題は立ち上げのスピードだった。従業員の転職，引き抜きが当たり前の中国で優秀な人材を大量に確保するため，競合

企業より恵まれた条件を提示した」(前掲誌14頁)と。日本企業のみならず，世界中の企業が中国に殺到しつつあった時期でもあり，人材確保のために多少のことには目をつぶっていたのであろう。

さて，競合企業よりも恵まれた条件を提示している（?）日系企業は中国で「人材確保」に成功しているのだろうか。日系企業は中国人にとって勤め先として魅力的に映っているのだろうか。「日本的経営，栄光の日々」を謳歌していた往時は別にして，数年前から日系企業が人材確保に「苦戦」していることを伝える記事が増えている。例えば，『週刊ダイヤモンド』の特集記事「沸騰する中国」のあるコラムでは，優秀な管理職を雇えなくなってきている日系企業の様子が紹介されていた。「外資系企業の中国参入激増で，上海では優秀な中国人スタッフの争奪戦が起き，日系企業は苦戦を強いられている。一般に中国人はキャリアアップ志向が強く，欧米日に留学後，外資系企業でキャリアを磨き，30代後半に独立，というコースが一つの理想例。上海では大成功した起業家がゴロゴロしているだけに，独立志向は強い。人気企業は米系大手会計事務所やモトローラ，ノキアなどIT系，シティバンクなどの外資系金融だ。一方，日系企業は，中国を単なる生産基地から市場としてとらえるようになり，マネジャー候補の人材需要が急増している。ところが欧米企業と比べ，①中国のトップに権限が少なくキャリアパスが見えにくい，②給料が安い，という2点が原因で人材集めに苦労している。せっかく育てた管理職候補が欧米系に引き抜かれるケースも日常茶飯事だ」(「沸騰する中国」『週刊ダイヤモンド』2001年11月3日号60頁）と。

日系企業が「人材確保」の点で苦戦を強いられていることは，中

国事情に精通したジャーナリストであり，人事コンサルタントでもある田中信彦氏も指摘している。「中国に進出した日系企業で『人材難』が急激に問題化している。中国人幹部社員が欧米系企業などへ次々と流出し，新たに人を雇おうにも日本語のできる人材は限られる。新卒から育てた社員は力がつくと辞めてしまう。世界の有力企業が続々と参入し，さながら世界の主戦場となりつつある中国で，このままでは多くの日系企業が人材獲得競争に敗れ，ずるずると存在感を失いかねない」（田中信彦「中国の日系企業から人材が逃げている!」『週刊東洋経済』2003年1月18日号66頁）と。

田中氏は，日系有名ホテルのマネジャーから米国系企業の部長に転職した中国人と，日系都市銀行勤務から米国系投資会社の現地法人副社長に転職した中国人の事例を紹介したうえで，中国人幹部社員の転職の動機を分析している。ちなみに，その転職によって年収は，前者の場合は2倍に，後者の場合は3倍に増加しているが，報酬だけがすべてではないという。「この2人に共通するのは，『収入アップはあくまで結果。それが目的ではなかった』という点だ。転職の最大の動機は『将来のキャリアが描けなかったこと』にある。日本企業は一般に海外の法人をその土地の人々の視点に立って育てていくという意識が薄い。いつになっても日本の出先であって，本社に従属する存在と考えがちだ。『現地法人』という呼び方自体，一方通行の視線を端的に示している。そのため派遣された日本人は自分が駐在する間，目先の仕事を手際よく処理してくれる人材を求める傾向が強い。『自分の代わりを探し，育てるのが任務』と本気で取り組むケースは極めてまれだ。これが中国人にとって日系企業が魅力的に見えない最大の理由である」（前掲誌66〜67頁）という

のである。

　中国人が日系企業に勤める場合には明確なキャリアプランを描けないという懸念を持つ傾向があるとする指摘は，大手人材派遣会社の上海創価コンサルティングの金鋭・副総経理も共有しており，「日系企業は中国進出の目的があいまいで，トップに権限がない例が多い。このため就職後のキャリアプランが見えない。たとえば自分がトップまでいけるのか，どれだけの権限や市場を任されるのか，といった点が見えにくい。面接でトップに"中国での事業展開をどう考えていますか"と聞く中国人は多いが，明確に答えられる人がどれだけいるでしょうか」（「沸騰する中国」前掲誌60頁）と語っていた。

　日経リサーチ主任研究員の徐向東氏によれば，中国の都市部で「新中間層」とも呼ばれる階層が台頭し，旺盛な消費をリードするとともに，外資系企業や新興企業のホワイトカラーや専門技術職として中国の経済成長の担い手となっているという。そしてその階層からの優秀な人材の確保が，中国での事業展開における重要なカギになるとされている。2002年に日本在外企業協会は中国の五つの大都市で，約20社の日系企業に勤務する200人以上の大卒ホワイトカラー（35歳以下）を対象としてアンケート調査を実施したが，この調査に参加した徐向東氏は，「新中間層が最も重視しているのは自分の能力を生かすこと，技術・知識の習得，責任・権限と評価の明確化だった。日系企業に対しては雇用安定への満足度は高いが，先行きの展望，仕事の面白さ，責任・権限や業績評価の明確さへの満足度が低い。日系企業は無限に提供される低賃金労働力を生かして中国現地生産の優位性を実現したが，ホワイトカラーの人事労務管

理には多くの問題を抱えている。外資企業ホワイトカラーの大半は若年新中間層であり、彼らはし烈な大学受験競争を勝ち抜き、高収入を目指し貢献と能力が報酬に直結する実績評価、つまり彼らが脱皮したい中国の『古い体制』と正反対の欧米の制度を選好する。長期間にわたる人材育成を重視する日本企業にみられる年功的属人給や不明瞭な業務範囲などは一見『中国の古い体制』と区別がつきにくく、評価が芳しくない。中国における日本企業の人材マネジメントでは、権限付与と責任明確化、公正な評価制度、報酬体系や昇進昇給などインセンティブ（誘因）の仕組みの確立、エリート人材の発見と育成、マネジメントの現地化と分権化などの重要性が高まっている」（徐向東「中国に『新中間層』台頭」日本経済新聞 2003年2月17日）と述べている。

　この記述の中には、人材確保で苦戦する日系企業の人事管理手法の構造的な問題点、そして中国での日系企業のビジネスの成功に重大な影響を及ぼすとも見られる、ホワイトカラーや専門技術職の確保についての要点が盛り込まれているといえよう。

　ところで、日系企業が中国で人材確保に苦戦しているという点については、中国の大学生・大学院生を対象とした「就職人気企業ランキング」の結果にもはっきりと現われていた。そのランキングの上位50社の中に日本企業は何社が名前を連ねているのだろうか。系列会社を含めれば数万社ともいわれるほどに大挙して中国に進出している日本企業はどのように評価されているのだろうか。「中国のネット求人情報サービスの中華英才網が中国の大学・大学院生を対象にした就職人気ランキングをまとめた。1位、2位は前回に続き海爾集団とIBM。日系で上位50社に入ったのはソニーと松下電器産

業だけで，日系の独特の企業風土が敬遠されているという。ソニーは前回の17位から，松下も32位からそれぞれ後退。昨年46位のトヨタ自動車は圏外に去った。『年功序列で自分の能力を高めにくい環境や，規律を重んじる風土が中国の学生になじまないようだ』と中華英才網は分析した」（「〔チャイナトレンド〕就職人気，海爾1位」日本経済新聞2004年5月17日）と報じられた。ランキングの「トップ10」と日本企業は次の表の通りであった。

中国の就職人気企業トップ10

（　）内は昨年の順位と国名

1	（1）	海爾集団
2	（2）	IBM（米国）
3	（5）	プロクター・アンド・ギャンブル（米国）
4	（9）	中国移動
5	（3）	マイクロソフト（米国）
6	（4）	聯想集団
7	（8）	華為集団
8	（6）	ゼネラル・エレクトリック（米国）
9	（10）	シーメンス（独）
10	（12）	中国電信
26	（17）	ソニー（日本）
46	（32）	松下電器産業（日本）

出所）『日本経済新聞』2004年5月17日

第8章 「終身雇用」は終わったのだろうか？

「日本的経営の特徴とは何ですか？」と問われたときに，その実質がほとんど形骸化しているのではないかと思いつつも，「終身雇用・年功序列・企業内組合」といういわゆる"三種の神器"をあげる答えがなおも多いと思われる。三種の神器のうち，「終身雇用」，より正確には「長期雇用慣行」については，企業経営の国際化・グローバル化の進展のなかで，日本企業が海外に移植しようと試みたものの一つであったが，英国や「転職が日常茶飯事」のアジア諸国ではそれに対するネガティブな反応も多いといわねばならない。長期雇用を保証して従業員のモラールを高め忠誠心を引き出すという，かつての「日本の常識」はむしろ「世界の非常識」に属するのかもしれない。

例えば，1993年まで独BMW日本法人の社長を務めた浜脇洋二・外資系企業経営者協会会長は，日経産業新聞記者のインタビューの中で，日本企業と比較したドイツ企業の雇用制度面での特徴について次のように語っていた。「ドイツには従業員が一生に一社にしか勤めないような終身雇用の風土はない。BMWもそうだったが，工場の現場従業員には長年勤務が多い一方で，管理職層はかなり流動化している。米国よりも長期間勤めるが，流動性もある。これは各従業員が専門職としての意識を高く持ち，専門技能や知識を身に付けたら自由に転社するなど，個の独立と自己責任の原則が確立して

いるからだ」(「〔ドイツ企業の変革〕国際標準，日本より10年先行」日経産業新聞 1998年10月22日) と。

これに対して，「味わい」や「快適さ」を重視した品質管理，新興工業国には真似がしにくい付加価値の追求によって独特の競争力を生み出している北イタリアの中小企業のあいだでは，やや意外な感がしないでもないが，「終身雇用」の維持を可能にするような経営風土があるという。詳細については明らかではないが，「イタリアには，一度雇った社員は法律で保護され，よほどのことがない限り解雇できないし，年金の企業負担も多い。日本の終身雇用より経営者にとっては厳しい条件がある」(「イタリアに学べ」『日経ビジネス』1996年7月1日号33頁) と指摘されていた。

一般的に，「終身雇用」は日本企業の"お家芸"とみなされがちであり，「海外での導入は困難」とする見方もあるが，終身雇用に類似した仕組みを採用していた事例も散見されるのである。本章では，それらの事例を中心に，「終身雇用」に関する話題を取り上げよう。

1　「転職および転職防止策」と「人材の引き抜き」

終身雇用あるいは長期雇用というものの「対極」にあるとみられるものには，主に会社側の都合に基づく「人員削減」(リストラ) や「一時解雇」(レイオフ)，そして主に従業員側の事情による「転職」(ジョブホッピング) がある。前者は，米国企業を中心に，好況・不況のサイクルに応じてしばしば実施されるもので，その事例はまさに枚挙にいとまがないといえよう。ここでは，やはり事例は

無数にあるのであろうが，後者の「転職」に焦点をあててみよう。

　まず最初に，かなり古い話になるが，シンガポールの「転職ブーム」を取り上げよう。「（シンガポール）政府が発表した調査では，『昨年（1987年）1年間の業界全体の退職率は平均23％。新たに雇った従業員の4分の1が3ヵ月以内しか居着かず，わずか1ヵ月以内で辞めた者も5分の1を記録した』という。最も深刻な業界は，好景気で人手がいくらあっても足りない電気・電子業界。あるヨーロッパ系の大手半導体メーカーは『採用時に給与の3分の1を現金で支給，フランスやイタリアでの海外訓練実施をうたっても転職の波は止められない』と嘆き，地元の電子部品メーカーも『うかつに怒ったりしたら明日から出てこない。半日で辞めた例もある』とあきれ顔だ。労働者人口がわずか約120万人のミニ国家，シンガポールではの悩みだが，マレーシアなど近隣諸国からの出稼ぎに頼ろうにも『従業員の半数はシンガポール国籍でという政府指導が障害になっている』（ソニーアジア統括本部・下津輝八洲代表）というから事態は深刻だ」（「〔海外トピックス〕転職ブームに困惑」読売新聞1988年10月27日）というように，「人手不足」のシンガポールにおける凄まじいまでの「転職」の実態が紹介されていた。

　それでは，その当時の，企業側の対応策（従業員引き留め策）とはいったいどのようなものであったのだろうか。「当然のように賃上げ問題が飛び出してきた。きっかけは香港に本拠をもつ香港上海銀行が退職予防のためもあって最高33％の引き上げを発表したことだった。比較的転職の少ない金融界からの大幅賃上げの動きだっただけに，波紋も大きい。早速，シンガポール全国雇用主連盟が『賃金水準の継続的な底上げを招き，国際競争力を損なうだけだ』と厳

しく批判したものの，背に腹は代えられないと各業界は一斉に賃上げに走り出した。ホテル，小売業界などでは，一流のヒルトン・ホテルが特別ボーナスを支給するなどして引き止めに躍起だが，『売り場の店員のうち1年間続いたのはたった2人』（名鉄百貨店・中条隆一店長）といった例が後を絶たない。（中略）『作業が複雑化する中で，一人前の作業員を育てるには半年もかかる。頻繁な転職は企業ばかりかシンガポール全体の生産性を損なう』（GMシンガポール・ビル・スベルマン社長）の声もあるのだが，抜本策はなく，今のところ，どこ吹く風といったところだ」（前掲紙）というように，十数年前にはシンガポールで「従業員引き留め狂想曲」が奏でられていたのであるが，根本的な解決策は見出されていなかったようである。

次に，シンガポールの話題からおよそ10年後に，中国に進出する米企業を主なクライアントとする人事コンサルタント会社，ヒューイット・アソシエイツ（イリノイ州リンカーンシャー）の給与問題担当コンサルタント，ジョン・アンダーソン氏へのインタビューから，中国進出企業の人事・労務のあり方についての一つの見方が示されていた。「中国に進出した米企業の目下の問題は？」との質問に対して，ジョン・アンダーソン氏は，「採用や給与体系などで西側の価値観は受け入れられている。唯一，最大の問題はジョブホッピングだ。中国人社員は日本と違い上昇志向が強い。『これ以上いてもキャリアアップにつながらない』と思えば，すぐに転職する」（「転職防ぎ上昇志向いかせ」日経産業新聞1997年9月22日）と答えていた。

前章で見たように，「人材確保難」で苦悩する日本企業とは違っ

て，米企業は，中国人社員の上昇志向の強さそして転職しやすい傾向を前提に人事・労務管理を組み立てようとする。ジョン・アンダーソン氏は，効果的な転職防止策として「社内研修制度の充実」をあげ，具体的な成功例としてモトローラ社の試みを推奨している。「モトローラは人材開発で成功したいい例だ。北京で"モトローラ大学"と銘打って社員向けに語学や経営管理のコースを開き，それが同社の大きな魅力になっている。……中国で語学や経営管理に優れた社員は限られ，売り手市場だ。彼らは充実した研修制度を設けている会社に集中する。引き留めようと思えば，（転職されるリスクは伴っても）モトローラのように研修制度を提供するのが効果的だろう」（前掲紙）とジョン・アンダーソン氏は語っていた。日系企業も，研修やOJTで現地従業員に技能や経営手法を身に付けさせたとたんに転職されてしまったと嘆く前に，はるか昔にディック・ウィルソン氏が指摘していたように（第3章を参照），辞めていく従業員を通して日本企業の優れた価値観や経営理念が伝播していくことを誇りに思うべきかもなのかもしれない。ただ，"栄光の日々"を享受していた「日本カンパニー」とは違って，最近の日系企業はそこまでの余裕を持てないのかもしれない。

　さて，現地人の幹部社員や従業員はさまざまな動機や事情に基づいて転職という意思決定を行うのであるが，そうした行動を誘発するものの一つに企業側からの働きかけ，すなわち「引き抜き」がある。インドにおける「IT技術者争奪戦」を取り上げることによって，「引き抜き」の一つの事例を眺めてみよう。

　「（インド）国内で働くIT技術者は約34万人といわれる。だが，大手のソフトウエア会社だけで750社に上る。海外企業の進出ラッ

シュや相次ぐベンチャー企業の創業で、引き抜き合戦が過熱している。そのあおりで、離職率は年間に平均15〜20％に達し、給料も年に2、3割のペースで上昇している」（「〔インドIT事情-下-〕日米欧が技術者争奪戦」朝日新聞2000年11月24日）と報じられたように、IT関連で優れた能力を有する人材が多く、しかも格安の人件費で雇用できる優秀なインド人技術者をめぐって日米欧の企業が争奪戦を繰り広げていたのである。

「インドのシリコンバレー」と呼ばれるのがインド南部の都市バンガロールであり、そこには世界の有力なIT企業が結集している。そのバンガロールの企業団地「インターナショナル・テック・パーク」にはその頃、約90の企業が入居し、約3700人が働いていた。1999年秋にこの企業団地に進出してきたシャープの現地法人「SSDI」の副社長、上堤道弘氏は人材確保策（社員の引き留め策）に取り組んでいた。「毎週金曜に、社員全員を集めて昼礼をし、連帯感を養う。1、2ヵ月に一度は、社内旅行などのイベントをする。調査会社に他社の賃金を随時チェックさせ、社員に不満の出ないよう待遇を引き上げる。上堤さんは昨秋、SSDI設立のために技術者を募集した。『周囲はそうそうたる企業ばかり。人集めできるだろうか』と不安だったが、3度の募集に計約8500人が応募。50人余りを採用した。いずれも他社にすれば引き抜きだ。同じビル内の会社を渡り歩いた人もいる。ことし9月、すぐそばにゼネラル・エレクトリック（GE）の研究所が開業した。開所式でジャック・ウェルチ会長は『来年3月までに技術者を3倍の1200人体制にする』と打ち上げた。『いつ引き抜かれる側に回るかわからない』。そんな思いが上堤さんを引き留め策に走らせる」（前掲紙）というのであった。引き

抜いたインド人技術者がそれまでは同じビルの別のオフィスに勤務していたとは，まさに「仁義なき戦い」を象徴しているのであろう。

　優秀な技術者をめぐる，日米欧企業の「引き抜き合戦」はインド国内だけで繰り広げられているのではない。本国に引き寄せるという仕掛けも設けられているのである。「インド人技術者の夢は，米国での成功だ。米政府が毎秋，外国人の技能労働者を対象に発給する『H-1B』ビザで，毎年約5万人が米国に旅立っている。（中略）海外からのインド人技術者へのラブコールは熱さを増している。海外からの技術者受け入れに消極的だったドイツも，欧州以外からのハイテク技術者に，特別のビザを出し始めた。森喜朗首相も8月，バンガロールで，IT技術者へのビザ発給を増やし，今後3年間で千人規模の日本語研修を実施すると表明した」（前掲紙）とされていた。インド人技術者が「米国を目指す」という点については，インドで働く場合と比較して10倍近くの賃金を米国では得られることも大きな誘因となっており，人材の「海外流出」を止めるのは困難であるといわれるが，優秀な人材を引き抜かれるインド側は苦々しい思いを持っているようである。「インド最大の財閥，タタグループのソフトウエア会社，タタ・インフォテック（本社・ムンバイ〈ボンベイ〉）の副社長のK・M・マロタラさんは，札束で熟練技術者を引き抜く外国企業のやり方を批判する。『海外に出ていく技術者を，若いころからコストをかけて育てているのは，私たちインドの企業なのです』。国を挙げて技術者を育成しても，結局は先進国への人材供給基地でしかなくなるのでは。そんな不安がインドのIT関係者の頭をよぎる」（前掲紙）と指摘されていたのである。

2　日系企業の"レイオフなし神話"の動揺

　「日本的経営」が全盛の（得意の絶頂にあった）頃，世界の各地に日本企業が進出して移植しようとした人事・労務管理施策の一つに「終身雇用」（長期雇用の保証）がある。欧米企業が景気の状況に応じて柔軟に実施する「レイオフ」（一時解雇）の対極にあるものとして，「ノー・レイオフ」（解雇なし）あるいは「ノン・レイオフ」とも呼ばれ，合理主義的でドライな欧米流の経営手法に慣れていた現地従業員に新鮮な驚きをもたらし，一部で好評を博していたものである。その施策は一定の期間にわたって，従業員のモラールを高めるなど，効力を有していたものといえよう。しかしながら，かつては「無敵を誇った」日本企業の退潮に伴い，「日本の常識は，世界の非常識」とも見られた終身雇用を維持することが困難になる時期がやがて訪れることになる。その時期を正確に特定することはできないが，日系企業の「ノー・レイオフ政策の放棄」として米国で取り沙汰された話題を少し見ておこう。

　ただ，その前に，二十数年前に，日本流のやり方で「終身雇用」の看板を米国で掲げようとした日系企業が「訴訟王国・アメリカ」で苦い経験をしたエピソードに触れておきたい。「終身雇用など日本的経営に固執したため，訴訟に巻き込まれるケースも出ている。京セラの米国法人，京セラ・インターナショナルは，解雇した元従業員140人から81年，集団で訴えられた。賠償請求額は総額4億ドルにのぼるといわれる。京セラ・インターナショナルは80年3月，米国の電子部品メーカー，エムコン社を買収した。しかし，エムコンは81年8月に倒産した。このため従業員340人をいったん解雇し

たが，その後，200人を再び採用した。原告は『最初の全員解雇は，実は気に入らない140人の従業員をクビにするための工作だ』と主張している。京セラがエムコンを買収した当時，従業員の士気を高めるため，"ノー・レイオフ（解雇なし）"と書いたステッカーを工場に貼った。このいわば"口約束"も原告に訴訟の口実を与えた。海外進出の日本企業が雇用差別で訴えられるケースが増えている。いずれも日本企業の雇用契約に対する考え方の甘さが背景にある。松尾総合法律事務所の松尾翼弁護士は『海外で人を雇う場合，安易に口約束をするのは危険。相手にマイナスとなる条件で契約更新する時は，契約書で"訴訟しない"と一筆とっておくくらいの用心が必要だ』とアドバイスする」（「〔経営創造—地球企業への道—〕不意の訴訟が襲う 雇用・安全怠りなく」日本経済新聞1987年8月30日）というのであった。"レイオフしない"ということを日本企業が簡単に口約束で行うほど「古き，良き時代」であったのである。

　しかし，そうした時代も，およそ10年後に，バブル崩壊後まもなく終焉に向かうことになった。比較的に長く続いてきた景気拡大に終止符が打たれ，1990年には，企業業績の悪化，レイオフの続発，個人消費の冷え込みなど，アメリカの景気の減速傾向が一段と鮮明になり始めていた。1982年以来とされる不況のもとでの「雇用情勢の悪化」が次のように報じられていた。「『ホワイトカラー・リセッション』。こんな言葉が米国でささやかれている。ニューズウイーク誌によれば昨年（1989年）の7月から今年6月にかけ1219社が8万1000のポストを削減，その44.6％がマネジャー級のポストだった。また，今年発表になったレイオフの7割はホワイトカラーが占めたという。米国電話電信会社（AT&T）は昨年，1万2500人の管理

職を早期勧奨退職制度によって削減した。ある管理職は『昔は10時と2時にコーヒーブレイクがあった。今は昼食も机の上ですませている』と首をすくめる。ホワイトカラー受難は産業界全体に広がっている」(「米ミクロ景気の素顔(上)」日本経済新聞1990年11月15日)と。「ホワイトカラー受難」という言葉が象徴するように,この時の不況は,銀行や証券会社,サービス産業に勤務するホワイトカラーを直撃したのであり,製造業の工場休止によるブルーカラーのレイオフはかつてほどの多さではなかったという。

　もっとも,1ヵ月後の新聞記事では,米自動車産業の大規模なレイオフの話題が報じられていた。「冬の本格的な訪れとともに,アメリカの自動車産業に"木枯らし"が吹き始めた。ゼネラル・モーターズ(GM),フォード,クライスラーのビッグ・スリーが,10～12月期にそろって赤字となる可能性が出てきて,生産調整のため従業員の一時帰休(レイオフ)に乗り出したからだ。(中略)今週から始まったビッグ・スリーのレイオフは,3万2千人に及んだ。GMは,12月中に19の工場を一時的に閉鎖,全組合員の1割に相当する5万人以上のレイオフを実施する予定だ。自動車市場は確実に冷え込んできている」(「〔海外NEWSアップ〕冷え込む米自動車業界」読売新聞1990年12月15日)と。ただ,ビッグ・スリーが業績を悪化させるなかで,日本車は全米の販売シェアを着実に増加させ,10年前の約20%から30%近くにまで上げていたという。

　米国における景気の冷え込みは日系企業にも影響を及ぼすことになり,「ノー・レイオフ」の看板が大きく揺さぶられた。「米景気の急速な冷え込みが米国に進出し拡大路線を走ってきた日系企業の経営に影を落とし始めた。『レイオフ(一時解雇)をしない』といわ

れた日系企業でも，雇用調整を迫られ，生産販売計画の修正に動き出したところが少なくない。(中略)景気後退の懸念が広がる中で，日系企業は雇用維持の優等生ではなくなり始めている。再びレイオフ旋風が吹き荒れている米国半導体業界で，日系企業として第一号の人員整理が表面化した。沖電気工業の米子会社，沖セミコンダクター（本社カリフォルニア州）は約50人に解雇通知をした」(「米の日系企業　崩れる『レイオフなし』神話」日本経済新聞1990年12月12日）というように，日系企業としての「レイオフ第一号」のことが触れられていた。

沖セミコンダクターのほかにも，日本電気が家電・音響製品の販売不振によりアメリカでの生産・販売から撤退することに伴って，米子会社のNECテクノロジーズ（本社マサチューセッツ州）も販売拠点と工場の約300人をレイオフしていた。また，全米の販売シェアを増やしていた日系自動車メーカーのうち，マツダのフラットロック工場は臨時工を削減し，富士重工業の米販売子会社，スバル・オブ・アメリカ（本社ニュージャージー州）が従業員総数の10％に相当する約100人の人員整理を予定していたという。さらに，自動車産業の不況のあおりを受け，鉄鋼産業でも，川崎製鉄と米鉄鋼大手アームコとの合弁会社アームコ・スチール（本社オハイオ州）で約500人のレイオフが予定されていたのである。

この記事では，米国における日系企業の「"レイオフなし"神話」の「実態」についてかなり詳しい説明が加えられていた。「ここへきて米国で雇用調整に動き出した日系企業は，もともと採算面で苦しく，業界でも競争力が劣るとみられるところが多い。米景気の減速がまず弱い体質の日系企業を直撃しているわけだ。(中略)今後，

大規模なレイオフが起これば,米国に浸透していた日系企業の『レイオフなし』経営への評価が崩れ,一時的に米国側の不信感につながり"雇用摩擦"が生じる恐れもある。日本貿易振興会（ジェトロ）のニューヨークセンターの昨年の調べでは,日本企業が米国に進出した工場は1000ヵ所を超え,従業員の合計も20万人台にのった。雇用保証を打ち出している日系企業の評判はよく,特に日系企業で働きたいという工場労働者の希望は強い。しかし,日系企業で実際に『ノー・レイオフ』を雇用契約に盛り込んでいる例はほとんどない。正確にいえば,日系企業のほとんどが従業員に対して『採用凍結や役員・管理職を含む給与カットなどでぎりぎりまでレイオフを避ける努力をする』と強調しているに過ぎない。こうしたレイオフ回避努力が『レイオフをしない』という神話につながっている。87年にトヨタ自動車と米ゼネラル・モーターズの合弁自動車生産会社NUMMI（本社カリフォルニア州）が60％操業に落ち込んだ当時,余剰従業員を教育訓練に充てレイオフを避けたことがある。『米国ではこうした場合,当然レイオフするが,トヨタの方針でレイオフを回避した』（トヨタ関係者）。従業員が組合員であったこともあり,全米の話題を呼んだ。今のところ,人員合理化は一部企業にとどまっているが,『ここ数年に進出した企業は赤字が大半』といわれる。不況が深刻化すれば,赤字に耐えきれず『日本流雇用保証』を修正,人減らしが多発する場面も多くなりそう。地元自治体やコミュニティーの日系企業への期待が大きいだけに,工場閉鎖や大量レイオフになれば反発が大きくなる可能性がある」（前掲紙）と。かつて「無敵」とまでいわれた日系企業の内実がそうであったのか,と妙に納得させられる記述であろう。

1990年の不況に際して米国の証券会社は大規模な「人減らし」を余儀なくされていたのであり，それは日系の証券会社も同様であった。1990年10月以降に日本の大手証券会社三社が米国子会社の社員を合計25人解雇していた。ちなみに，この点については，先に見たように，1981年に京セラ・インターナショナルは解雇した従業員による集団訴訟に巻き込まれたのであったが，「ノー・レイオフ」をちらつかせていた(?)日系の証券会社のなかに訴訟に巻き込まれるところも出ていた。「慣れない人員整理で，解雇者から訴訟を起こされるケースも目立ってきた。ある日系大手証券では数千万ドルの損害賠償を求められて係争中だが，訴えた米国人の元従業員は『当初の契約と話が違う。徹底的に争う』と強硬な姿勢。人減らしも簡単ではないようだ」（前掲紙）といわれたように，日系企業にとってレイオフは時に厄介な事態を招くことになったのである。

　1991年にも，日系企業の雇用慣行の見直しにかかわる話題が現われていた。「日本企業の米国での現地生産が転機を迎えている。85年のプラザ合意以降，円高や通商摩擦の回避などを目的に工場新設，買収，資本参加などの動きが急拡大したが，米国景気後退と共に軒並み採算が悪化している。レイオフ（一時解雇）なしなど米国社会に定着したかにみえた日本的経営も見直しを迫られている」（「〔正念場　米現地生産−上−〕試される『日本的経営』」日本経済新聞1991年6月9日）と報じられたのである。「米国社会に定着したかにみえた」という表現が示すように，「レイオフなし」は一時的には米国でも受け入れられていたといえよう。

　「レイオフなし」の見直しの一つの事例が鉄鋼産業で見られた。日本の大手鉄鋼メーカーは1980年代に米鉄鋼メーカーと提携して現

地生産に乗り出し,米鉄鋼産業の再生・活性化に尽力していた。ところが,1990年代初め頃の不況によってその計画の遂行に暗雲が垂れ込めるようになっていた。例えば,NKKは米ナショナル・スチールと提携関係にあったのであるが,「NKKは設備投資の縮小に続いて,ナショナルの従業員の残業時間のカットを決めた。しかし,それだけで苦境を乗り越えられるかどうかは見通しがつかない。『やはり郷に入れば郷に従え,なのか。レイオフはしない契約だったが,(終身雇用が)日本的経営と力んでばかりいられないのかもしれない』(NKK幹部)と苦悩の色は隠せない」(前掲紙)といわれた。

次に,終身雇用制は労使関係とも密接な関係を持っているが,「レイオフなし」の放棄はその部分にも影響を及ぼすことになる。「米国で成功した日本企業はこれまで終身雇用制を軸とした良好な労使関係を大きな支えとしてきた。不況はその労使間の信頼関係にもヒビを入れかねない状況だ。今年(1991年)1〜3月,創業以来初めて減産を経験した本田技研工業の米現地生産会社,ホンダ・オブ・アメリカ製造(HAM)では,米人副社長が『レイオフは可能な限りしない』と改めて宣言した。さらに,役員の減俸からレイオフに至るまでの不況に対応した経営の手順を従業員に詳しく説明した。『米国人には減産すなわちレイオフという考えが染みついている。UAW(全米自動車労組)に加盟していない当社の従業員にも動揺がみられた』(吉野浩行HAM社長)のにいち早く対応し,動揺の広がりを抑えた。日本製品の米国市場での競争力の強さは,優れた品質が市場で高い評価を受けてきたからだ。労使関係が大きく揺らぐようだと,生産ラインで働く従業員の勤労意欲にも悪い影響

を与え，製品の質低下にも結び付きかねないだけに深刻な問題だ」（前掲紙）と指摘されていた。不況期には半ば日常茶飯事にもなるレイオフは，それに「慣れている」はずの米国人従業員にとっても重大な関心事なのであろう。

なお，これまでは，アメリカに進出した日系企業における「レイオフなし神話」の動揺について見てきたが，オーストラリアに進出した日系企業でも，同様の動きが見られた。1992年2月に日産自動車は豪州メルボルンのクレイトン工場の閉鎖と1800人の従業員の解雇を発表したのである。「日産は地元に配慮して『相場の2倍』といわれるほど従業員退職金をはずみ，元従業員には日産輸入車を終身，安値で供給するといった特典も約束した。撤退自体は自動車メーカーの数を絞るという豪政府の産業政策に沿ったものでもあり，大量解雇は日豪摩擦にはつながっていない。だが，日本を代表する自動車メーカーが撤収に踏み切ったことは，『長期的投資でノンレイオフ（解雇なし）』という日系企業の神話を世界各地で大きく揺るがせている」（「〔日本企業 試練の海外進出－下－〕揺らぐ雇用"神話"」日本経済新聞1992年4月15日）と報じられていた。

3 米国企業にも「終身雇用慣行」があった！

一般的には，景気の状況に応じてドライに，合理主義的にレイオフを実施するのが米国企業であると思われがちだが，米国の有力企業のなかには，比較的に少数派であるが，かつての日本企業と同様に「終身雇用慣行」を採り入れてきた企業も存在していた。その代表的企業の一つが米国IBMである。

ところが，すでに見てきたように，1990年代初め頃に来襲した大型不況によってそうした政策も大きく揺さぶられていた。「米国のハイテク産業で，一時解雇をしない"ノン・レイオフ"政策を掲げた企業が苦しんでいる。IBM，ディジタル・イクイップメント（DEC）など企業理念として終身型の雇用慣行を敷いてきた企業がハイテク不況の長期化で深刻な人員余剰問題に直面しているからだ。配置転換・再教育などにより余剰人員を社内で吸収しようとしているが，ドライな雇用慣行の米国で異例のノン・レイオフ政策をどこまで貫けるか微妙な情勢となっている。DECはマサチューセッツの本社や工場を中心に大規模な配置転換を進めている。生産拠点の海外移転により，米国内の工場はどこも余剰人員をかかえている。販売部門などから求人の呼び掛けが毎日あり，これに応じると従来の給与が保証されたまま6ヵ月間再教育を受けられる仕組みだ。さらに大掛かりなのがIBM。これまでの4年間で6万5千人を対象に配置転換，再教育を実施したが，今年度も10億ドルを再教育に投じることを決めた。狙いはやはり生産部門のスリム化。販売，ソフトなどの部門が雇用の受け皿となる。ヒューレット・パッカード（HP），タンデム・コンピューターズなども不況対策としてレイオフ策をとらないと社員に公約，やはり配置転換のプログラムを実行している。米国では転勤を伴う配転に対して従業員が退社するケースが多く，配転作戦は『実質的人員削減策』という声もあるが，各社とも『レイオフはしないとの方針に変わりはない』（ジョン・エイカーズIBM会長）と強調する。これらの企業はいずれも安定した雇用関係で米国企業の中では高いモラールや低い転職率を維持してきた経緯があり，表向きはこの看板はおろせないためだ。ただ，国

内需要の鈍化でIBMなど巨大企業は設備や人員の削減は避けられないテーマになっている。減量を進めながらどうやって企業理念を維持するか。米のエクセレントカンパニーは当分頭を悩ませることになりそうだ」（「米ハイテク企業の終身型雇用に試練」日本経済新聞1990年8月16日）というのであった。「終身雇用」が必ずしも日本企業の"専売特許"だというわけではなく，一部の米国大企業も，それまでの効用を念頭に置きつつ「ノン・レイオフ政策」を維持しようとしていたのである。ただ，その当時は，日系企業と同様に，それらの企業もその政策の維持をめぐって苦悩していたといえよう。

　では，ノン・レイオフ政策をとっていた大企業はその後どうなったのだろうか。それを知る一つの手掛かりが次の記事の中に見出されることになる。「IBMとGMが記録的な赤字を出し，経営トップが相次いで退陣した。フォーチュン誌の世界企業ランクのトップ10に入っている超大企業がこのような苦悩に陥ることをだれが予測出来たであろうか。時代の流れの恐ろしさが痛感される。しかし，時の流れだけでは説明できない側面もあるように思われる。IBMとGMには，人事政策面で日本企業と似ている点が一つある。両社ともいわゆる『終身雇用型』の企業である。もちろん，わが国企業のように『年功序列型終身雇用制』ではないが，他の米国企業と比較すると日本型に近い。両世界企業の挫折の原因は種々指摘できようが，こうした雇用形態もその一因であろう。元ペプシ・コーラの社長であったジョン・スカリーを会長にいただくアップルコンピュータの成功やクライスラーの現況をみると，1980年代にそれ相応の成果を上げた日本型雇用形態が，米国では問題を露呈してきているといえよう。（中略）IBM，GMは他社からのスカウト人事はあまりし

ない。特に，管理職クラス以上の途中採用はほとんどおこなわないといわれている。両社の社員は，首にならない程度に『消極的一生懸命』に働いていたように思われる」(「〔大機小機〕IBMとGMのちょう落」日本経済新聞1993年3月3日) というのであった。IBMのノン・レイオフ政策にはすでに触れていたが，GMにもそうした政策がとられていたのである。ただし，その当時は，「ノン・レイオフ維持派」にとっては旗色が悪い状況であったといえよう。

なお，ここでは，「消極的一生懸命」に働くという表現が用いられているが，それは，一般的に米国企業では多くの社員が自分自身を売り出そうと「積極的一生懸命」に働いているという表現の反語なのであった。そのような上昇志向の強いビジネスマンは高給でスカウトされる可能性があり，優秀な人材のタイムリーな確保によって企業の活性化をはかるという人事戦略が脚光を浴びていたのである。

ところで，前掲の記事の中で使われていた，日本企業の「年功序列型終身雇用」という表現に関しては，米国企業の場合には「非年功序列型終身雇用」という表現が当てはまり，二つの「終身雇用」の区別が必要となるのかもしれないが，米国でも終身雇用・年功序列は「ベストの慣行」だったとする見方がある。ペンシルベニア大学ウォートン経営大学院教授のピーター・キャペリ氏は次のように述べていた。「最初に常識のウソを指摘したい。すぐレイオフする米国と終身雇用の日本という，単純な図式は誤っている。なるほど米国でブルーカラーは簡単にレイオフされるが，レイオフ期間中，会社は労働者の生活を保証してきた。経済が上向けばすぐ雇用した。だからレイオフ期間中も雇用関係に入れて通算すべきで，そうすれ

ば勤続期間の長さは日本と大同小異だった。管理職では日米の差はもっと小さかった。米国の大企業は管理職候補として大学新卒者を採る。入社後は企業内で知識をつける。昇進は既定の事実、その基準も多くは年功。よほど失敗しなければ一生勤められた。雇用関係の『ベストの慣行』とはAT&T、IBMなどの大企業で実施されていた、そんな『日本モデル』の別称だった」（ピーター・キャペリ「明日はわが身、米国のリストラ後遺症」『日経ビジネス』1994年5月2日号86頁）と。ところが、米国でも「ベストの慣行」とされていた終身雇用・年功序列がリストラによって大きく変えられようとしている、とキャペリ教授は強調していた。すなわち、IBMなどが次々と従来のモデルを解体しているというのであった。

　それまでのシステムの維持を不可能にしてリストラを不可避的なものにするほどの、米国の大企業を襲った変化の内容についてキャペリ教授は、「経済の国際化、途上国からの低価格攻勢。その中で企業はくるくる変わる消費者ニーズに迅速にこたえなければならない。必然的に製品の寿命も短くなった。加えて80年代は企業買収ブームで、経営者はせき立てられるように利益を追わざるを得なかった。内部の変化もそれに劣らず大きい。『コア・コンピタンス』（核になる力）などという新語が導入され、企業は事業分野の統合を急いだ。また、従業員に力をつけさせチームを組んで品質管理をさせるようになると、皮肉にも職長や中間管理職などはいなくてもやれることが分かってしまった。以上がいわゆるリストラの背景だが、この結果現れた新たな人事慣行は、驚くべき速さで普及し、『ベストの慣行』の中身は一挙に書き換えられた」（前掲誌86～87頁）と述べていた。

第8章 「終身雇用」は終わったのだろうか？ 261

　リストラが避けられないほどの変化ともなれば、「労働時間短縮」や「賃金カット」というような一時しのぎの便法では乗り切れない。そこで、「レイオフ」、「解雇」という選択肢が浮上してくる。経営者にとっての問題は、具体的にどのように人減らしをするかということになる。米国企業の人員削減の方法についてキャペリ教授は次のように述べているが、そのプロセスは、1990年代に日本の多くの企業が実施したリストラの方法とどこか似通っていた。「簡単なのは新規採用を凍結し自然減を待つ方法だ。しかしこれは高齢化を招くだけで、この手法で乗り切りを図った自動車会社の工場現場では、勤続25年選手だらけという現実が発生した。次に早期退職制度がある。ところが、インセンティブとして支給される退職金は、いつでも辞めてやろうという人にとっては魅力的、しがみつきたい人には"すずめの涙"ということになりがちだ。残った社員はできない人ばかりという結果になりやすい」（前掲誌87頁）とキャペリ教授は指摘していた。

　問題は、これらの方法が効果的ではないときであり、ついに「解雇」の出番となる。ここで注意しなければならないのは、「解雇」と「レイオフ」との明確な違いである。「解雇とは個人の成績不振を理由とするもので、その後の手当もない。不況などを理由とし、休業期間中の手当が付くレイオフとは、米国では明確な区別がある。また、レイオフは責任が企業側に帰せられ、企業による雇用契約違反と見なされる。そこで今、IBMなどで倍増しているのが解雇なのである。雇用契約違反と責められることなく、人員削減はその実が上がるわけである」（前掲誌87頁）とされていた。解雇ではなく、レイオフの方が「雇用契約違反」とみなされる点は多少とも分かり

にくいが，レイオフされている間は手当が付くという点については，「『レイオフだって？ 組合の連中は給料が保証されているからね』——。空港からダウンタウンに向かう途中，タクシー運転手のマイク・ルーサーさんは肩をすくめて言った。全米自動車労組とビッグ・スリーが，10月に改定した労働協定で，組合員はレイオフされても約95％の給与が保証されることになったのを指しているらしい」（「冷え込む米自動車業界」読売新聞 1990年12月15日）という記述が一つの説明を与えているのかもしれない。

ところで，キャペリ教授が強調しているのは，かつての「終身雇用慣行」を維持してきたIBMなどがそれを放棄して「解雇」に走ったということだけではなく，米国でのリストラの増加が「心の病」を急激に増加させているということである。米国人は転職やレイオフに「慣れっこ」になっていると思われがちであるが，リストラは当事者の心に深く傷跡を残すこともあるのである。例えば，「サバイバーズ・シンドローム」（生存者症候群）という言葉があり，それは，職場の同僚や友人が職を失い，自分だけが残ったということで罪の意識にさいなまれる状態を指している。また，今はサバイバルができたとしても，将来において自分が職を失うかもしれないと思いストレスを増加させることがあったり，人が減っても仕事量は減らないので残った者に労働負荷が過重に課されて心身ともに疲れることもあるという。

リストラに関してキャペリ教授が強調するもう一つの論点は，終身雇用慣行の放棄が社員の「会社への“忠誠心”」や「企業帰属意識」を低下させてしまうかもしれないということである。「企業のリストラは企業と社員の精神的結び付きのありようを変えてしまう。

第8章 「終身雇用」は終わったのだろうか？　263

日本のみならず米国でも，従業員の忠誠心は重視されてきた。大企業ほどその傾向が強かったが，社員が忠誠を尽くしたのは，その裏で企業が長期雇用を保証し，キャリア・デベロップメントの場を与えてきたからだ。このいずれも企業はもはや提供できない。米国で，従業員の仕事に対する態度を調べた調査はすべて，モラールと会社に対する帰属意識の低下を示している」（ピーター・キャペリ「明日はわが身，米国のリストラ後遺症」前掲誌88〜89頁）というのであった。

　ただし，調査結果の通りに従業員の忠誠心やモラールの低下が生じるならば，労働生産性も低下することが予測されるのであるが，実は，そのようにはなっていないという。「ところが，興味深いことに，モラール，忠誠心が急降下しても，働きぶりは悪化していないという調査結果が続々と出ている。良くなっているケースさえ多い。今のところ，あまりに多くの企業が減量に努めていて，良い職場，とりわけ大企業の職場は少ないこと，そのためいやでも今の会社でクビを切られないよう，一生懸命働かざるを得ないのだと考えられている。恐怖が忠誠心を代替しているわけだが，実は，米国では，作業現場からの熟練者の追放が進んでおり，従業員の帰属意識もそれにつれて必要とされなくなっている。米国産業全体が，すでに社員の帰属意識の希薄な環境に適応していると言っていい」（前掲誌89頁）とキャペリ教授は指摘していた。

　以上で見てきたキャペリ教授の分析は，数年間の遅れを伴って，1990年代に見られた日本企業の「リストラ風景」とオーバーラップする部分を数多く含んでいるように思われるが，「米国産業全体が，すでに社員の帰属意識の希薄な環境に適応している」という部分に

ついて，日本の産業界が今やそのレベルに達しているかどうかという点はなおも不明であろう。

ちなみに，キャペリ教授は，「米国におけるリストラの経験は，日本にとって近い将来に何が起きるかを知る手掛かりになる。これまで日本企業は，下請けと臨時社員を緩衝材にして，正規社員の雇用を守ってきた。しかし，リストラを迫る市場の圧力は，緩衝材を使って和らげられるようなものではない。永遠に続くものであり，正規の中核労働者の削減を求めるものなのである」（前掲誌89頁）と，その論稿を結んでいた。やはり，米国の「ベストの慣行」と同様に，「日本型モデル」の維持も困難になってきたというのであろう。

さて，キャペリ教授の論稿が紹介されてからおよそ半年後に，米国の "*Business Week*" 誌の創刊65周年特集記事（1994年10月17日号）として「米国の労働を再考する（RETHINKING WORK）」と題する記事が出ており，やはり『日経ビジネス』が紹介していた。その中では，大手企業においても終身雇用が消えつつある状況が指摘されていた。「大量生産時代の幕開き以来，おそらくどの時代よりも大がかりな『労働』に関する再定義が，1990年代に進行しつつある。もちろん，仕事が意味を失ったわけではない。雇用主と社員の安定した関係は依然として強く求められており，両者は経済的利益を共有している。『人間は常に仲間を求めてきた。それは，今後も組織の原動力であり続ける』とカリフォルニア州メロンパークにある高機能プラスチック製品メーカー，レイケムの最高経営責任者（CEO），ロバート・サルディック氏は言う。だが，雇用主と社員との関係は，以前とは違ったものになっている。企業と従業員の新

第8章 「終身雇用」は終わったのだろうか？

たな契約では温情主義が否定され，独立独行が尊重される。かつては終身雇用制度を暗黙のうちに保証していた大手中の大手とされる企業でも，無条件の終身雇用はなくなった。『終身雇用の重要性は薄れている』と言うのは，86年以降17万1000人の人員削減を実施したIBMの雇用関係・人材担当ディレクター，ケビン・ベクラフト氏だ。『これに代わって，今では生涯勤められる能力が重視されている』。終身雇用との重要な相違は，責任の分担という点に尽きる。企業側には社員に自己を向上させる機会を提供する義務があり，社員は自らの職務に責任を負わねばならない」（「米国の労働を再考する」『日経ビジネス』1994年10月31日号 109頁）というように，「終身勤められる能力」を重視する傾向が強調されていた。

これまでしばしば米国IBMの雇用政策の方針転換について触れてきたが，コンピュータ・ジャーナリストのロバート・X・クリンジリー氏の見解には興味深いものがある。彼の見方はかなり強烈なもので，「終身雇用制を守ろうとして危うく落命寸前になりそうになった」と主張していた。「日本の産業界は，終身雇用制を捨てても組織の生き残りが可能かどうかについて熟考しているが，米国ではすでに，終身雇用制を提供していては会社がうまくやっていけるはずはないと思っている。実際，『終身雇用制の提供』というポリシーを，今世紀を通じ維持してきた唯一の米国の大企業は，まさにそれによって，危うく命を落とすところだった。その企業とはIBMである」（ロバート・X・クリンジリー「〔米国の経営革命〕光うせた終身雇用下の忠誠心」『日経ビジネス』1994年10月3日号85頁）というのであった。そして終身雇用制を提供していた頃のIBMの，他の米国企業との比較における「異質性」を次のように描いている。「私がこ

れまでにかかわったすべての米国企業のうち，社員がみんな同じ顔（一種のユニークな会社スタイル）をしている会社が2つだけあった。IBMとプロクター・アンド・ギャンブルである。これは両社の社員研修，労働者の教育法から生まれたものだ。例えば，両社とも公式の歌唱集を持っている（米国の企業では，みんなで歌うことなどめったにない）。ニューヨークやシンシナティでの販売会議に1000人もの人が集まり，上司をたたえる歌を腹の底から歌い上げるというのは，大変な一体感を生み出すに違いない。IBM人（IBMers）のほとんどは新卒入社組で，他の会社に勤めた経験がない。(中略) IBMの社員は，金持ちになる必要はない，あるいは少なくともすぐに金持ちになる必要はないと考えている。彼らは，どんな福祉国家をも超えるフリンジ・ベネフィットを提供してくれ，終身雇用してくれる会社で働ける保証を求めていた」（前掲誌85頁）と。

このように，社員が安楽な働き方を享受できたIBMはその後コンピュータ業界トップの地位をしっかりと保持できたのであろうか。「その幸福の代償として，規則で組織は硬直し，意思決定のペースは遅くなった。規則に従って，社員は会社の命じた所へ行き，会社の命じることをなし，他人と話してはならない。他の社員と異なる行動を許さない会社があるが，そういう会社は時々，そのために苦しむことにもなる。60万人の社員の足並みをそろえるのには時間がかかるからだ。どこか，日本の大企業に似ていると思いませんか。さて，そこで世界最大のコンピューター会社（以前は1社で最高の収益を上げた会社）に何が起こったのか。ここ5年の間に，ビッグ・ブルーといわれたIBMは，他社と競合する，ほとんどすべての

分野でシェアを落とした。最も得意とするメインフレーム・コンピューター事業での売り上げも落ち，IBM株の時価総額は250億ドル以上減少してしまった」（前掲誌85～86頁）とクリンジリー氏は述べ，IBMの凋落を強調していた。IBM社内のかつての風景や雰囲気は，日本企業の「大企業病」を連想させていたのである。

　しかし，終身雇用にこだわり，IBMの復活を実現することができなかったジョン・エイカーズ会長が退いた後に，外部から招かれた経営者，ルイス・ガースナー氏によってIBMは利益率の回復を達成できることになった。回復のキーワードは「終身雇用制の放棄」であった。「どのようにして，収益はようやく回復したのか。レイオフをしないという60年間の伝統を放棄してしまったのである。日本の大企業のCEO（最高経営責任者）が今日，直面しているのとまさに同じ問題に直面して，IBMの非生産的部門を切り捨てた。その結果，10万人の社員を削減しなければならなかった。IBMは依然として問題を抱えているが，少なくとも今のところ，最悪の状態からは脱したようだ。終身雇用制に終止符を打ったことは，IBMにとって正しい行動だった。」（前掲誌86頁）というのであった。ここでとくに注目しなければならないのは，IBMが終身雇用制をそれまで維持してきた理由である。「米国企業の中でIBMは例外的な存在だった。ビッグ・ブルーは，厳しい状況の中でも，できる限り長く完全雇用制を堅持しようとした。ニューヨーク州アーモンクにあるIBMの世界本社の経営陣がついにレイオフを始めた後でさえ，IBMの社員は辞めるはずはないと信じて疑わなかった。IBMが終身雇用制を継続してきたのは，そのポリシーを捨てると会社がダメになるのではないかという恐怖によるものではなかった。誇りと伝統に基づく

ものだったのである」(前掲誌86頁)というように,「誇り」とともに60年に及ぶ「伝統」が終身雇用制の維持を促していたのである。終身雇用制を放棄すれば会社がダメになるのでは,という「恐怖心」は否定されていた。

ところが,そうした「恐怖心」から終身雇用慣行を捨て切れないのが日本企業である,とクリンジリー氏は見ていた。「日本企業は,終身雇用制をやめること自体を恐れている。もし終身雇用をやめたら,会社で働き続ける社員もすぐに忠誠心を失ってしまうのではないかと思っているのだ。日本の経営者は,特に『最も貴重な社員』の忠誠心が根底から失われてしまうのでないかと心配している。彼らの本当の悪夢とは,終身雇用制に終止符を打つと,結局,会社全体として,うまくいかなくなってしまうのではないかということなのである。(中略)日本の経営者は終身雇用の約束を,社員をつなぎ止め,彼らの会社への忠誠心を保証する,糊のようなものと考えている。その糊を取ってしまえば,社員は恐れ,忠誠心も消えると考える」(前掲誌86頁)と。10年以上前(1994年)の指摘であり,その当時としては的を射ていた部分もあるのかもしれないが,その間に長期不況に襲われて終身雇用慣行を,少なくとも表面的には,放棄してしまった日本企業も少なくないであろう。そしてそれらの企業の経営者は,その昔を回顧して,クリンジリー氏の指摘にうなずくのであろうか,それとも軽くいなすのであろうか。

クリンジリー氏によれば,終身雇用制以外にも,社員の忠誠心を確保する方法があるという。「米国で業績のよい会社は,社員に終身雇用の約束をせずに成功している。成功している米国の企業には,ちょっと違った忠誠心の鼓舞の仕方がある。彼らは,多くの場合,

カネで忠誠心を買っているのである。米国の管理職やプロフェッショナルは日本の同じ職業の人たちより相当高い給料をもらっている。カネは強力な動機づけとなる。日本の会社は今までこれを不可能なこととして避ける傾向にあったが，もし同じ量の仕事をする人が，より少数になるなら，高賃金を払うのは本当に高くつくことになるのだろうか」（前掲誌 86～87頁）とクリンジリー氏は述べていた。いかにも米国流の発想であるが，おそらく日本企業の経営者はその考え方に眉をひそめることであろう。

　ただ，クリンジリー氏も，カネによる忠誠心確保の方法が万全のものと見ているのではなく，社員の動機づけに効果をあげるもう一つの方法に着目していた。「終身雇用でなくカネで忠誠心を買うやり方には，難しさもある。最高の人材なら，数日のうちに転職が可能なため，つまらない，満足できない仕事なら，簡単に辞めてしまう。日本の経営者はサラリーマンの会社に対する盲目の忠誠心によって退屈な仕事でもさせておくことができた。しかし，米国では，仕事は面白くなければならない。この『仕事を面白くする』という考えは，会社の経営上層部が実際の業務からかけ離れたところにいるような場合には，信じられないような挑戦的な考えになる。自分の会社のエンジニアたちが何をやっているか知らない，しかも話したことすらないのならば，日本の大企業の社長はどうやって，社員をやる気にさせるのか。仕事を面白くするには，経営のすべての階層で最大限までコミュニケーションを進めることが必要になる。最終的には，情報（と批判）が双方向に流れることになる」（前掲誌88頁）というように，「仕事を面白くする」ことが重視されているのである。

なお，以上で見てきたように，クリンジリー氏は日本企業の終身雇用慣行の行方に強い関心を寄せていたのであるが，「終身雇用制なしで企業経営を成功させること自体は，全く難しいことではない。日本の企業はこのことを知るべきである。もし産業界全体が同時に終身雇用制を放棄するならば，安定を保つことは極めて簡単なことになるだろう。日本企業の場合，実質的に社員の給与を引き上げるのと，組織全体をフラットにすることが，終身雇用制を放棄する前提となる」（前掲誌88～89頁）として，「終身雇用放棄のススメ」を示していた。

4 中国と韓国における「終身雇用制」の廃止

これまでは，米国における「終身雇用慣行」採用企業＆放棄企業の事例を中心にみてきたが，中国にもかつてはそれと類似した仕組みが見られた。しかし，経済改革の流れのなかで，そうした制度や慣行も廃止に向かうことになった点を取り上げよう。

中国の国有企業改革，とりわけ人事・労務管理制度改革は，第7章で見たように，かなり過激な形で実施されている。中国の国有企業といえば，かつては，日本企業と類似した雇用制度（慣行）を持っていることで知られていた。しかし，すでに10年以上前に，「中国の雇用制度の象徴ともいうべき企業丸抱えの終身雇用制度『大鍋飯』のシステムが揺らぎ始めた。企業改革に伴い経営者の間に余剰人員整理の動きが強まり，公式統計でも失業率の上昇が目立ってきた。経営不振の国営企業に見切りをつけた従業員の転職ブームも続いている。中国政府は，余剰人員整理は企業改革のカギとしている

が，対応する社会保険制度などの整備はまだ緒に就いたばかり。『大鍋飯』に代わる新しい雇用，福祉制度の確立は，経済面ばかりか政治的にも大きな課題となりそうだ」(「『大鍋飯』揺らぐ中国」日本経済新聞1994年1月24日) と報じられていた。この記事では，「大鍋飯(ターク♯ファン)」という言葉について，「中国の国営企業の経営体質全般を表す言葉で，日本でいう『親方日の丸』とよく似た言葉。雇用賃金制度については特に『鉄の茶わん』(企業の経営が悪くても食いはぐれない)，『鉄の賃金』(働いても働かなくても同じ)，『鉄のいす』(ミスをしてもポストを追われない)――の三つの『鉄』が問題視されている。また，従来のシステムでは労働者はいったん工場に配属されれば，医療，住宅，年金はすべて企業丸抱え。企業は社会保険の機能まで代行していた。『中国の工場は(なにもかもそろっている)荘園のような存在』という経済学者もいる」(前掲紙)という説明が加えられていた。

　最近では中国も，他のアジア諸国と同様に，「転職社会」であるというイメージがあるためか，「親方日の丸」と類似した雇用制度があったことには多少とも違和感があろうが，1990年代前半の頃に，市場経済化に向けての改革のなかで，国有企業の「終身雇用」は曲がり角にさしかかっていた。「経営不振の国営企業では事実上の肩たたきが始まっているとみられ，上海市労働局の周莉敏・労働力処課長の説明では，籍だけを残して仕事から外された人が市内だけで十数万人に達しているという。周さんは『3分の2は関連会社などで再就職しており，解雇された人はごく一部。誤解しないで』と強調するが，労働局自体が総工会(組合)との共同出資で，企業内で吸収できなかった人を集めてタクシーや飲食店の経営に乗り出すな

ど，失業多発時代への対応を急いでいる」（前掲紙）というように，国有企業の余剰人員対策がその当時の重要な課題となっていた。

もっとも，「大鍋飯」という看板にもかかわらず，すでに1980年代から人員整理を実施していたことが次の記述から明らかになるであろう。「『この方法しか生産性を国際水準に近づける方法はないでしょう』。こう語るのは宝山製鉄開発総公司の趙超・総経理（社長）だ。宝山製鉄所は85年当時の3万5千人から2万1千人体制を目指して毎年のように人員整理を実施しているが，開発公司はその受け皿となっている。同公司が設立された86年には人減らしと聞いて一部の職場では不穏なムードが漂ったそうだ。しかし，現在では鉄づくりは宝山製鉄所本体で，施設補修や廃棄物処理など関連業務はすべて開発公司でという分業体制が確立された。貿易公司などの多角化事業も軌道に乗り始め，『本社を繰り上げ退職してこちらに来たいというベテラン従業員も多い』と趙さんは胸を張る。最近，趙さんのもとには見学希望が全国の同業他社から相次いでいるという」（前掲紙）として，受け皿会社の活用を通しての，余剰人員吸収の事例が紹介されていた。

ただ，宝山製鉄所のケースは成功事例に分類されるのであろうが，中国労働省の統計によれば，1993年の失業率は2.6％に達しており，金融引締めをきっかけとして余剰人員を抱えきれなくなった企業が実質的な人員整理に踏み切るのではないかという懸念も示されていた。いずれにしても，「中国では84年の都市経済改革以降は『従業員は解雇もありうる』と言われながらも，企業の経営悪化を理由とした解雇は行なわれてこなかった。中国政府は『94年はさらに失業率は高くなる』と雇用情勢を展望しており，『社会主義に失業はな

い』時代は過去の話になろうとしている」（前掲紙）と指摘されたように,「大鍋飯」は大きく揺らいでいたのである。

　この記事からおよそ2年後に,「親方日の丸」ならぬ,「親方五星紅旗」が崩れ, 終身雇用制が廃止されようとしている状況が伝えられることになった。「中国の国有企業が終身雇用制を廃止し, 契約に基づき雇用期間を決める労働契約制への切り替えを急いでいる。主要な省や直轄市では国有企業の従業員の7～9割に導入された。ぬるま湯的な体質から『親方五星紅旗』とやゆされる国有企業でも, 市場原理がより徹底されることになり, 労働者の間には人員整理を心配する声も出ている」（「中国国有企業　終身雇用を廃止」日本経済新聞1996年1月7日）と報じられたのである。「労働契約制」という制度の内容, そしてそれの導入のねらいについては,「労働契約制で従業員は昇給や休暇などの権利を法的に保障される半面, 雇用契約が期限切れを迎えた時点で延長しなければならなくなる。企業側からみれば, 雇用契約が終了した余剰人員を合法的に整理し, 経営を合理化できる利点がある。雇用期間は職種によっても違うが, 平均して5年程度」（前掲紙）とされていた。ちなみに, 労働契約制への切り替えが進んでいるとされたが, 中国労働省によれば, すでに労働契約を結んだ従業員の比率は, 北京, 上海, 天津の主要な国有企業でそれぞれ74％, 83％, 71％であったという。中国政府は, 1996年度末までに全国の主要企業の80％の従業員が「終身雇用制から労働契約制へ」移るという見通しを立てていた。

　労働契約を結んでいた従業員の比率はすでに高い水準にあったが, 当然のことながら, 終身雇用が保証されない「労働契約制」に対する懸念も表明されていた。「国有企業の従業員に, 終身雇用制の撤

廃が失業につながりかねないとの不安も強い。労働契約制を導入した国有大手タクシー会社に勤める40代の北京市民は『企業側が従業員を解雇する権利を得たことになる』と懸念する。国有企業の約4割が赤字にあえぐ中で，特に終身雇用に慣れていた中高年層に不安を抱く従業員が多い。労働省当局はこれらの声に配慮して『10年以上勤続している従業員には，労働契約制の導入時に"無期限契約"を結ぶことができるようにしている』としている」(前掲紙)と。

「労働契約制」導入の話題からおよそ6年後に，中国は政府の公的事業機関の職員を対象にして終身雇用制を廃止していく方針を打ち出した。ついに公務員の世界にまで「終身雇用制廃止」の波が押し寄せようとしていたのである。「中国政府が5年後をメドに教育，衛生，水利，社会福祉などの公的事業に従事する政府機関の職員約3000万人の終身雇用制を廃止する方針を打ち出した。各機関と職員が個別に雇用契約を結ぶ仕組みに改め，必要に応じて職員を解雇できるようにする。公的事業機関の職員は政策の策定などに携わる官僚と同様に，いったん任用されれば定年の60歳までほぼ雇用を保障されてきたが，中国政府は行政効率を高め，財政負担を減らす狙いから改革に取り組む。同国では国有企業の余剰人員削減が進んでいるが，改革の波は公的事業機関にも及んできた。(中略) 終身雇用制の廃止と平行して，3年間をかけてすべての職務の必要性を再点検する。不要と判断すれば当該職の人員を解雇する。このほか採用時に公開試験を実施したり，昇進に競争原理を導入したりする」(「中国，政府の公的事業機関 終身雇用制を廃止」日本経済新聞2003年1月27日)と報じられていた。ここまで改革が進むと，終身雇用制廃止のスピードでは，中国は日本を追い抜いたのかもしれない。

ところで，雇用制度が大きく変わろうとしている中国に数多く進出している日系企業へのアドバイスを少し聞いておこう。中国・上海にも法律事務所を持っている弁護士の高井伸夫氏は次のように述べている。「中国ではそもそも終身雇用がなく，期間を定めて雇用契約を交わすのが大原則。期間が終了すれば全員解雇することもある。しかし従業員に冷たい制度とばかりはいえない。労働人口が過剰な中国では『勤労を体験させ，その喜びを多くの人に与えたい』ということだろう。企業にとっては人件費を抑えられる効果がある。日系のA社は雇用期間を1～3年とし，次の契約の時にはあらかじめ5％は再雇用しないという数値目標を設定している。これは『含み損社員』を整理し，経営の見直しを行うプロセスであるだけでなく，社員のやる気を喚起するシステムとしての機能をも果たす。ただ，労働移動率が高いのも有能な経験者を必要とする職場ではマイナス。日系のBホテルは等級を設け，等級によって雇用期間の長短を決めている。契約更新時には勤務実績に応じて等級を上げ下げする。解雇したいときは『いきなり「更新しない」ではとかく問題になるが，「等級を下げる」といえば，自分から辞めていく』という。（中略）人材確保に向けての雇用期間のあり方が，日本企業の国際競争力を取り戻す鍵の一つであることにも気付かなければならない」（高井伸夫「〔弁護士余録〕雇用期間のあり方が日本企業復活の鍵に」日本経済新聞2002年4月24日）と。

中国の「労働契約制」は，企業側の都合によって従業員を「整理・解雇」できる可能性を秘めているが，韓国でも，労組，財界，政府による三者組織「労使政委員会」が韓国版レイオフ制度である「整理解雇制」を当初の予定よりも1年前倒しして1998年から導入

するという合意に達したことが伝えられた。「整理解雇制導入は，国際通貨基金（IMF）との合意に沿うもの。余剰人員を抱えて水膨れした韓国企業のスリム化や，勤労者解雇の法制度がないため韓国進出を控えてきた外国資本の，韓国進出への呼び水になる。しかし，一方で，失業者の増大につながり，社会不安を生む恐れもある。現行の勤労基準法では，整理解雇制は1999年3月から導入することになっていた。今回の合意では経営悪化の場合だけでなく，企業の合併・買収（M&A）の際でも整理解雇できることになった」（「韓国版レイオフに合意」朝日新聞1998年2月7日）と。ここには「終身雇用制」という言葉こそ見当たらないが，「勤労者解雇の法制度がないため」という表現が示しているように，韓国でも比較的に安定した雇用が保証され，半ば強制的な解雇は少なかったといえよう。

　当然のことながら，整理解雇制の導入に対しては韓国労働組合総連盟と全国民主労働組合総連盟の二大ナショナルセンターの代表が反対を唱えてきたが，大統領就任を間近に控えていた金大中氏側から強い説得を受けたことや，企業の倒産やリストラによって事実上の整理解雇が定着しつつあったことなどから，労働組合側も譲歩したという。ただ，「当初，整理解雇制導入に難色を示していた労働界は，最終的に国際通貨基金（IMF）合意と世論を大義名分に譲歩を迫る金次期大統領側に押された格好。整理解雇制導入で利益を得る財界には徹底した改革を求め，導入で痛手を受ける労働界には念願の政治活動を認めるというアメを与え，労働界，財界，次期政権が『三方一両得』となる交渉術を駆使したといえる」（「韓国，整理解雇制を導入」日本経済新聞1998月2月7日）という見方もあったように，労働組合にとってマイナスばかりではなかった。すなわち，

労使政委員会の「合意」の中には，整理解雇制の導入のほかに，労組の政治活動の保証，教員労組の許可，公務員の職場協議会設置の許可，失業対策財源の増額などの内容も盛り込まれていたのである。

このニュースから数ヵ月後に，整理解雇制の実施をめぐる韓国の労使紛争の様子をジャーナリストの池東旭氏が次のように伝えていた。「韓国の自動車最大手，現代自動車の労使が激突している。整理解雇制と労働市場改革の前途を占うものとして注目される。現代自動車は5月20日，従業員5万5千人の18％，8189人の整理解雇と労働時間短縮などを内容とする雇用調整案を労組に通告。労組側はこれを不当として27日からストを断行した。会社側は不況で設備稼働率が42％に低下しており，年間生産目標を4割削減し91万台としても，1万5千人の余剰人員が発生する。うち6800人は人件費圧縮で救済するにしても，残りは整理解雇せざるをえないと主張する。これに対し労組側は，経営不振の責任を労働者だけに転嫁するものと反発，ストに突入した。整理解雇制実施を労働部に申請した企業は5月20日時点で33社。このうち1000人以上の整理解雇は現代自動車とコンピュータ関連セジンの2社。財閥系列では現代重機産業，現代リゾート，コーロン観光ホテルなどが整理解雇を申告したが，対象人員が200人以下だったので，それほど波紋を生まなかった。だが，現代自動車が大規模な整理解雇に踏み切れば，他の大企業も追随するのは必至だ。とくに自動車業界は現代自動車の労使激突の成り行きがただちに影響する。起亜自動車は従業員1万7千人の10％，1700人の整理解雇が不可避だ。大宇自動車は『今のところ雇用調整はない』としながらも，事態の推移を注視する。早期退職者を募集している部品メーカー，万都機械も全体の10％，800人の整

理解雇を計画しており，現代自動車の整理解雇が実現すれば，即座にこれにならうだろう」（池東旭「現代自動車の労使激突で韓国の信用格付けに暗雲」『週刊ダイヤモンド』1998年6月6日号20頁）と。

まさに韓国で「整理解雇の嵐」が吹き荒れようとしていたのであり，1998年7月には，現代自動車で整理解雇をめぐる労使交渉が決裂したり，「今のところ雇用調整はない」としていた大宇自動車でも2995人の整理解雇計画が労組側に通告されるなど，風雲急を告げていた。そして急進派の全国民主労働組合総連盟が無期限ゼネストに突入する構えを見せていた。しかし，結局は，1998年8月24日に現代自動車の労使紛争は，整理解雇の規模を大幅に縮小することで，収拾されることになった。「現代自動車の労使は，277人を整理解雇することで最終的に合意，5月以降続いた整理解雇をめぐる同社の労使紛争が一応終結した。韓国大企業のまとまった整理解雇は2月の制度導入以来，事実上初めてだが，解雇者は当初計画の約8000人から大幅に縮小。操業休止で1兆ウォン（1ウォン＝約0.11円）を超える損失が出るなど整理解雇を実現した会社側の代償も多く，今後，産業界に整理解雇制度が定着するかは不透明だ」（「現代自動車の争議収拾」日本経済新聞1998年8月24日）と報じられていた。

労使紛争の成り行きと決着の内容については，さらに次のように述べられていた。「現代自動車は春先に約8000人の整理解雇を計画していた。その後，希望退職を募るなどして段階的に縮小し，7月31日に約1500人の整理解雇を通告した。これに対し労組側は工場に立てこもったり，設備を破壊したりするなど激しく反発。会社側は政府などの仲介で再交渉してきた。会社側の譲歩で整理解雇を免れる1261人は1年6ヵ月間の無給休職のあと再雇用される。会社側は

整理解雇者にも勤続年数に応じて7～9ヵ月分の慰労金を支払う。組合員が操業再開に全力を尽くすことを条件に，会社は損害賠償を求めないことを決めた。現代自動車の労使紛争では一時，1万人を超える警察隊が工場周辺に配備され，投入やむなしという空気が強まったが，最悪の事態は回避された格好。ただ1社の整理解雇の実施にこれほどの期間を要したため，今後は解雇に二の足を踏む企業が多いと見られ，外資導入のために金大中政権が進める労働市場改革の先行きは決して明るくない」（前掲紙）と。このように見てくると，当初の整理解雇予定人数が大幅に縮小（約30分の1に）された点から「労組側の勝利に近い」との見方もあるが，あの「三方一両得」はいったいどうなってしまったのだろうか。

　さて，整理解雇制が導入されてから雇用の現場はどのように変わったのであろうか。整理解雇の嵐が吹き荒れてから数年後に，韓国では，雇用契約期間が1年に満たない「非定期職」が増加している状況が話題にのぼっていた。日本でも，雇用形態の多様化が進むなかで，正社員以外の「非正社員」の比率が徐々に高まってきているが，韓国ではもともと，中小企業を中心として，契約社員のままで長期間働く人が多かったのであり，1997年の通貨危機以前から「非定期職」の比率は40％を超えていたという。その比率は，通貨危機以後，金融，小売り，サービス業などの幅広い業種でさらに高まり，1999年には50％を超えていた。そして2001年12月の政府統計によれば，「非定期職」の比率は賃金労働者全体の52％を占めるまでになっていた。通貨危機以降，韓国の多くの企業は，正社員などの「定期職」を削減する一方で，給与が安く，解雇もしやすい契約社員へ雇用をシフトさせていたことが背景にあった。「非定期職の増加の

背景には，従業員の解雇ルールに関する法律の整備がある。日本では厚生労働省の審議会で制定に向けた議論が近く始まる段階だが，韓国は通貨危機直後の98年2月に解雇ルールを明文化した。労働市場の柔軟性を確保し，外資誘致を促進するのが狙いだった。解雇の条件として『事業譲渡，合併など緊迫した経営上の必要があること』などが盛り込まれている。経営者側には『要件が厳しすぎて，実際には使えない法律』（韓国経営者総協会の金正泰理事）との声もあるが，労組側には『結果的に中小企業などで解雇が増えた』（全国民主労働組合総連盟）との見方が強い」（「『非定期職』5割強に」朝日新聞2002年2月8日）というように，1998年の整理解雇制の導入が大きく影を落としていたのである。

　「非定期職」の増加を伝えた記事からおよそ1ヵ月後に，新卒者の就職難の話題が取り上げられた。「韓国で，大学などの新卒者の就職難が深刻化している。2月末の大学卒業者（韓国の学校の新年度は3月から）の就職率は，5年連続で50％を割る可能性が高い。97年の通貨危機直後と比べて，企業の採用数自体は回復したが，即戦力を期待できる転職組の採用が大幅に増え，新卒の枠が激減しているためだ。韓国企業の人事戦略は，生え抜き社員の育成から，『必要な時に必要な労働力を買う』（大手企業）方向へ大きく転換している」（「新卒より即戦力」朝日新聞2002年3月7日）と報じられたのである。日本の新卒者の就職状況にも相当厳しいものがあるが，韓国政府の統計によれば，2001年の4年制大学卒業者の就職率は49.7％であったという。しかも専門家のなかには統計の集計方法に疑問を投げかける向きもあり，実際には40％程度であるともいわれている。「韓国労働研究院の田炳裕研究委員は，『就職難は景気の問

題でなく，労働市場の構造変化が原因』と指摘する。韓国の30大企業グループの採用者のうち，新卒者が占める割合は通貨危機前は6割を超えていたが，最近は2～3割にまで減少。一方，転職組は3割から7割前後に増え，比率が逆転した」（前掲紙）というように，韓国企業の人材採用戦略は大きく変化していたのである。即戦力の確保をねらって転職組の採用（中途採用）を重視する方向にシフトし，その半面で，従来の「新卒者定期採用」を減らして（中止する企業さえ現われて）いるのである。このことは，見方を変えれば，韓国企業が人材の流動化そして「終身雇用制の放棄」にまで踏み込んだということを意味しているのかもしれない。ただ，「韓国は通貨危機までは，日本に近い終身雇用制が浸透していると言われた。就職難は，雇用の流動化の表れと言える。労働研究院の田研究委員は，『労働市場の柔軟性は大事だが，企業は新卒採用抑制の風潮に過剰なまでに反応している。製造業では依然として熟練した労働者が必要で，終身雇用の利点も忘れてはいけない』と話している」（前掲紙）という記述の中に，過剰なまでの反応に走る韓国企業に冷静な熟考を求めるコメントが含まれていたことはわずかながらの救いであろう。

5　米国における「終身雇用制」採用企業について

　すでに見たように，一部の米国大企業は長く「終身雇用制」を維持してきたが，諸々の理由でその雇用政策を放棄しようとしていた。それでは，終身雇用制といったものは米国から完全に駆逐されてしまったのだろうか。実は，ごく少数であるとしても，なおも終身雇

用のシステムを採り入れている企業が米国には存在するのである。その一つが世界のブランド，コカ・コーラであり，詳細な点は明らかではないが，「富の増大を背景にコカ・コーラは日本の終身雇用に近い雇用形態を維持してきた。地元アトランタの失業率はいま2.8％。日本（4.1％，1998年5月）を大きく下回る。『株主の利益と従業員の利益は何ら矛盾しない』。多数の米有力企業の顧問を務める弁護士，アイラ・ミルスタイン氏は言う」（「〔新しい会社 第3部欧米，最強への挑戦①〕株主利益が富を創造」日本経済新聞1998年7月22日）と述べられていた。

　1999年9月6日付の米紙ニューヨーク・タイムズが報じたところによると，自動車大手のゼネラル・モーターズ（GM）は全米自動車労組（UAW）との労使協約（9月14日に期限切れを迎える）の改定交渉において，勤続10年以上の従業員に対して終身雇用制度を導入することを提案していたという。「今後，1960～70年代に大量採用された従業員の退職時期を迎えることから，自動車メーカー側は退職率6％の事態が続く場合，何万人もの新規採用を強いられることに懸念を深めている。同紙によると，今回の提案は，労働者の雇用不安の解消と引き換えに，より迅速に全従業員を削減する狙いがあるという」（「GM，終身雇用を提案」日経産業新聞1999年9月8日）というように，GM側の提案の事情と狙いが示されていた。

　そのニュースから3週間ほど後に，GMとUAWは2003年までの労働協約について暫定的に合意したことが報じられた。「新協約はすでに合意したダイムラークライスラーの協約内容を踏襲，18年ぶりの賃上げのほか，10年以上の勤続者への終身雇用制導入（ライフロング・エンプロイメント）などを盛り込んでいる。終身雇用制の

導入は，人員削減を繰り返してきた米企業では極めて珍しい。90年代初めまで大規模なレイオフ（一時解雇）や工場閉鎖をテコに合理化，効率化を進めた米自動車業界は，好況と労働需給のひっ迫を映し，雇用確保へ動いている」（「米GMが終身雇用制」日本経済新聞1999年9月30日）と。ここで注目されるのは，GMだけが終身雇用制を導入しようとしていたのではなく，同業他社のダイムラークライスラーも同様の労働協約を結ぼうとしていたことであろう。

1990年代後半には「独り勝ち状態」を享受したかのような米国であり，「好況と労働需給の逼迫の見通し」がそうした意思決定を促していたとも見られるが，好況の中でも大胆なリストラを実施するのが米国流経営の本質であるとすれば，いささかわかりにくい部分が残されていた。「米ゼネラル・モーターズ（GM）などが終身雇用制を導入する直接の狙いは，ストも辞さない構えをみせていた全米自動車労組（UAW）対策だ。だが，米産業界では長期好況下でもハイテク，サービス産業を中心に効率化のための人員削減，ダウンサイジングが活発で，自動車大手の雇用確保の動きはこれに逆行する。米国型経営を手本とし，リストラを急ぐ日本企業にとっても意外感は強い」（「GMが終身雇用制導入」日本経済新聞1999年9月30日）と指摘されていた。そして米国産業界の全般的な流れに逆行するかのような自動車産業のやや複雑な事情について次のような解説が加えられていた。「米国で長期安定雇用がなくなったわけではない。民間調査機関のNBERによると，米主要50社で10年以上勤務する従業員は90年以降，増加傾向にあるという。だが多くの企業がリストラを継続しているのも事実で，今年上半期に打ち出された人員削減は，前年同期より10万人も多い計38万人に上った。ところがこ

の2, 3年間, 米自動車大手はレイオフを行なっていない。日本メーカーとの競争に敗れて大量解雇を強行, UAWのストが頻発した70〜90年代初めの苦い記憶があるからだ。しかも従業員の高齢化が進んでいる米自動車3社では終身雇用の対象となる勤続者の多くが数年後に定年を迎える。(中略) 一方, 日本では長引く不況で急激に広がる雇用調整の動きに対し, 日経連会長を務める奥田碩トヨタ自動車会長が安易な人員削減に警鐘を鳴らした。日本の労働人口がやがて減少, 労働需給がひっ迫していくなかで, 雇用の安定を維持していくことが将来の競争力につながるという考え方だ。GMも終身雇用を部分導入することで, 雇用の柔軟性を維持する一方で, 安定した生産体制の確立と労使関係強化をにらんでいる」(前掲紙)と。ここで引き合いに出されているトヨタ自動車の「雇用保証」政策については後にもう一度取り上げよう。

なお, その頃のGMの工場では, それまでの長期雇用慣行と数年間のレイオフなしが反映されていたのか, 従業員の平均勤続年数はおよそ23年であったという。部分的にではあれ, そこに終身雇用を導入することになれば, 右肩上がりの永続的成長でもない限り, 新規採用者の数も自ずと抑えられることになる。現実に, GMの若年労働者採用は1997年の2400人から, 好況であった1998年には500人に減少していた。そうした点をとらえて,「現在はおう盛な新車需要に支えられている米自動車大手だが, いびつな人員構造を放置すれば国際競争力を失いかねないというジレンマを抱えている」(前掲紙)との懸念も指摘されていた。

さて, 次に,「レイオフをしない」ことでも有名な米国企業の経営手法を取り上げよう。その企業の名前はサウスウエスト航空(本

社,テキサス州ダラス)である。サウスウエスト航空については1999年に,「従業員第一で,顧客は第二—。米航空会社はこう公言してはばからない。米フォーチュン誌で昨年(1998年),全米で働きやすい会社第一位に選ばれた。低賃金で知られるものの,業界で唯一,26年間連続で黒字を確保,利用客の満足度も高い。同社の強さは何か。従業員満足度を経営指標に掲げるユニークな経営を報告する」(「〔未来創生 第3部 CAIある会社―サウスウエスト航空―〕経営指標に従業員満足度」日経産業新聞1999年7月9日)との記述で始まる記事において,そのユニークな経営風土が詳しく紹介されていた。

　まず,サウスウエスト航空のユニークさは次のような点に現われていた。「最大の特徴はサービスにある。まず客室乗務員の服装。男性は長そでシャツ,女性は半そでシャツを着ており,二人とも短パンにテニスシューズというラフな格好。他社の制服とは大違いだ。客を迎えるあいさつも『ラブ・エアラインズへようこそ』。ラブ・エアラインズはサウスウエストの愛称で,ニューヨーク証券取引所での同社の略称も『LUV』。愛(LOVE)をもじって付けた。会社のマーク,客室乗務員が胸につけるワッペンはいずれもハート型だ。(中略)サウスウエストの真骨頂は着陸間近の機内アナウンスで発揮される。マイクを片手に客室乗務員が歌いだすのだ。『サウスウエストをご利用いただきありがとうございます。またのご搭乗をお待ちしております』といった内容だが,乗客も慣れたもので,歌が終わると笑いながら拍手する。客室乗務員のサービスはこれにとどまらない。幼児がぐずり出せば,華麗な手品を披露する。乗務員の接客と言えば,マニュアルに従った硬い笑いなどを想像しがちだが,同社では各人が思い思いのサービスを提供する。なぜこうもサービ

ス精神を発揮できるのか。その理由は互いに個性を尊重しながら,その人なりの持ち味で仕事ができる風土があるからだ。(中略)本社では90年から制服も廃止した。職場環境に引かれ,入社を希望する人は後を絶たない」(前掲紙)というのであった。

　他社にはとても追随できないような,客室乗務員のサービスのユニークさはともかくとして,本題の「レイオフなし」(長期雇用)という特徴について見よう。「客室乗務員のジョン・ワイズマンさんは『サウスウエストは他社と違い従業員を大切にする』と話す。ワイズマンさんは別の航空3社で働いた経験を持つ。米国経済の失速と航空業界のコスト削減競争のあおりを受けて3社とも数年働いただけでレイオフされた。だがサウスウエストには14年間勤める。サウスウエストは人員削減をしないノン・レイオフ政策を採る。CEO(最高経営責任者)のハーブ・ケレハー氏は『人減らしは長期的に見れば従業員の士気に影響し,利益をもたらさない』との信念を持つ」(前掲紙)というのであった。

　冒頭の「従業員第一で,顧客は第二」という表現,そしてワイズマンさんの「従業員を大切にする」というコメントは,通常の企業の「顧客第一」のスタンスとは距離を置いているかのような印象を与えるが,経営指標に「従業員満足度」を掲げる考え方の真意の一端が次の記述に現われていた。「CEOのケレハー氏はかつて乗客から『客室乗務員がふざけすぎて気に入らない』という手紙を受け取った。返事は『当社の飛行機に乗らなくて結構だ』だった。トップが従業員を第一に考えている証拠だが,顧客をないがしろにしているわけではない。客の好みは産業を問わず多様化,企業は需要の変化を必死に追い,激烈な競争を繰り広げている。しかし,最前線に

立ち，生の声を聞くのは従業員である。個人を信頼できない企業は市場の変化に取り残される。従業員が自分の能力を思う存分に発揮できる企業は，その意図にかかわらず強い企業として称賛されるであろう」（前掲紙）と。さて，こういう経営姿勢のサウスウエスト航空にあなたは乗りますか，それとも乗りませんか？

「従業員満足度」重視の経営における重要な要素と見られる「ノン・レイオフ政策」については，"*Business Week*"誌（2001年10月8日号）に掲載された記事を基にしてもう少し詳しく見ておこう。その際には，4週間ほど前に米国で起こった同時多発テロ（9月11日）の影響も念頭に置かねばならないだろう。「サウスウエスト航空会長のハーブ・ケレハー氏を，人員解雇以上に苦しめるものはない。同社は過去30年間，数々の不況やジェット燃料急騰に見舞われたが，湾岸戦争の時ですら，社員を1人も解雇したことがない。今も，である。テロ攻撃の直後に競合他社は大幅な人員削減を発表した。しかしその間，サウスウエストの役員はダラス本社の緊急指令センターに集まり，コスト削減計画を練っていた。（中略）10億ドルの現預金を持ち無借金経営の同社は，雇用を削るつもりはさらさらない。『我々は社員の仕事を守るためには，相当の犠牲や株価下落は覚悟している』。最高経営責任者（CEO）のジェームス・パーカー氏はこう話す。大胆な人員削減で名を馳せた幾多の有名経営者たちが聞いたら，身が縮む思いをすることだろう。だが，サウスウエストは頑なに人員解雇を拒否する非主流派企業の1社である。そしてこうした企業の多くに共通するのは，健全なバランスシートと，ハイテク景気の浮沈に影響されない事業を展開していることだ。テロ攻撃前の景気下降局面では，こうした企業の政策は時代錯誤に見

えた。だが国家的悲劇が起こり,多くのエコノミストが不況突入と大量の人員解雇は避けられないと言う今,彼らの姿勢はほとんど高貴なものに見える。業績がすべてという考え方が浸透した米産業界に対する解毒剤だ」(「解雇しない米企業に注目」『日経ビジネス』2001年10月15日号150頁)というように,サウスウエスト航空が「解雇しない」政策を貫徹してきたことが強調されていた。ちなみに,「解毒剤」というやや過激な表現は,日本流の言い方をすれば「一服の清涼剤」であろうか。

　すでに見たように,「終身雇用制維持派」の代表的企業とみなされていたIBMはそれを放棄したのであるが,米国には古くから「解雇回避」に努めてきた企業が存在すること,そしてそうすることの大きなメリットが指摘されていた。「それも慈善行為ではない。解雇を拒む企業の経営者に言わせると,苦しい時でも断固として雇用を守ることで,従業員に強烈な愛社精神が芽生え,生産性が向上する。それで,経済が回復し始めた時に業績拡大のテコになる革新を生み出す。SCジョンソンやペラといった一部の非上場企業は,こうした慣行を大恐慌まで遡ることができる。当時は従業員が時間をつぶすために,何度も何度も繰り返し窓を磨くということを実際にやってのけている」(前掲誌150頁)というように,苦しい時でも断固として雇用を守る企業では,従業員のなかにしっかりと「愛社精神」が育まれるというのであった。なお,雇用維持を放棄してしまったIBMの「その後」についてわずかに触れられていた。「IBMは80年代にパソコン革命に襲われ,人員解雇をしないという方針を撤回。従業員の間に深い怨恨の念を残した。そして大抵,最初に従業員に犠牲を強いた者は,結局は自らも職を失う羽目になる」(前掲

誌150頁）と。

　ちなみに，テロや戦争の懸念から米国の航空業界は厳しい経営環境に置かれており，経営破綻する航空会社も出るなかで，サウスウエスト航空が「独り勝ち」していることがやはり"Business Week"誌（2003年2月3日号）で報じられていた。「主要航空会社で『9.11』以降すべての四半期で黒字を維持したのはサウスウエストだけ。大手6社が保有機数を240機減らし，7万人以上の人員整理を行なったのに，サウスウエストは保有機375機，社員3万5000人を維持している（同社は創業以来31年間，1人も解雇していない）。他社が賃金削減を巡り労組と対立する中，サウスウエストは5つの重要な協定をまとめ，2005年まで労使友好を確かなものにした」（「経営破綻も相次ぐ米航空業界　サウスウエスト独り勝ち」『日経ビジネス』2003年2月10日号130頁）と。「9.11」を契機としてサウスウエスト航空はよりいっそう強くなったとされるのである。そして同社の好調な業績と生産性の高さは，「ノン・レイオフ政策」をはじめとする経営理念に支えられた，社員の愛社精神（忠誠心）や士気の高さと決して無関係ではないであろう。

6　「終身雇用慣行」の維持をめぐって日本企業は……

　これまで海外の事例を中心に「終身雇用」関連の話題を取り上げてきたが，終身雇用慣行の「本家本元」ともいえる日本企業のことにも触れておこう。ただし，すでに語り尽くされた感のある，かつての「栄光の日々」を過ごしていた頃の日本企業の終身雇用慣行をサクセス・ストーリーとして取り上げても，それほど意味のあるこ

とではないであろう。一般的に，バブル経済崩壊後の長期不況のなかで多くの日本企業がそれを捨て去ってしまった，という印象は否めない。

　日本を含めて世界28ヵ国でエグゼクティブ・サーチ（ヘッドハンティング）事業を展開していた米ワードハウエル・インターナショナル・グループのローランス・R・マッセ会長は1993年に来日した時に，日本企業の終身雇用慣行の行方について次のような見方を示していた。インタビューで，「長引く不況を背景に日本企業でも雇用調整の動きが本格化，終身雇用の慣習が崩れつつあるが，エグゼクティブ・サーチ業への影響は？」との質問に対して，マッセ氏は「日本企業はいま，かつて米国の産業界が経験したのと同じ事態に直面していると思う。米国企業の多くも，大恐慌までは終身雇用制を取っていた。大手の優良企業で働くことを誇りに思い，3，4世代にわたって同じ企業に就職する家族も珍しくなかった。それが，不況の長期化で大規模なレイオフ（一時解雇）が常態化し，その結果として社内に有能な人材がいなければ外部から適任者を引き抜くという動きになった。米国でエグゼクティブ・サーチ業界が急成長したのも大恐慌の直後だ」（「終身雇用崩れ　ニーズ高まる」日経産業新聞　1993年10月28日）と答えていた。

　10年以上前の時点での将来予測であったが，大恐慌が米国の終身雇用制崩壊の契機を提供したのと同様に，バブル崩壊後の長期不況が日本の終身雇用慣行放棄へと導いたのであろうか。少なくとも，表面的にはヘッドハンティング業が米国ほど隆盛を誇っているとは思えないのであるが。

　いずれにせよ，長期不況のなかで，「終身雇用」を死守しようと

悪戦苦闘していたある企業の事例をまず見ておこう。「産業界にリストラの波が広がる中，それでも終身雇用にこだわる企業がある。石油危機など過去の不況時に『絶対に社員を辞めさせない』と宣言，今もその伝統を守ろうとする横河電機だ。ただ，計測・制御機器の需要急減で，99年3月期は連結最終赤字に転落した模様で，株価も低迷している。『家族主義』と『利益追求』の両立はどこまで可能なのか。横河の苦闘ぶりを追った」(「終身雇用，死守したい……」日経産業新聞1999年4月16日)との書き出しで始まる記事からは，「伝統」を守ろうとする日本企業の苦悩が伝わるであろう。1915年に創業された横河電機は，「家族主義」を経営理念の一つに掲げてきた。石油危機の時には会社存亡の危機に陥ったが，新規事業分野の開拓を行い，一時帰休だけでその危機を乗り切ったという。戦後，連合国最高司令部(GHQ)の指令により軍需製品工場を閉鎖した時以外は，雇用に手をつけたことがなかったとされている。しかし，1990年代後期の不況は，横河電機をして最大級の試練に直面させていた。その頃は，大手企業が相次いで大規模なリストラ計画を発表しており，横河電機の社員のあいだでも不安が広がり始めていた。1999年の社員向け年頭挨拶の中で美川英二社長は，「雇用は絶対に守る」と宣言していたが，「今回の状況は，二度の石油危機や円高不況の時よりも厳しい。連結最終赤字は，70年代に連結決算の公表を始めて以来初めてだ。『雇用と利益の両立』の揺らぎを象徴していたのが，今年の春闘だった」(前掲紙)という。1999年の春闘では，会社側は「雇用を守る」ことを条件に賃上げ抑制を提案し，労働組合側も，「雇用維持が最優先」との組合員の声を受けて「過去最低」の賃上げ要求を掲げた。3月9日に，会社側は組合のほぼ要

求通りの回答を出して春闘は終結した。「雇用維持」という共通目標のため，労使が「あうんの呼吸」で足並みを揃えたというのであった。

　業績が悪化し，コスト削減圧力から不本意ながらもリストラの誘惑に屈してしまう企業が少なくないなかで，横河電機が「雇用維持」にこだわっている理由，そして雇用を守るための仕組みづくりについては，次のように述べられていた。「横河は『人員整理すれば固定費は大きく削減できるが，効果は2，3年しかもたない。むしろ人材を失うデメリットの方が大きい。社員の力を引き出して利益を増やせば，配当も増える』（同社役員）と，家族主義が株主への利益にもつながると強調する。もちろん同社も，年功序列による旧態依然の終身雇用にしがみつくつもりはない。97年春に能力主義賃金を導入。賞与も部分的に営業利益に連動，業績が悪ければ収入は減る。雇用は守るが，社員の収入には差がつく仕組みなのだ。環境や半導体関連の測定機器など新規事業育成にも力を入れている。『新規事業が年商300億円程度に育てば，1000人分の雇用を創出できる』（村松康彦・新事業センター長）。実力主義の賃金制度で固定費を抑制しつつ，新規事業で余剰人員を吸収するのが，家族主義を守るためのシナリオだ」（前掲紙）と。人事・賃金制度改革と新規事業開拓によって雇用を守るというシナリオは一つのモデルを提供しているのかもしれない。ただ，「株式市場に背中を押され，産業界全体にリストラの波が広がる中，あえて流れに抗する横河のような企業があってもいい。だがそれは，利益を出すという企業にとって一種の最低義務を果たした時に，初めて評価される」（前掲紙）というコメントは重みのあるものといえよう。

さて，終身雇用慣行の「現実」がいまどうなっているのか，という点についてはっきりと断定的に述べることはきわめて難しいが，次の二つの記事から混沌とした現状の一端を読み取ることができるかもしれない。一つは，「会社の業績不振を目の当たりにして，社員も終身雇用の『幻想』に気付く—。そんな風景が珍しくない。マイカルが今年3月に募集した1700人の希望退職枠は初日，わずか4時間でいっぱいになった。三菱自動車工業も800人の募集に2000人以上の希望者が殺到した。日本では定年まで同じ企業で勤め上げる終身雇用制と，長く勤めるほど賃金が上がる年功制を採用している企業が大半を占める。社員は会社に忠実に仕え，会社は見返りとして賃金を毎年増やしていく。高度成長期に機能した二つの仕組みがいま，企業にも社員にも負担になりつつある」（「〔失業率5％時代〈下〉〕終身・年功の自縛」日本経済新聞2001年8月29日）というもので，題目が示す通りに，企業の方も社員の方もともに終身雇用・年功序列が重荷になり，その呪縛から逃れようとしている事例が紹介されていた。ただ，その場合には，なおも終身雇用・年功序列の仕組みが何らかの形で存続しているというのが前提になるだろう。もう一つの記事は，「大手電機・情報関連企業が8万人規模の人員削減に乗り出した。日経平均株価が一時，1万円を割り込む不況下で，日本企業の終身雇用神話は崩れたが，今後は新しい雇用・人事制度をどうつくるかが課題となる。中高年を狙い撃ちしたリストラ策だけでは，残った社員の士気が低下しかねず，競争力の再生は望めないからだ」（「〔経営の視点〕終身雇用 崩壊後の課題」日本経済新聞2001年9月16日）であり，大手電機メーカーの人事・賃金制度見直しの動きを伝えていた。こちらは，終身雇用神話が崩壊したことを

はっきりと前提にしており,「ポスト終身雇用」の人事・賃金制度のあり方に焦点をあてようとしていたのである。

ところで,長期不況のなかで多くの日本企業が従来の制度や慣行を見直していたのであるが,終身雇用慣行の放棄という点では,日本的経営の牙城の一つとも見られていた松下電器産業でさえも大規模な人員削減を実施することになる。21世紀初頭のことであった。「『人間大事』の"幸之助哲学"を守ってきた松下がタブーとされてきた雇用にいよいよ手をつけ始めた。7月4日,松下電器産業は2001年9月1日から2002年1月末日までの期間限定で早期退職制度の受け入れを労働組合に申し入れた。対象者は,松下電器本体に加え,同グループの松下通信工業,松下電子部品,松下電池工業,松下産業機器の5社で勤続10年以上かつ58歳以下の管理職を含めた全社員,約8万人が対象となる。『特別ライフプラン支援施策』と呼ばれる新制度では,応募時の年齢によって従来制度でもらえる退職金に8ヵ月が加算される。会社側の提案では,50〜55歳の誕生日までの社員が最高の40ヵ月で手厚くなる。たとえば,高卒55歳の工場に勤める技能職であれば約4300万円になる。(中略) 会社側は,数年前から松下のぬるま湯的な体質を改善しようと,手を打ってはいた。たとえば,50歳以上で昇給が実質なくなる賃金カーブの設定,残業を認めない裁量労働制,成果主義賃金の導入,株価や業績に連動した賞与,部課制の廃止,管理職の削減,転勤がない代わりに賃金を下げる地域限定社員制度など挙げればきりがない。こうした施策の延長線上に今回の早期退職制度がある。それでもエレクトロニクス業界は国際的な競争が激化しており,家族的な制度を維持したままでは,生き残りは難しい。これが逃げられない現実だ。(中略)

もちろん,こうした制度を利用して優秀な人材が流出するリスクはある。しかし,組織の活力を保つには,一定の人材流動化は不可欠と判断したのだろう。『脱松下』にまた一歩進んだといえる。中村改革は,松下の精神的な部分まで手をつけなければならないのである」(「〔BUSINESS INSIDE〕国際競争激化で赤字転落 松下電器がついに手をつけた雇用というタブー」『週刊ダイヤモンド』2001年7月28日号20頁)というように,松下電器は,雇用維持という「精神的な部分」にまで手をつけようとしていたのである。

　日本企業の終身雇用慣行をめぐっては,1998年に一つの話題が注目を集めた。同年8月に,米国の格付け会社「ムーディーズ・インベスターズ・サービス」がトヨタ自動車の長期債について,それまでの「トリプルA」(Aaa)から「ダブルA1」(Aa1)に1ランク格下げしたと発表したのである。そしてその格下げの理由の一つに「トヨタが終身雇用維持を掲げている点も競争力を弱めている」ことがあげられていた。当然のことながら,トヨタの関係者は強く反発した。「トヨタのある役員は『日本企業に共通した制度なのに,なぜトヨタだけが下げられる』と反発する。トヨタにとって雇用の維持は譲れない基本方針。日本的経営の根幹の一つとされる終身雇用に踏み込んだムーディーズの指摘は今後,産業界で議論を呼びそうだ。奥田碩社長は日ごろから『この国で生産を続けることが我々の責務。株価,配当を高めるために解雇もすべきだという話には乗らない』と主張。これに対し,ムーディーズ・ジャパンの森田隆大シニア・バイスプレジデントは『海外生産をこれ以上増やすと輸出が減り生産調整が必要になり,トヨタが掲げる終身雇用との間で矛盾が生じる』と指摘。これが格下げの一因となった。日本経済低迷

の一因として，終身雇用などが企業のダイナミズムを奪っている，との声は国内にも少なくない。一方，トヨタは雇用維持の立場を鮮明にしており，それだけ体力があると自負する。『社債の償還能力には問題ないはず』と説明し，経済合理性を最優先する米国流の経営思想で日本企業の国際競争力を判断する点に反発する」(「トヨタ格下げを発表 終身雇用も理由に」日本経済新聞 1998年8月21日) というのであった。日本の代表的企業の一つであるトヨタ自動車が「終身雇用維持」を重視する姿勢をとっていることがわかるであろう。

トヨタ自動車の格下げに対する反発は，経営陣からだけでなく，労働組合からも表明された。1998年9月に開かれた全トヨタ労働組合連合会の定期大会において植本俊一全ト連会長はその点を批判していた。「米格付け会社ムーディーズ・インベスターズ・サービスが先月，トヨタ自動車の長期債の格付けを，終身雇用維持の方針などを理由に『トリプルA』から『ダブルA1』にしたが，大会の冒頭あいさつに立った植本会長は『不当な評価』とこれに反発。『終身雇用は労働の質の高さを源泉とする日本的な強み』として，『格下げはそれに対する挑戦であり，受け入れがたい』と強く批判した。経営側もムーディーズの格下げに反発しているが，労組にとっては不況や海外生産の進展で国内生産台数が減少する中，国内の雇用維持は今後大きな課題になるとみられる」(「終身雇用は日本的強み」日経産業新聞 1998年9月13日) と報じられていた。

トヨタの奥田社長は1998年11月に，翌月の訪米の際に，ムーディーズを訪ねて「終身雇用なら格下げ」の理由を聞きたいとの意向を示していた。「奥田社長は18日，都内で開かれたハーバード・ビジネス・スクール日本同窓会の98年度ビジネス・ステーツマンの授賞

式で,参加者の質問に答えて発言。『終身雇用は日本の企業がみんな持っている制度で,なぜトヨタだけがああいう風に言われるのか,正直言って驚いた』と判断の基準に不満を示した。ただ,『社長としては社内で(ムーディーズの判断は)けしからんと言っているが,個人的には終身雇用がいつまでも続かない時代が来つつあるのは確かとも思う』と経営者として揺れる心ものぞかせていた」(「ムーディーズに聞きたい」日本経済新聞 1998年11月19日)というように,ホンネの部分も少しのぞかせていた。なお,ムーディーズは2003年に,トヨタの業績の伸びを評価して,格付けを元に戻したという。

次に,「終身雇用」にこだわりを持つ大企業の一つ,キヤノンを取り上げよう。キヤノンといえば,「セル生産方式」の積極的な導入であまりにも有名であるが,「終身雇用」の維持という点でも異彩を放っている企業なのである。御手洗富士夫社長のリーダーシップのもとに展開される経営改革において「終身雇用」は重要な位置を占めている。キヤノンの経営改革のきっかけそして経営改革,とくに人事制度改革の内容が次のようにまとめられている。「キヤノン改革は日本的経営の看板を書き換えて,再生させている点に特徴がある。キヤノン自身,家族主義の色彩の濃い日本的経営を基本にしてきたが,そこに問題が生じた。例えば,本来は実力主義が建前だったのが,実態は年功序列に傾いた結果,社内の活力がやや薄れた。また,多角化で威力を発揮してきた事業部制が『遠心力』のように働き出したために,それぞれの事業がばらばらに近い格好になった。その時に登場したのが現社長の御手洗富士夫氏だ。前社長の急死という不幸な偶然がきっかけだったが,ここからキヤノンの経営改革は始まった。改革の内容を『三種の神器』の延長線上で見る

ならば，御手洗社長はまず終身雇用をそのまま残し，年功序列を実力主義に変えた。終身雇用の見直しを口にする経営者が増えている中で，御手洗社長はことあるごとに『終身雇用維持』を唱えている。一方で，2002年から全社員に拡大した新人事制度により，ベースアップだけでなく，定期昇給もなくした。仕事の成果と無関係に支給されていた家族手当などの手当類も廃止した。現在は職務に応じた給与が基本となっている。個々の社員の賃金は仕事ぶりや業績に応じて決まるようになった。終身雇用と実力主義が同居した緊張感を持った共同体。これが御手洗社長の理想とする企業風土だ。終身雇用で社員に長期にわたって安心して働ける環境をこれまでと同じように提供しながら，実力主義で共同体内に新たな緊張感を与える。集団主義的な共同体は現場から盛り上がるボトムアップの力が強くなる利点はあるが，緊張感を失えばもたれ合いの組織に転落する。それを実力主義で防ごうとしている」（「キヤノンから何を学ぶか―日本的経営の再生―」『日経ビジネス』（特別編集版）2002年7月1日号130～131頁）と。

　昔からの家族主義のなごりを引き摺りながらダラダラと終身雇用に固執するのではなく，「終身雇用と実力主義が同居した緊張感を持った共同体」という表現が象徴的に表わしているように，実力主義との組み合わせの中で終身雇用を保証しようというのである。

　かつての日本企業は，「雇用維持」という錦の御旗のために，業績不振の事業から撤退する意思決定を躊躇している間にさらに業績を悪化させる悪循環に陥ることも少なくなかったが，キヤノンは，赤字を垂れ流す事業からはきっぱりと撤退するという合理主義的経営手法を採り入れている。「日本的経営では事業撤退は難しいと言

われてきた。その事業に携わっている人員が撤退で不要になると，雇用を守りきれない恐れがあるからだ。しかし，事業撤退イコール終身雇用の崩壊ではない。受け皿となる成長部門か新事業を持っていれば，人員は吸収できる。キヤノンの場合は複写機などの別部門に技術者を回したり，代わりの新事業に現場の人員を動かしたりして，しのいでいる」（前掲誌132頁）と。厳格な実力主義的人事制度と新規事業開拓の推進によって「終身雇用」を守ろうとしたのである。

　キヤノンの，より正確には，御手洗富士夫氏の「終身雇用」の理念はどこから来ているのであろうか。キヤノンの経営を詳細に取り上げた書物の一つに，日本経済新聞社編『キヤノン式―高収益を生み出す和魂洋才経営―』（日経ビジネス文庫2004年）がある。その第4章の冒頭で，「御手洗は米国流のトップダウンで経営改革を一気に推し進めた。就任直後に利益重視の強化と全体最適の重要性を掲げてすぐに不採算事業からの撤退を実行，国内工場のセル方式への切り替えは2年で完了させた。しかし，産業界に人材の流動化を唱える経営者が増える中でも，日本流の終身雇用の堅持を正面切って主張する。終身雇用による運命共同体意識が社員の団結力になり，企業の競争力を引き上げるとの信念があるからだ。その一方で，年功序列を排し，実力主義の徹底にこだわる。終身雇用と実力主義の共存が御手洗流の根幹だ」（日本経済新聞社編『キヤノン式―高収益を生み出す和魂洋才経営―』日経ビジネス文庫2004年138頁）と述べられていた。そして御手洗富士夫社長へのインタビューの要点が列挙されるのであるが，その中で「終身雇用」にかかわる部分をいくつか抜き出して，御手洗氏の経営理念の一端をのぞいてみよう。

まず,「終身雇用にこだわる理由はどこにあるのか」との問いかけに対して,「会社の実体は社員。社員以外に会社という実在物はない。会社の実力を突き詰めれば社員の実力の集積値だ。社員を鍛え,活性化する。社員同士が切磋琢磨して,運命共同体意識を持ちながら,活性化して同じ目的に向かって走る。それが日本では終身雇用という形に集約されてきた。困難な経営環境のときほど運命共同体意識で団結した少数精鋭部隊のほうが,報酬を最大の動機づけに離合集散する組織よりはるかに強い。キヤノンの競争力の源泉もまさにこの部分にある」(前掲書138～139頁) と御手洗氏は答えている。「報酬を最大の動機づけに離合集散する組織よりはるかに強い」というのは,普通の欧米企業に対する痛烈な皮肉の表現であろうが,米国駐在(勤務)の経験が豊富で米国流経営を十分に知悉している御手洗氏のコメントであるところも興味深いところであろう。また,御手洗氏は,「終身雇用の長所は一人ひとりの社員が生涯をかけ,経営方針や企業風土を理解してくれることだ。おのずと,ブランドを守ろうとか,団結して危機に向かおうといった愛社精神も生まれてくる。企業間競争は団体戦だから,この無形財産は大きい。日本の風土に合っているし,グローバル市場を生き抜くうえでの貴重なコア・コンピタンス(競争力の源泉)だと思っている」(前掲書139頁) と語っている。終身雇用や運命共同体意識を基にして強い組織をつくり上げる先には「グローバル市場での競争に勝ち抜く」ということがあるのかもしれない。「競争」を強烈に意識した経営手法ともいえよう。そうしたことを十分に意識した日本企業が多かったならば,第1章で見たような,国際競争力の"超低迷"という屈辱を味わう可能性は少なかったのではなかろうか。

「運命共同体」というかなり古めかしい言葉がしばしば用いられているが,それは日本独特の一種の「文化」とも呼べるものと関連しているとされる。「日本人はキヤノン藩,日立藩とかいう意識があって,討ち死にするまで会社を動かない。これは日本人が持つ文化だと思う。なぜかというと誇りを持って入社してくるからだ。会社が好き。だから会社間を歩き回らない。終身雇用でつくり上げた運命共同体。その運命共同体に属する社員が,当事者意識を持って自分がやらねば,と思ったときは強い。会社が少々傾いても,給料カットされても,優秀な人材が逃げない。これが日本の特性だ」(前掲書140頁)と御手洗氏は語っている。このような考え方が,今の時代の企業人にどれほどアピールするかは不明である。表面的には,先に見たように,雇用する側も働く側も,終身雇用・年功序列の「自縛」から逃れようとする行動様式が目立っている。企業側の行動に関して,経営危機の到来とともに,終身雇用を維持してきた結果として過剰人員になったと称し,従業員をリストラしようとする経営者の姿勢を御手洗氏は痛烈に批判している。「終身雇用が原因で会社がつぶれるのではない。経営が危うくなったときに人員整理が難しいと言う(経営者もいる)が,最初から危うくなるような経営をしなければいい。制度ではなく,人員過剰が問題なのであって,もともと必要以上に従業員を雇ったところに原因がある。それを景気がわるくなると終身雇用のせいにするのは,経営の誤りを制度に押しつける問題のすり替え。無定見に人員を過剰にしたあげく,景気がわるくなると,終身雇用が悪いなんて言うのは本末転倒だ。本当に少数精鋭で,終身雇用で,当事者意識を全員が持って,運命共同体という意識があったら,ものすごく強い会社になる」(前掲

書141〜142頁）と。

　なお，日本的経営の「三種の神器」のうち，終身雇用は維持するが，「年功序列は悪だ」という見方を御手洗氏は示している。「もう一つは，実力主義の徹底だ。年功序列は人を腐らせる。キヤノンの賃金や処遇の制度は創業当初から年功序列ではなく，学歴，年齢，性別に関係ない実力主義だ。現在も評価方法を公開した登用試験があり，合格すれば昇格して高い賃金カーブに乗ることができる。逆に受からなければ賃金は増えない。誰が試験に受かり，誰が受かっていないかもわかるようにしている。平等に賃金を配るのではなく，個々の能力を公平に認める競争を保証して社員を伸ばしていく文化が根づいている」（前掲書142〜143頁）というのである。

　「終身雇用（長期雇用）慣行」が企業組織の活性化や業績・生産性の向上，そして社員のやる気を導き出すのかどうか，というのはきわめて微妙なテーマであるが，本章で取り上げてきた，終身雇用をめぐるさまざまな論点を吟味したうえで，あなたはどのような判定を下すのだろうか。

著者略歴

尾西正美（おにしまさみ）

　1949年　兵庫県に生まれる
　1972年　神戸大学経営学部卒業
　現　在　埼玉大学経済学部教授
　著　書　『イギリス管理職・専門職組合論』（白桃書房　1994），
　　　　　『日本型人事政策のダイナミズム』（学文社　1997），
　　　　　『成果主義・業績連動の報酬制度論』（学文社　2001）

日本式人事・労務管理の栄枯盛衰

2005年4月15日　第一版第一刷発行　　　◎検印省略

著　者　尾　西　正　美

発行所　株式会社　学文社　　郵便番号　　　153-0064
　　　　　　　　　　　　　　東京都目黒区下目黒3-6-1
発行者　田　中　千津子　　　電　話　03(3715)1501(代)
　　　　　　　　　　　　　　口座振替　00130-9-98842

©Masami Onishi 2005

乱丁・落丁の場合は本社でお取替します。　　印刷所・シナノ
定価はカバー・売上カードに表示。

ISBN 4-7620-1363-3

海野素央著 **異文化ビジネスハンドブック** ——事例と対処法—— A5判 336頁 定価 2625円	あなたは、ものの見方、考え方、価値観の違う人と協働してビジネスを成功に導くことができますか？豊富な事例と具体的な対処法で異文化間ビジネスを成功に導くためのハンドブック。 1176-2 C3034
金 雅美著 **派遣MBAの退職** ——日本企業における米国MBA派遣制度の研究—— A5判 228頁 定価 2625円	派遣MBA制度は日本企業で機能しているのだろうか。学位修得後の退職率の増加の意味することは。にもかかわらず継続されている派遣制度の実態を追い、日本企業のグローバル人材開発の盲点を解明した。 1157-6 C3034
金雅美著 **キャリアエンジンとしてのMBA** ——日本MBAと米国MBAの比較—— 四六判 200頁 定価 1890円	MBAを取得してそれからどうする？誰しもが人生のある時期に、キャリアにエンジンをかけるときがくる。MBAを真のキャリアエンジンとして活用させるためには？ 真の「キャリアMBA」とは？ 1324-2 C3034
大東文化大学起業家研究会編 **世界の起業家50人** ——チャレンジとイノベーション—— 四六判 320頁 定価 2205円	いつの時代にもビジネスチャンスはかならずある！ロスチャイルドから孫正義まで、豊かな発想、情熱と勇気をもち、そして「運」をたぐりよせたの起業家たち。ユニークなその魅力あふれる生涯を解説。 1304-8 C3034
小玉敏彦著 **韓国工業化と企業集団** ——韓国企業の社会的特質—— A5判 268頁 定価 3465円	「驚異の躍進」「脆弱性」「文化変容」という言葉に象徴されるように、政府主導による急速な工業化とそれに伴う伝統的社会文化を内包した跛行的社会発展を遂げている韓国の企業集団について論究。 0593-2 C3034
外川洋子編 **トップリーダーたちの経営構想力** 四六判 352頁 定価 1575円	新しい産業基盤構築をめざして、人と企業との関係を見つめなおし、地域との関係を問いなおす新たなる方向を探る企業群のトップリーダー16人にその独自路線の本質を聞く。 1321-8 C0034
櫻井純理著 **何がサラリーマンを駆りたてるのか** 四六判 224頁 定価 1680円	会社で働いているとついついがんばってしまう。そんなホワイトカラー労働者たちの労働観に焦点を当て、働きがいの過去、現在、将来をみわたし、サラリーマンの「働きがい」をもたらす原動力を探る。 1110-X C3033
尾西正美著 **成果主義・業績連動の報酬制度論** 四六判 290頁 定価 2310円	企業の国際競争力を高めるためには従来の年功序列賃金は妨げになる。そこで成果主義・業績連動をキーワードとする報酬制度を導入した企業の賃金制度や賞与などの仕組みや内容を明らかにする。 1078-2 C3034